歴史文化ライブラリー

444

古建築を復元する

過去と現在の架け橋

海野 聡

吉川弘文館

目　次

復元の世界へのいざない——プロローグ

1　復元の世界へのいざない

復元建物を楽しむ

縄文時代の集落の竪穴建物に弥生時代の高床倉庫、はたまた奈良時代の寺院や官衙《かんが》。各地の遺跡で、これらの復元建物を目にしたことのある方も多いだろう。平城宮大極殿《へいじょうきゅうだいごくでん》・朱雀門《すざくもん》（奈良県）や吉野ヶ里《よしのがり》遺跡（佐賀県）の竪穴建物や高床倉庫などは学校の教科書でも目にしたことがあるかもしれない。

こうした遺跡の復元建物により、あたかも往時を想い起こさせる光景が眼前に広がり、想像も大きく膨らもうが、これらの復元建物の設計過程という裏側を知っている方は少ないだろう。復元はいわば遺跡と当時の建築をつなぐ複雑怪奇なパズルである。このパズルの法則を知ることで、遺跡と復元建物の関係の理解が深まり、復元建物をより一層楽しむことができる。本書では、ほんの一部ではあるが、この復元の思考過程を紹介したい。

さて遺跡から建物を復元するには、考古学と建築史の知識の両方が不可欠である。とはいえ、本書では、実際に細かい復元の実務の詳細を説明するわけではないので、身構えることはなく、気軽に読み進めていただきたい。

ところで建築史とは一般には馴染みの薄い分野かもしれない。建築史学は近代に成立した建築学の一分野で、法隆寺金堂や東大寺大仏殿などの現存する歴史的建造物の調査・研究を主とする。このほか、建物のことが書かれた古文書の解読、建物を描写した絵画、発掘などによる建物痕跡の分析など、文字通り、建築の歴史に関するあらゆることを研究する学問である。本書で扱う復元、すなわち過去に存在した建物の形状の探求は、建築史学の本質そのものであり、建築史学の発展と復元には切っても切れない歴史がある。

現存する古代の建築と遺跡

現在、日本に残る古代（平安時代以前）の木造建築がいくつあるかご存じだろうか。わずか六〇棟あまりである。奈良時代以前のものにいたっては、世界最古の法隆寺金堂をはじめ、二八棟に限られ、すべてが奈良県に集中している。

もちろん、古代の建物が奈良にしかなかったわけではなく、国分寺や中央の出先機関である国府《こくふ》や国府に中央から赴任した国司のための国司館、国府の下部組織で地方を統括する郡家《ぐうけ》、地方寺院など、各地に多くの建物が存在した。

これらの過去の建築の痕跡がある場所、すなわち遺跡は全国各地に存在する。しかしながら、これらの遺跡を見ただけでは、かつての様子を想像することは難しいだろう。専門家であっても、そうたやすいことではない。こうした発掘された遺跡を視覚化する作業こそが、復元である。現在までに奈良時代の平城宮や古代城柵の志波城《しわじょう》（岩手県）をはじめ、これより古い時代の吉野ヶ里遺跡・三内丸山《さんないまるやま》遺跡（青森県）・平出《ひらいで》遺跡（長野県）など、日本各地の遺跡で復元が行われてきており、その影に建築史の知識が活かされているのである。

復元の歴史

本題に入る前に、まず復元という言葉について、説明しておきたい。意外に思うかもしれないが、「復元」という言葉は近代に作られたもので、その意味はもとの姿に戻すことである（『日本国語大辞典』）。この復元の語が建築の分野で一般的に用いられるようになる時期は、大正期といわれている。ここで、この復元の歴史について、触れておこう。

建築史学が近代に成立する以前にも、一種の「復元」のような行為は存在した。過去の物事を考える「考証学《こうしょうがく》」という近世の学問である。この考証学に基づいて、内裏《だいり》の復古が図られていた。ただし、この復古は内裏における重要な儀式・行事の再興が主な目的であったため、対象となる建物は、儀式や行事に用いる殿舎に留まっていた。この復古自体が、王権復古の権威と関連付けられた行為で、考証学やそれに伴う建物の「復元」はそれを達成する補助的な位置付けに過ぎなかったのである。

こうした近世の状況は、近代に入ると変わり、以降、過去の建築の形や使用方法は、建築史学の一部として、研究されてきた。

平安神宮の建設

これらの考証学に基づく復古と建築史学における復元の境界の一つとして、平安神宮（京都府・一八九五年）の建設があげられよう。平安神宮は桓武天皇を祀る神社で、平安遷都一一〇〇年を記念して、明治二十八年（一八九五）に京都で開催された内国勧業博覧会に伴って、平安宮八省院《はっしょういん》をモチーフに建設された（図1）。

その設計や現場の運営は日本建築をよく知る木子清敬《きごきよたか》・伊東忠太《いとうちゅうた》らの手によった。木子家は修理職《すりしき》棟梁を代々務めた家柄で、清敬も明治以後、宮内省で皇居や御用邸などの造営に従事した。また工科大学造家学科（東京大学工学部建築学科の前身）で、初めて日本建築に関する講義を行った人物でもある。伊東は木子の教え子で、日本建築史の父ともいうべき人物である。建築家としての作品も多く、重要文化財の築地本願寺本堂（東京・一九三四年）などが知られる。

さて平安神宮に話を戻すと、その敷地の決定には紆余曲折があった。計画の過程で、御苑、旧大内裏のあった千本丸太町など、さまざまな候補地があがったが、最終的には内国

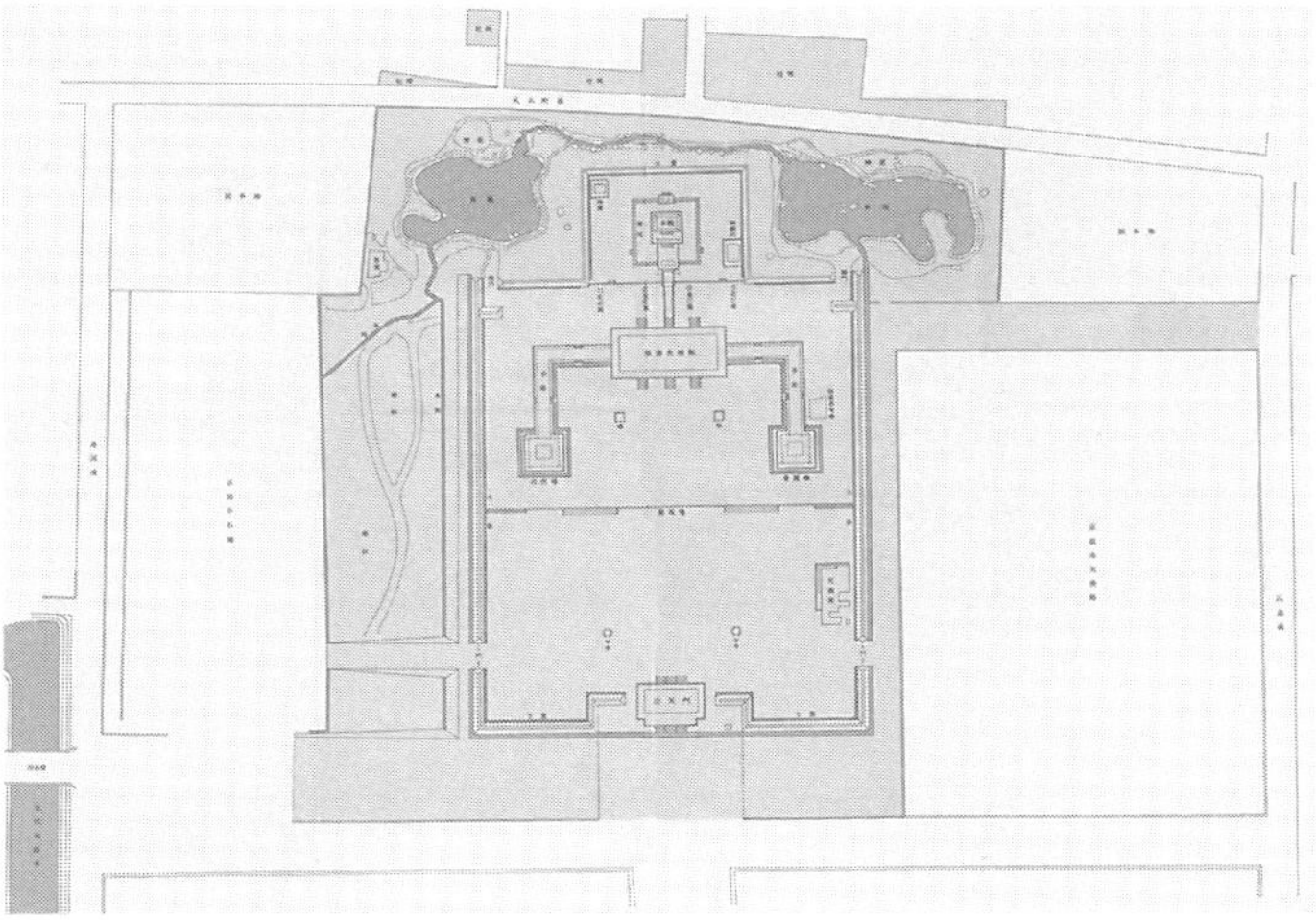

図１　創建時（明治29年）の平安神宮境内図（平安神宮百年史編纂委員会編『平安神宮百年史』1997年）

勧業博覧会の会場にほど近い、現在の地、岡崎がその地に選ばれたのである。また規模も当初、往時の平安宮八省院の三分の二という案も提示されたが、実際には八分の五に縮小しての建設となった。

この建設は平安遷都の業績を讃えることを目的としたため、当初は、後世に残るモニュメントを計画しており、その中心建物は模造大極殿と称した。その後、記念祭の準備の過程で、大極殿の背後に桓武天皇を祀る本殿が造営され、現在のように、模造大極殿は平安神宮の拝殿《はいでん》という位置付けに落ち着いた。

さて、こうして完成した大極殿であ

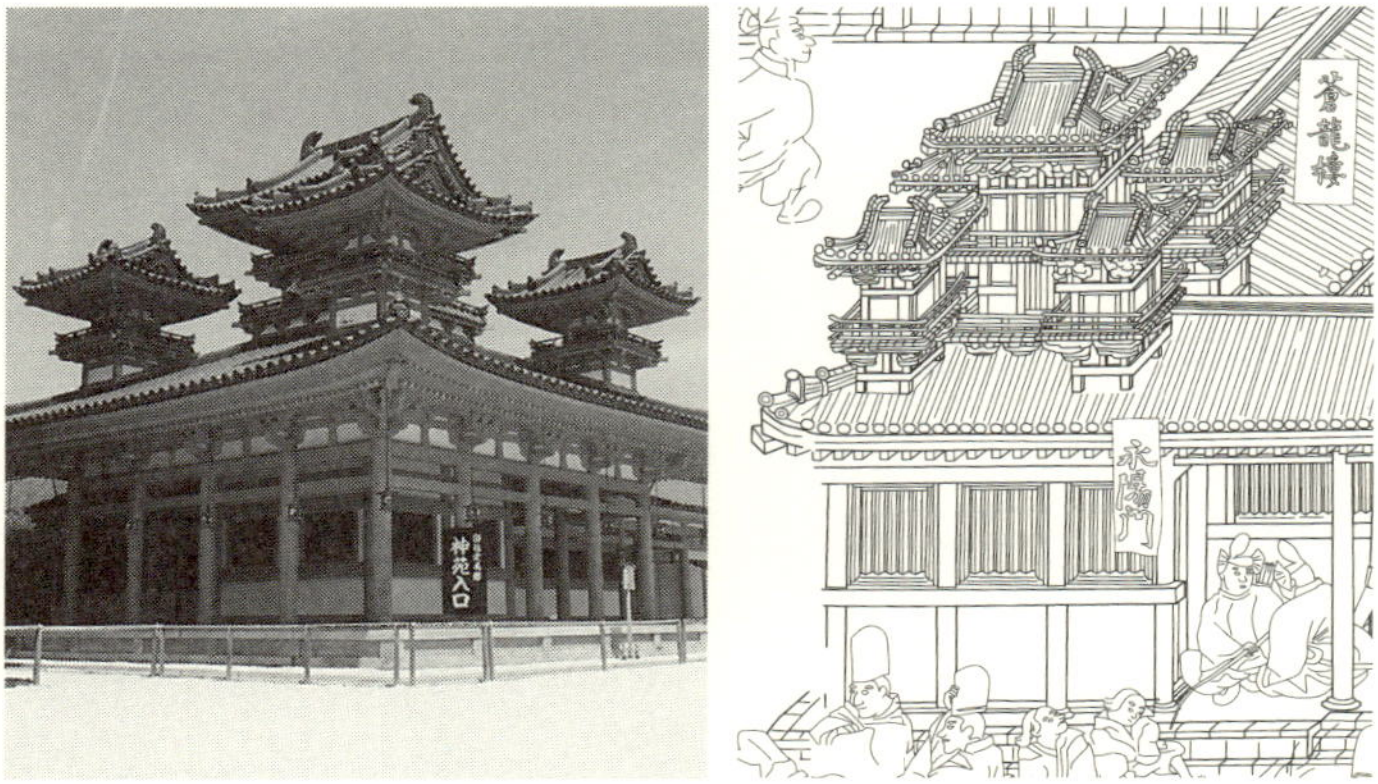

図2　平安神宮白虎楼（左）と『年中行事絵巻』の蒼龍楼（右）

るが、伊東忠太自身は満足していなかったようで、後年になって、平安神宮大極殿を振り返って、「似而非大極殿」「大極殿に似た建物」「失敗の作」などと辛辣な言葉を並べている。これは主に、①唐代の最高級の屋根の形は寄棟造《よせむねづくり》であるべき、②柱の大きさが四八センチから三三センチへ縮小されたこと、③施工時に碧瓦《へきがわら》がヒビ割れてしまったことによるもので、伊東忠太の無念さがうかがえる。思い残したことも多かったようであるが、赴任当時の伊東忠太の年齢が二七歳であったことを考えると、これも致し方なかったのかもしれない。

　このように、この大極殿は、平安神宮の外拝殿である点、規模縮小や敷地が平安宮と平安神宮で異なる点、建設当時、「復元」という語自体が成熟していない点などの課題があるが、平安神宮の建物は、まさに『年中行事絵巻《ねんじゅうぎょうじえまき》』に描かれる平安宮の光景を思い起こさせる（図2）。この過去の建物を再現しようとする行為は現代の復元と共通しており、まさに「復元」の萌芽と位置付けられよう。そして直接関与した伊東忠太自身によるものであるが、復元建物に対する批判的な検証は学術的姿勢として、高く評価すべきものである。なおこの平安神宮の諸建築群は二〇一〇年に国の重要文化財に指定されている。

復元の言葉の対象

一言に「復元」といっても、その範囲は多岐にわたる。まずは本書で対象としているような、遺跡で発掘される建物の痕跡、すなわち発掘遺構をもとに、上部構造を考える復元である。多くは古い時代を対象にしたもので、各地の遺跡で竪穴建物・古代建築を目にすることも多いであろう。一方で、近世以降の建物の復元もあり、城郭に見られる天守や御殿などがこれにあたる。これらは主に絵画資料・写真資料や戦前の修理図面などに基づいた復元である。構造もさまざまで、掛川《かけがわ》城天守（静岡県）などが木造の復元天守として有名であるが、鉄筋コンクリートなどを用い、外観のみを復元した名古屋城天守（愛知県）などの例もある。首里《しゆり》城正殿（沖縄県）も図面や写真などによる復元の事例で、昭和二十年（一九四五）に戦災で焼失し、一九九二年に復元されたものである（図3）。

もう一つは、文化財の修理において、過去の改造の痕跡をもとに、現在の形状を変更し、

図3　首里城正殿（上・現在，下・戦災焼失前〈田邊泰『琉球建築』座右宝刊行会，1937年〉）

過去の形状に戻す行為である。建物は使用の都合で増改築がなされるが、痕跡に基づいて、改造される前の状態に戻すことを指す。例えば、もともと、壁であったところを引き戸にするなどの後世の変更を元の形に戻すことである。これについては、古代の遺跡や城郭などの復元と区別して、慣例的に「復原」という文字が使われている。本書では、この「復原」の字の使用は修理に限って用い、基本的にはより広義の「復元」の字を用いることとしたい。

以上が、復元の対象である。このように復元の対象を見ていくと、復元はかつて存在し

図４　六条院の想定模型（宇治市源氏物語ミュージアム所蔵）

た建物を元に戻す行為であるため、かなり限定されたものになる。細かいことをいえば、復元の対象『源氏物語』の光源氏の邸宅である六条院は、寝殿造研究の対象ではあるが、復元の対象にはならないのである（図４）。同様に、シルクロードの中継都市・敦煌莫高窟《とんこうばっこうくつ》の壁画などに描かれた浄土変相図《じょうどへんそうず》など、理想郷の建物、アニメなどの創作物の中の建物も復元の対象にはなりえない。竜宮城やサザエさんの磯野家を対象に、「かつての姿を現実化する」という状況を想像すると、その違和感がわかっていただけると思う。つまり、実在しない、あるいは存在しなかった建物の形状の考察は、復元とは趣旨が異なるのである。なおこうした実在しない建物を対象にしたものについては、二〇一四年度に江戸東京たてもの園が「ジブリの立体建造物展」と題した展覧会を開催しており、建築史家藤森照信による建築学的な解説がなされた。復元とは異なるが、目前にはない建物を現実的な建物として考える点で、趣向を凝らした面白い試みであろう。

本書の内容

さてこれまでの説明で、復元の世界の雰囲気を少しはわかっていただけたであろうか。定義やら範囲やら、細かいことを記したが、本書で扱う復元は、遺跡の発掘遺構（建物の痕跡）と建物をつなぎ、昔の建物の姿がどのようであったか、という点を中心にしているので、あまり難しく考える必要はまったくない。さっそく、復元の実態に迫りたいところであるが、前に述べたように、復元には建築史学と考古学の両方の基礎知識が必要で、両者がそろって、はじめて復元考察の準備が整うのである。

この準備として、現在残っている古代建築を十分に理解することが復元に近づく第一歩である。そこで、まずは木造建築の基本的な構造、平面と屋根の形、建築の細部、建築形式による平面の違いなどについて、簡単に知ってもらおう。なおここで述べる木造建築の基礎は、古建築の鑑賞の際にも役立つもので、一挙両得である。

次に、発掘された建物の痕跡、すなわち発掘遺構の特徴を紹介したい。なぜならば、発掘遺構は過去の建物が語る生の情報そのものであり、復元において、最も重要な手がかりとなるからである。同じく発掘により出土した遺物。これも当時の建物に使用された実物で、やはり復元において、最重視すべきものである。これらの現存建築、発掘遺構、出土遺物が復元という本題に辿り着く前までにある程度、知っておいてほしい基礎知識である。

そして建築史学・考古学の基礎を踏まえたうえで、ようやく発掘遺構と建物を結び付ける作業に移ることができる。具体的な事例に移る前に、どのように建物の上部構造を考えるかという、一般的な古代建築と発掘遺構の解釈のルールを知っていただきたい。発掘遺構と古代建築を結び付ける復元というゲームに参加するためのルールである。あくまで発掘遺構は建物の痕跡だということを念頭に置いてもらえれば、それほど難しくはない。

ここからが復元の本番だが、本論を読み進める前に、ここで全体の概要として、復元するための基本的な手順を示しておこう。この手順は大きく以下の三点に集約される。

①発掘によってわかる建築的な情報を整理する。

②その情報をもとに建築の平面、軒《のき》の出《で》、屋根形状といった上部構造の骨格を復元する。

③類例となる現存建築・絵画・文献史料・出土建築部材などを参考に、情報を肉付けする。

これで、復元の大まかな手順の説明は終わりである。あまりにも短く、拍子抜けしてしまうかもしれない。もちろん、この手順はあくまで机上の議論で、単純化したものであり、実際には色々な課題が出てくる。この三ステップのそれぞれに、多くの課題が詰まっており、時に立ち止まり、時に戻りつつ、一歩ずつ、復元が進展していくのである。特に実務設計には定まった方法はなく、想定外の物事や例外、細部の検討が数多く必要で、これらを乗り越えるため、多くの研究者・技術者らが汗と涙を流している。そこで、実際に復元された事例を取り上げ、どのような考え方で、復元建物が設計されているかという裏側をのぞいてみたい。

一つは奈良時代の宮殿、平城宮に復元された第一次大極殿と朱雀門である。これらの建物は、歴史的にも著名であるため、文献史料・絵画史料から得られる情報も多く、復元の材料が良好に整っている事例である。

また寺院の復元の早い例として、四天王寺《してんのうじ》（大阪府）を取り上げたい。四天王寺の伽藍復興は戦後間もない時期で、いわゆる遺跡の復元という概念が確立していない頃のことである。発掘成果に基づいた設計や時代性を考慮した意匠など、古い時代の復元であるがゆえに、苦悩に満ち溢れている。

一方で、地方の集落の建物については、こうした文献史料・絵画史料・現存建築から得られる情報は少ない。この事例として、弥生時代の集落、登呂《とろ》遺跡（静岡県）を取り上げたい。登呂遺跡の竪穴建物は、まさに発掘の成果を生かした復元考察の賜物で、建築史学の学史においても、重要な意義のある成果である。

そして、本書の結びとして、復元の実務的なメリットや学問としての可能性を紹介するとともに、さまざまな復元のアウトプットの手法を見ていきたい。さらに復元の行く末について、模型を用いた面白い試み、デジタルデバイスなど、新技術を用いた方法を紹介しつつ、未来を想像してみたい。

なお本書では、専門家以外の方にも読みやすいよう、注や引用文献は省いた。より詳しく知りたい方は、末尾に復元に関する主要な参考文献を掲載しておいたので、適宜参照されたい。

さて導入で、やや難しく聞こえる建築史や復元の学史や言葉の定義の話をしたが、冒頭でも述べたように、復元建物の設計は遺跡を読み解くためのパズルのようなもので、発掘遺構や遺物、現存する古代建築、絵画資料など、さまざまなピースを組み合わせることで、完成している。発掘の成果と復元建物をつなぐ裏側を知ることで、遺跡への理解が深まるだけではなく、現存する古代建築の魅力の再発見につながろう。さあ、復元の世界への扉をいざ開かん。

古建築を知る

古建築の基本構造

復元とは発掘遺構と建築を結び付ける作業である。その際には現在残っている古代建築が参考となることが多い。また発掘遺構は古代建築の痕跡であるから、古代建築の構造を知っておくことが、発掘遺構や復元建物を知る近道である。やや専門的な用語もあり、難解な部分もあろうが、ここで復元建物を理解するための基礎知識を紹介しておきたい。

現存建築を知る意味

さて、木造の古建築は寺院・神社・住宅・城郭など、いろいろな場所にあり、その種類も本堂や本殿をはじめ、拝殿《はいでん》・塔・楼閣・天守閣・茶室など、さまざま。そして屋根の形、葺材《ふきざい》なども多種多様である。

とはいえ、古建築の基本的な構成は近世以前の建築で共通する内容も多い。もちろん、

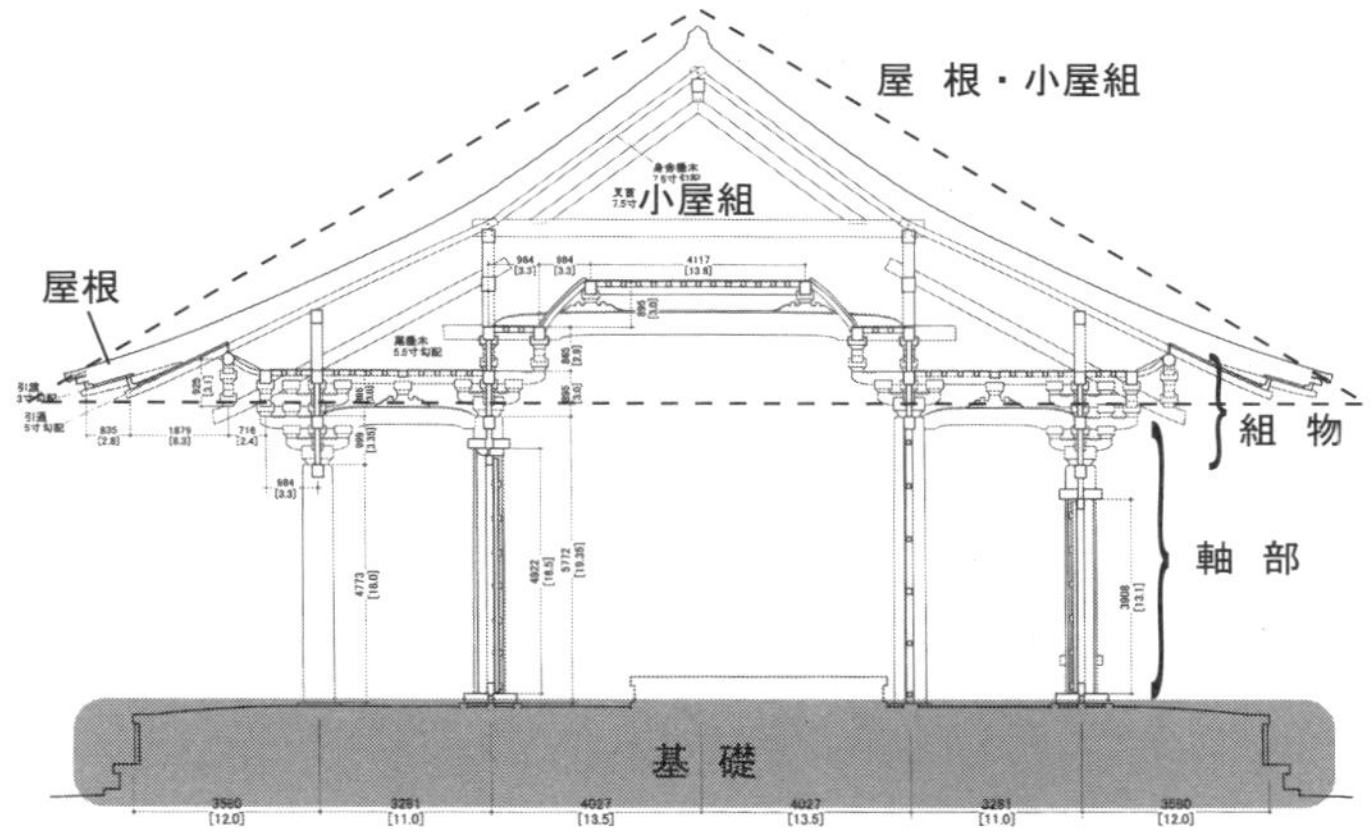

図５　建物の各部の構成（唐招提寺金堂復原断面図，奈良県教育委員会『国宝唐招提寺金堂修理工事報告書』2009年〈奈良県文化財保存事務所提供，奈良県教育委員会の報告書は以下同じ〉を一部改変）

同じ寺院建築であっても本堂と五重塔で構造は異なるし、細かいことをいえば、本堂であっても個々の建物ごとに構造はすべて違う。そのため、あくまでここでの説明は考え方の基本中の基本に過ぎないことに留意していただきたいが、この共通点を押えておけば、多くの木造建築はその応用で理解でき、古建築全般の鑑賞にも役立つ知識となろう。もちろん、構造が複雑化している近世建築をすぐに理解するのは難しいが、古代建築は比較的、構造が単純で、古代の復元建物もシンプルなものが多い。

建物の成り立ち

建物はさまざまな部分によって構成されているが、大きく分けて基礎・軸部《じくぶ》・組《くみ》

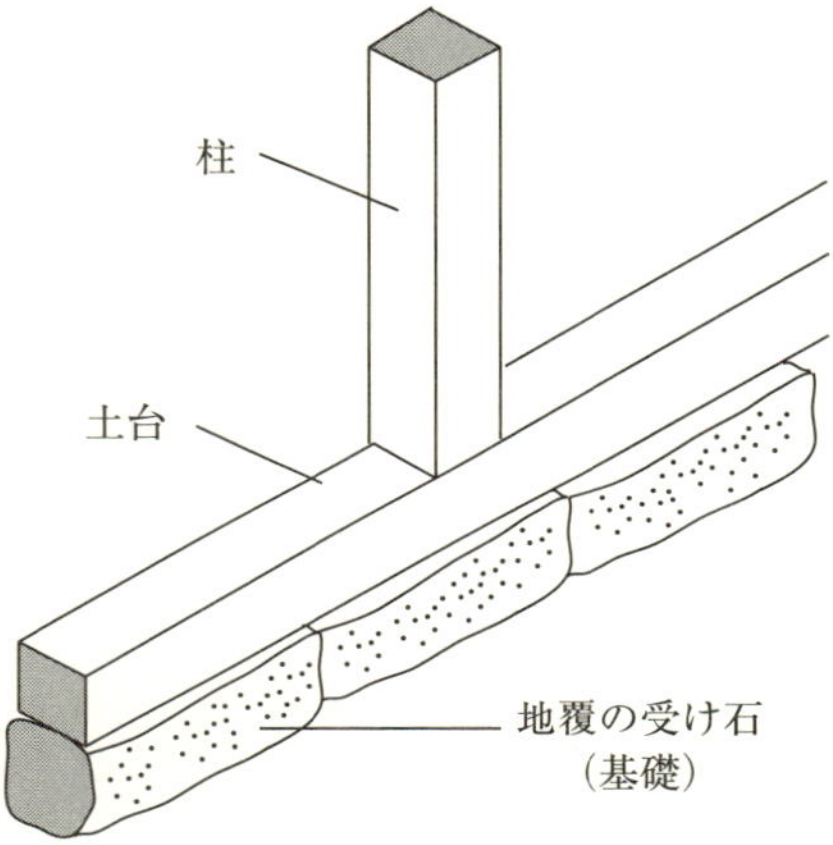

図6　基礎と土台の違い

物《もの》・小屋組《こやぐみ》および屋根の四つの部分から成り立つ（図5）。軸部より上の構造を上部構造という。もちろん、相互は無関係ではないが、それぞれの部分ごとに特徴を見ていこう。

基礎と聞いても、ピンと来ないかもしれない。基礎は柱よりも下の部分で、古建築では柱の下でその荷重を支える礎石や礎石を据えるための基壇《きだん》の部分を指す。ちなみに、一般的には基礎と土台の両者の区別がなかなか難しいかもしれないが、基礎は地面と木部の間にあり、建物本体を支えて、建物全体からの力を地盤に伝える構造体である（図6）。一般的にはコンクリートや石を素材とすることが多い。一方で、土台は基礎の上に置かれた横材を指し、木製のものが多く、その上に柱を立てる。

次に軸部であるが、これは柱・梁《はり》・桁《けた》といった建物の骨格を成す部分である。これらの軸部によって、建物の主な空間は作り上げられ、その大きさも決まってくる。

そして組物。必ずしもすべての建物に組物が用いられるわけではないが、組物は寺社建築の見どころの一つである。組物は柱と桁の間に置かれ、小屋組や屋根の荷重を受け、それを柱に伝える役割を果たしている。組物には多様な種類があるが、基本的には左右に腕のように広がる肘木《ひじき》と斗《ます》の組み合わせで成り立っている。

最後に建物で最も上部にあるのが小屋組および屋根である。屋根は上面を覆う瓦や板などの葺材によって、雨や光を遮り、建物の内部空間を作る。小屋組はその屋根を支える構造体である。軸部と屋根の絶妙なバランスは日本建築の美しさの一つであり、組物より下部の構造は、この屋根を支えるためにあるといっても過言ではない。

建物の平面と構造

いうまでもなく、建物は三次元の構築物であり、立体である。また建物を構成する部材は宙に浮いているわけではないので、建物の構築は部材の組み上げ、すなわち重力との戦いでもある。そのため、建物を理解するうえで、三次元と物理に対するセンスがあるに越したことはない。しかし、構えることはない。マンションの広告、あるいは駅やショッピングセンターなどの案内パネルで、部屋の間取り図を見たことのある方も多いだろう。これが建築の理解の方法の第一歩で、古建築の見方もこの応用である。

建物は柱・梁・小屋組などの構造材によって、立体として成り立ち、一定の空間を作っており、この建物が占める領域を平面、図示したものを平面図という。平面図は床・柱・

建具・壁の位置などを示した図と考えてもらえばイメージしやすいだろうか。平面図には部屋の間取り・大きさや部屋同士の関係が表されており、建物を理解するうえで、最も基本となる。そして平面と上部構造には密接な関係があり、古代建築はその傾向が特に強い。ここでは平面と上部構造の基本的な関係を述べよう。

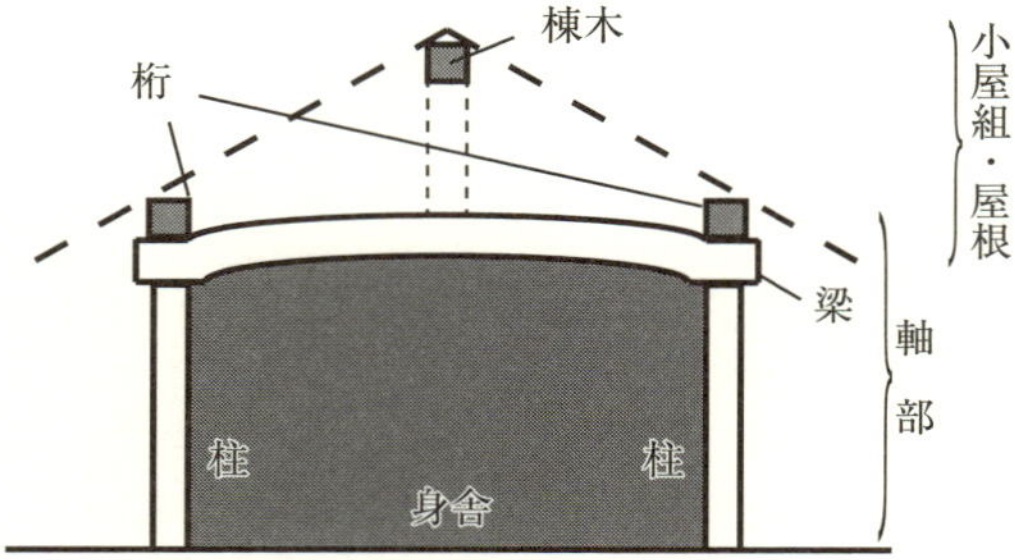

図７　柱と梁による基本の骨組み

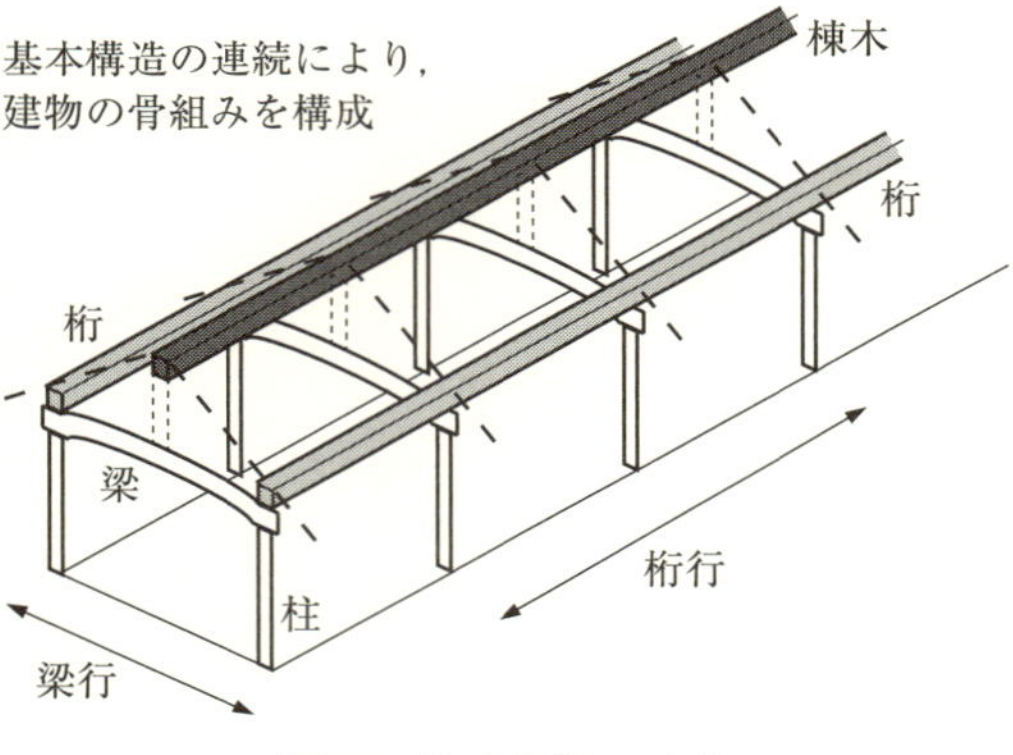

図８　基本架構の連続

最も単純な建物の構造は二本の柱を立てて、二本の柱の上を水平方向に梁でつないだもので、鳥居のような形をしている（図7）。

この鳥居型の架構を基本として、この架構をいくつも並べて、梁と直行して、水平方向に桁を架けることで、建物の骨組みが完成する（図8）。これが古代建築の基本構造である。そのため、古代建築の平面は基本的に長方形となる。

屋根に目を移すと、屋根の頂部には水平部分があり、これを大棟《おおむね》といい、大棟を構成する材を棟木《むなぎ》という。そして建物の大棟と平行する方向を桁行《けたゆき》といい、これと直交し、梁の架かる方向を梁行《はりゆき》あるいは梁間《はりま》という。大棟と平行する面を平側《ひらがわ》、直角の面を妻側《つまがわ》といい、それぞれの方向から建物に入る方法を平入《ひらいり》、妻入《つまいり》という（図9）。

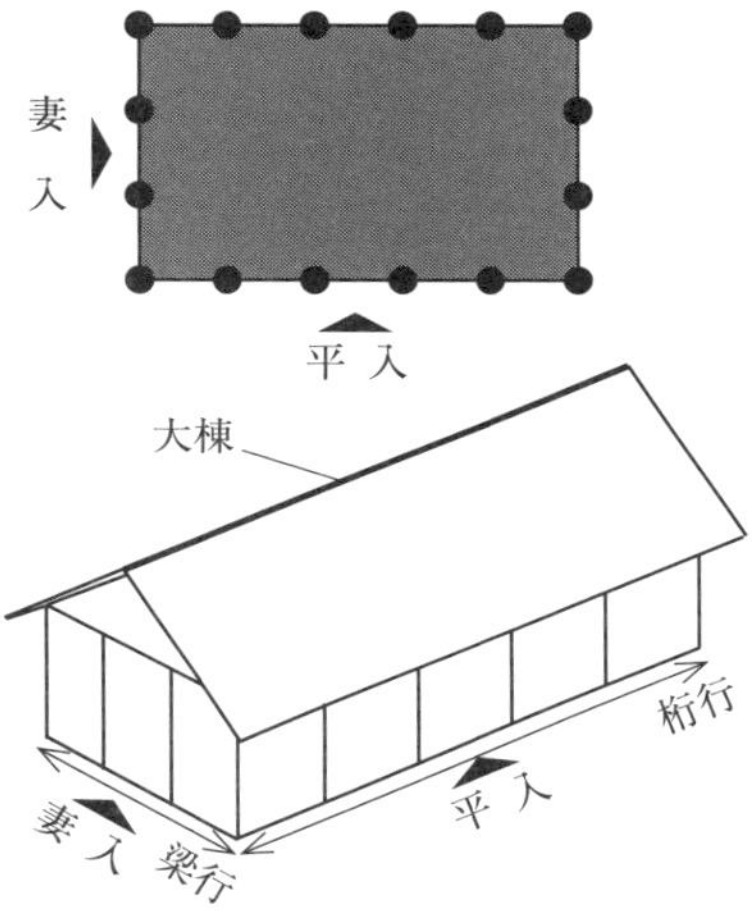

図9　平入と妻入

建物規模の表し方

さて、建物の大きさを表すときに、どのように表したらよいのだろう。巻き尺を片手に寸法を測らなくてはならないのだろうか。これは半分正解で、半分不正解である。確かに

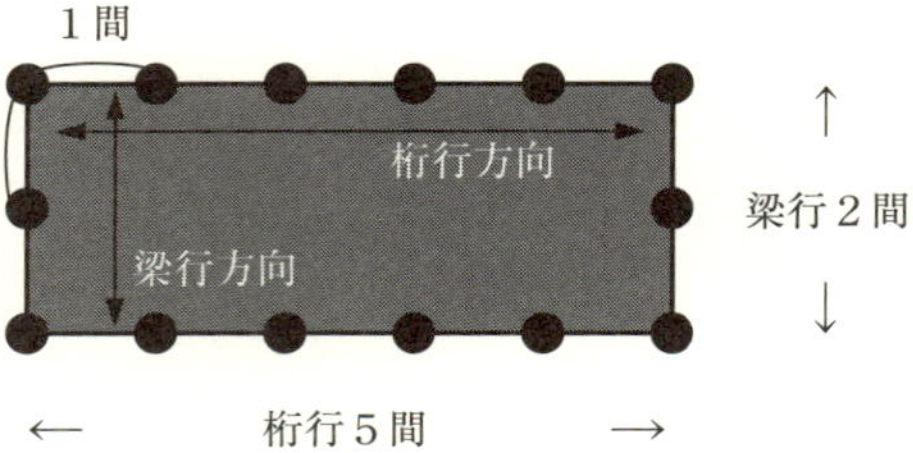

図10　建物規模の表し方

我々、専門家の調査では巻き尺を使って建物を実測し、建物規模を数値化し、何メートル、何平方メートルといった大きさで表現する。しかし、例えば自分の家の大きさを表現するときに、八〇平方メートルというより、３ＬＤＫというい方のほうがピンとくるのではないだろうか。古代建築も同じである。

　古建築の規模は、柱と柱の間、すなわち柱間《はしらま》の数によって表現する。二本の柱に挟まれた柱間を「一間《けん》」と呼び、それぞれ桁行方向、梁行方向ごとに、桁行何間、梁行何間と数える（図10）。例えば、図10の建物であれば、桁行五間、梁行二間といった具合である。

　では、この柱間の大きさ、すなわち柱間寸法はどのくらいであろうか。建物ごとにその大きさは異なるが、ある制約によって、一定の規模があるのである。桁行にせよ、梁行にせよ、柱と柱の間には、その下に支えるものがないため、この間は一本の材で作る必要がある。ところが、古代に採材できる材の長さは二〇尺（約六メートル）程度、最長でも一〇メートル代前半が限度とされるため、桁や梁を長さに限界がある。その結果、柱と柱の間の距離、一間の柱間寸法はだいたい五〜一三尺程度の範囲に収まる。こうした柱間の大きさの制約による共通性のおかげで、柱間で建物規模を表すことで、ある程度、大きさの把握ができるのである。

建物全体の大きさも構造と無関係ではない。柱と梁による基本構造を連続して並べることで、桁行方向に建物を長くすることに支障はない。これは廻廊などの桁行方向に長い建物を見れば納得がいくであろう。一方で、梁行方向を無尽蔵に大きくすることはできず、限界がある。これは先述の柱の上に架け渡す梁の長さによる制約のためである。桁は一間ごとに材をつなぐことで、延ばすことができるが、梁は一定の太さをもち、梁行の長さを一本の木材で造る必要がある。この梁の大きさにより、梁行の規模は制限されてしまうのである。そのため、古代建築では梁の長さは基本的に柱間二間分とする。

余談ではあるが、この梁の長さの限界は、前近代に共通する課題で、世界最大の木造軸組建築とされる東大寺大仏殿の梁も入手に手間取った。現在の大仏殿は奈良時代の創建、鎌倉の再建に次ぐ江戸時代に再建された三代目であるが、その梁の長さは約二三メートル、太さは約一メートルという異例の大きさであるから、こうした状況も納得できよう。この建設時には、大梁の確保のために全国の山中を探し求め、日向国（現在の宮崎県）でやっと手に入れるという苦労があった。このように、梁行方向には材料の大きさによる制約があるということを知っておくと、建物も違って見えてくるだろう。

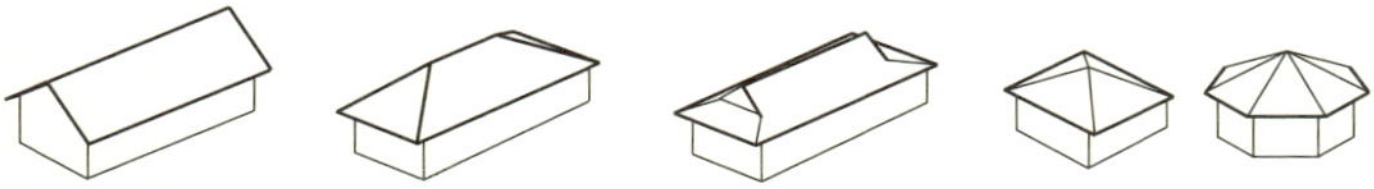

切妻造　寄棟造　入母屋造　宝形造

図11　さまざまな屋根の形

屋根の形と葺材

古代建築の基本的な屋根の形には切妻造《きりづまづくり》・寄棟造《よせむねづくり》・入母屋造《いりもやづくり》・宝形造《ほうぎょうづくり》（方形造）の四つがある（図11）。切妻造は最も単純な屋根形式で、二方に傾斜し、本を伏せて山形としたような形状の屋根である。寄棟造は四方向に傾斜する屋根をもつ形式で、平側の台形と妻側の三角形の屋根面により構成される。入母屋造は、屋根の上方を切妻造とし、下方を寄棟造としたものである。宝形造は寄棟造の四面の屋根がすべて三角形になる形式で、平面が六角形や八角形となる場合もある。

次に屋根を覆う材料、すなわち葺材を見てみよう。葺材というと瓦（本瓦《ほんがわら》・桟瓦《さんがわら》）がパッと頭に浮かぶであろうが、他にもさまざまな種類がある。板（杮《こけら》・木賊《とくさ》・栃《とち》）・檜皮《ひわだ》・草（茅《かや》・藁《わら》）などの植物性の材料を筆頭に、切石《きりいし》・スレート・金属などなど。このうち、瓦葺は主に寺院建築に用いられた。宮殿や邸宅でも瓦葺が用いられたが、これらでは板葺や檜皮葺が主であった。一方で、庶民の住居は、中世の絵巻物（『一《いっ》遍上人《ぺんしょうにん》絵伝《えでん》』ほか）などを見ても、草葺や板葺が多かったようである。

古代以前の屋根葺材については、奈良時代の文献史料からも瓦葺・檜皮葺・板葺・草葺があったことが知られる。例えば、西大寺の財産目録である「西大寺資《さいだいじし》財流記帳《ざいるきちょう》」には、多くの建物の名前、葺材が記されている。これによると、十一面堂院という区画には楼・僧房などの建物があり、すべて檜皮葺であったと記され、また他の区画には草葺の厩《うまや》や瓦葺や板葺の倉などがあったようである。

平面の拡大と屋根

さて、梁行方向に平面を拡大することが構造的に困難であることは前に述べたが、では平面を大きくするにはどのような方法があるのであろうか。もちろん、一つは桁行方向に大きくする方法である。理論上、この桁行方向への拡大は容易であるが、これでは細長い平面の建物しか造ることができない。

一方で、梁行方向への拡大は梁の長さによる制限があるため困難で、この方向に平面を拡大するには、柱よりも外側にさらに空間を作るしかない。すなわち廂《ひさし》を付ける方法である。建物本体の柱よりも外側に柱を立て、その間に屋根を架けて、空間を作るのである（図12）。この廂に対し、建物本体の部分を身舎《もや》と呼ぶ。そして身舎柱を入側柱《いりがわばしら》、廂柱を側柱《がわばしら》といい、身舎柱と廂柱は頂部を繋梁《つなぎばり》で結合することが多い。

この廂が何面に付くかによって、平面の面積が大きく変わる。また廂の付く位置によって、建物の平面形式は以下のように拡大していく（図13）。

まず、最も基本となるのは廂を付けない無廂《むびさし》の建物で、身舎のみで構成される建物で

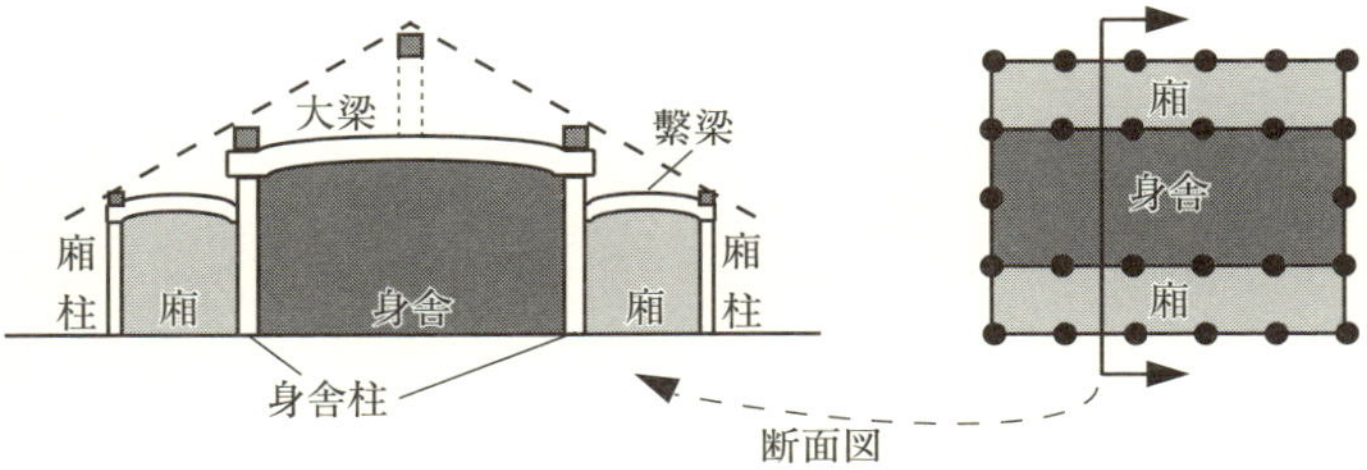

図12　身舎に廂を加える構造

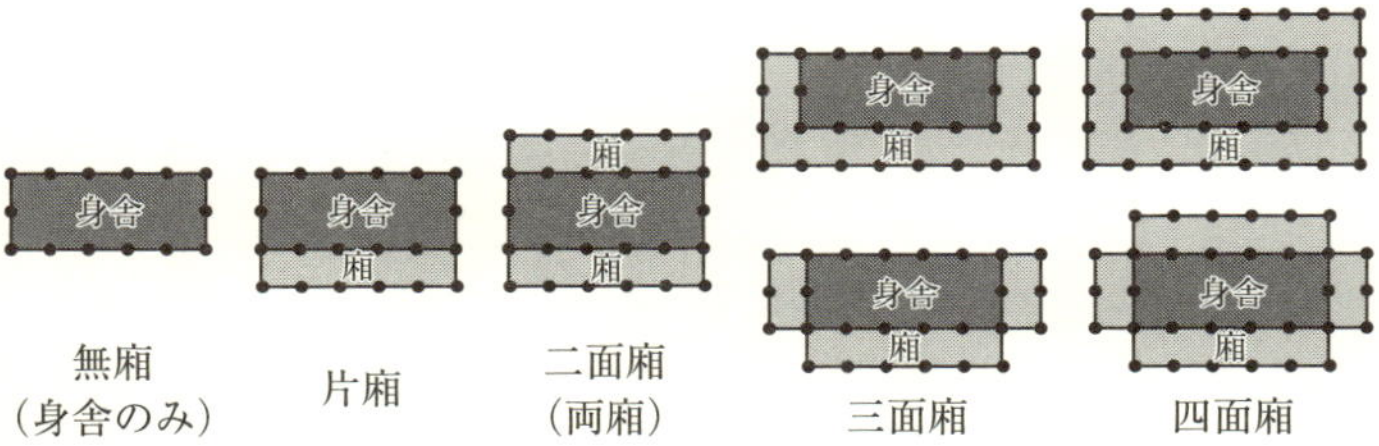

図13　平面の拡大と廂の付加

ある。この平側の一面に廂を付けると片廂《かたびさし》となる。この一面の廂は建物の正面側に付くことが多い。

　さらに平面を拡大しようとすると、背面にも廂を付け、二面廂《にめんびさし》（両《りょう》廂《びさし》）とする。廂と身舎の柱間寸法にもよるが、二面廂では、平面積は身舎だけの場合の約二倍にもなる。

　また平側の片廂に加えて、両妻側に廂を付す場合がある。これを三面廂という。そして身舎の四周に廂を廻らせた形が四面廂で、面積が最も大きくなる。以上が廂の付加による建物の平面の拡大である。

　この身舎と廂による平面構成と屋根の形には深い関係がある。そこで平面と屋根の関係について、現存遺構や絵巻物の描写を交えながら、見ていこう。

まず無廂の建物の屋根であるが、基本的に切妻造である。代表例は奈良時代に建てられた海龍王寺《かいりゅうおうじ》西金堂（図14）で、桁行三間、梁行二間、本瓦葺・切妻造の小規模な

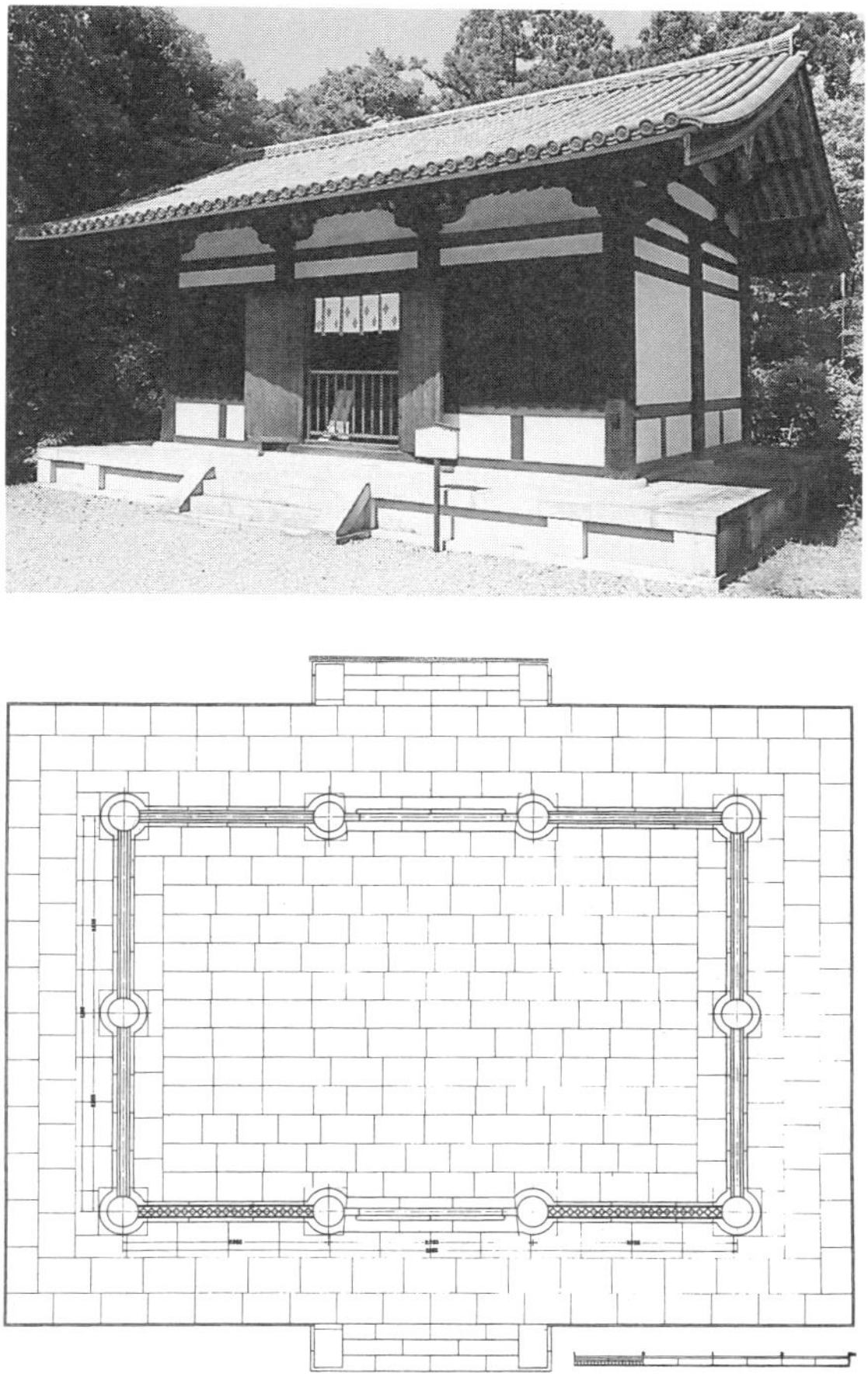

図14　海龍王寺西金堂（奈良県・奈良時代，下図・奈良県教育委員会『重要文化財海竜王寺西金堂・経蔵修理工事報告書』1967年）

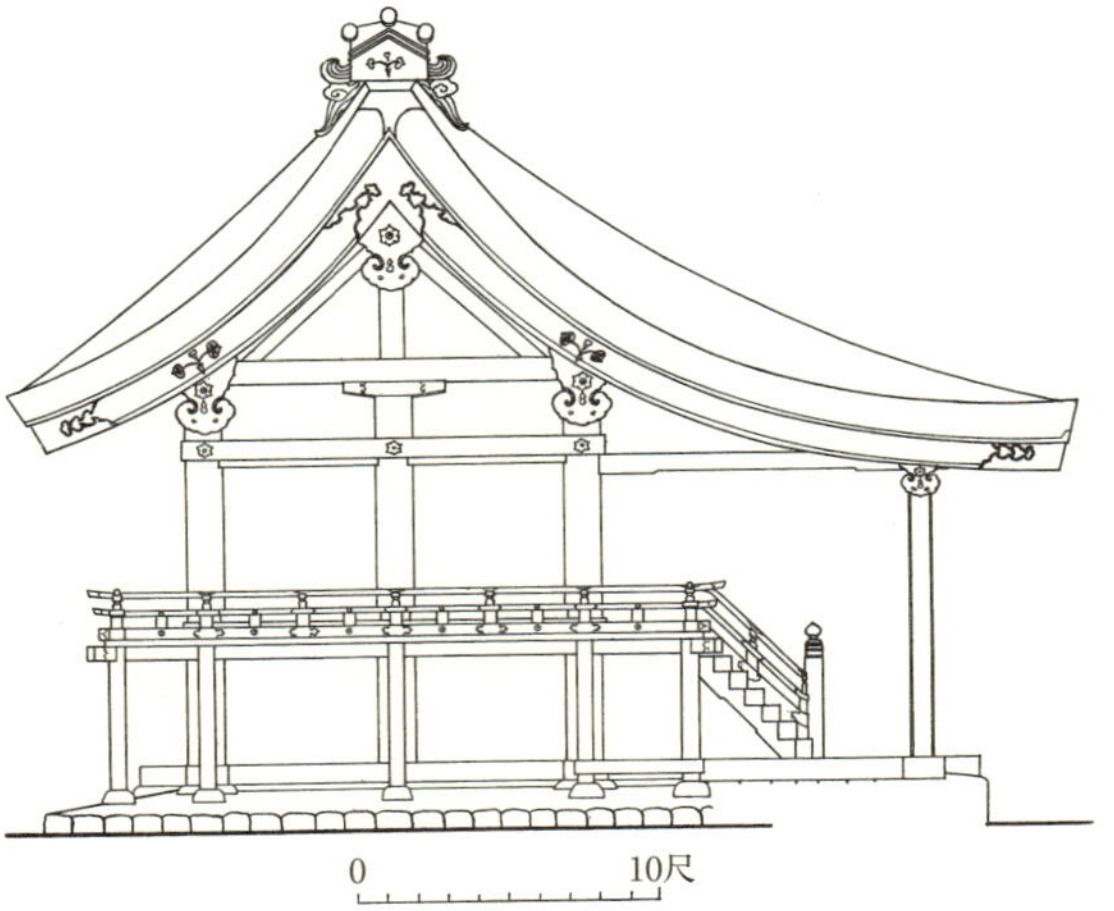

図15　賀茂別雷神社本殿（京都府・1863年，『日本建築史基礎資料集成』社殿２，中央公論美術出版，1972年）

仏堂である。中に五重小塔（奈良時代）が安置されることで有名である。正背面の側柱の間に虹梁《こうりょう》を架け、その上に扠《さ》首《す》を置き、棟木を置く。

次に片廂であるが、この場合も切妻造で、身舎の片側にのみ廂が取り付く。大棟は身舎の中央に位置するから、廂側の軒先は低い位置となる。現存するものでは、通称上賀茂《かみがも》神社として知られる賀茂《かも》別雷《わけいかづち》神社本殿などがあり、神社建築に多く見られる流造《ながれづくり》という形式が片廂である（図15）。

一方で、片廂の場合、身舎と廂で屋根の構造が異なることもある。平安時代の平安宮を描いた絵巻物『年中行事絵巻』の建礼門《けんれいもん》を見ると、門の本体は瓦葺の切妻造の屋根で、そこに付けられた廂は檜皮葺で描かれている（図16）。屋根自体も廂の方が身舎よりも低い位置に取り付いており、両者の間には段差がある。

このように、身舎と廂が一連の屋根とはならず、葺材が異なることもあるのである。こうした身舎と廂の分離した構造を「身舎・廂分離型」といい、廂を増築するには都合のよい方法である。

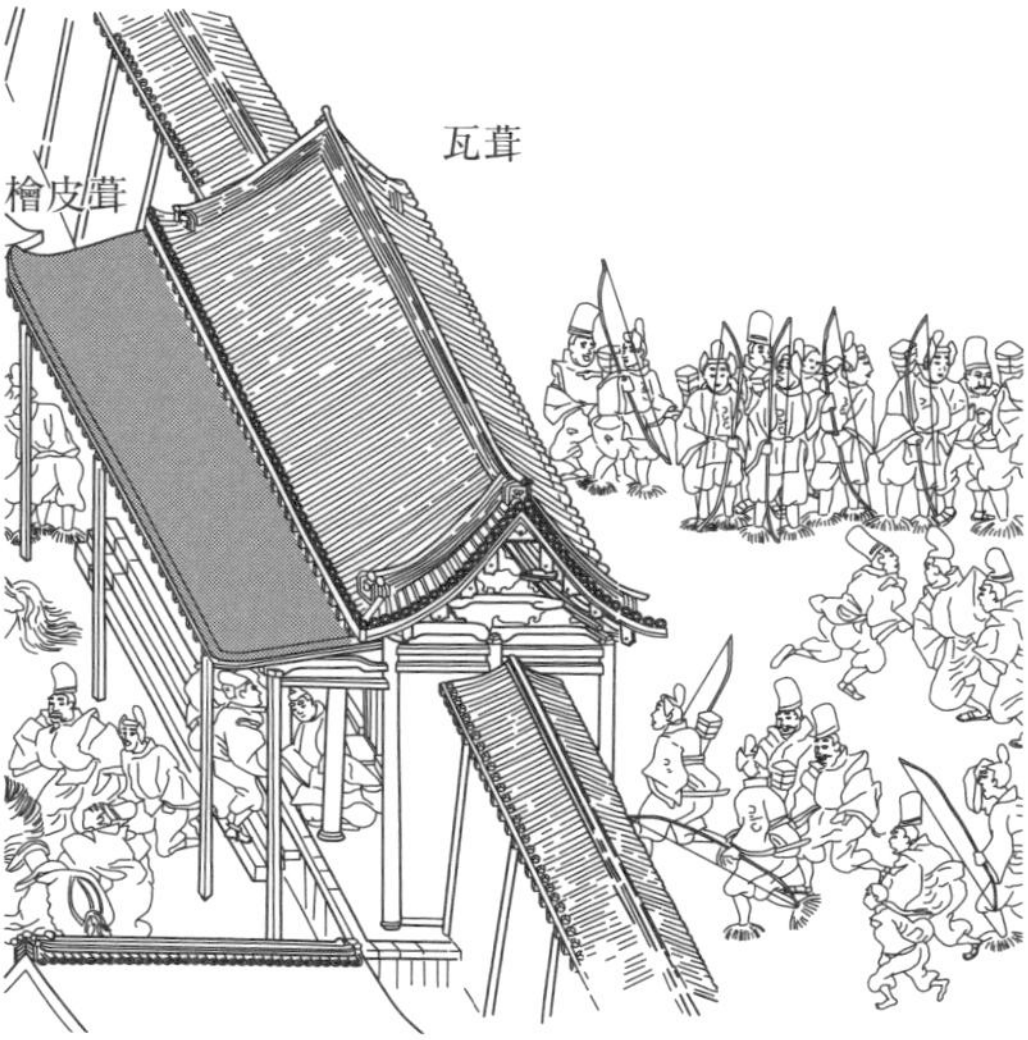

図16　『年中行事絵巻』に描かれた平安宮建礼門

同様に「正倉院文書《しょうそういんもんじょ》」の中に、東大寺荘園の一つ、越前国桑原庄《くわばらのしょう》の収支決算報告書があり、これによると草葺の建物の廂部分を取り替えたようで、廂だけを取り替えていることから、この建物は「身舎・廂分離型」と見られる。同じく、資産を記した「宇治院資財帳写」では、檜皮葺の堂宇《どうう》に板廂を付けている。このように、身舎の構造とは異なる廂を付加した建物が古代には一定数、存在したのである。

続いて、二面廂をモデル的に透視図

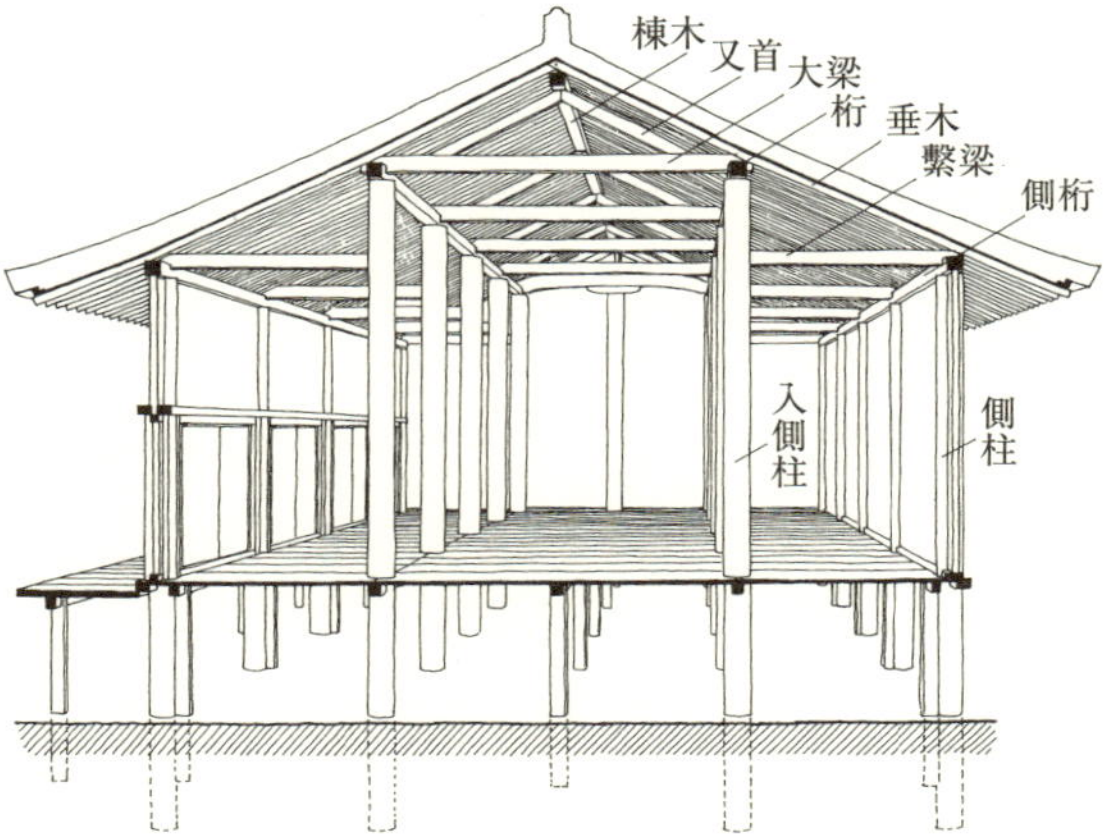

図17　二面廂のモデル（宮本長二郎『平城京』草思社, 1986年）

化したものが図17である。中央部に身舎の空間、その両脇に廂の空間が広がる。そして身舎柱同士を梁で、身舎柱と廂柱の間を繋梁でつなぐ。身舎柱が廂柱よりも長く、天井の高さも身舎の方が高い。

現存建築では法隆寺食堂《じきどう》が参考になろう（図18）。法隆寺食堂は桁行七間、梁行四間の切妻造で、身舎梁行二間の前後にそれぞれ廂が付いている。さらに屋根を詳しく見ると、身舎と廂の屋根は、一連の本瓦葺で葺き下ろされる。これが二面廂の基本的な屋根の形である。

また食堂の前面には桁行七間、梁行二間の細《ほそ》殿《どの》が併設される。この細殿は無廂で身舎のみの建物であるが、やはり本瓦葺の切妻造の屋根である。

三面廂はやや特殊な形状で、適切な現存建築の例が見当たらないが、やはり切妻造の片廂の建物の両妻側に廂を付けた屋根と考えられる。ここでは話が複雑になるので、詳細は

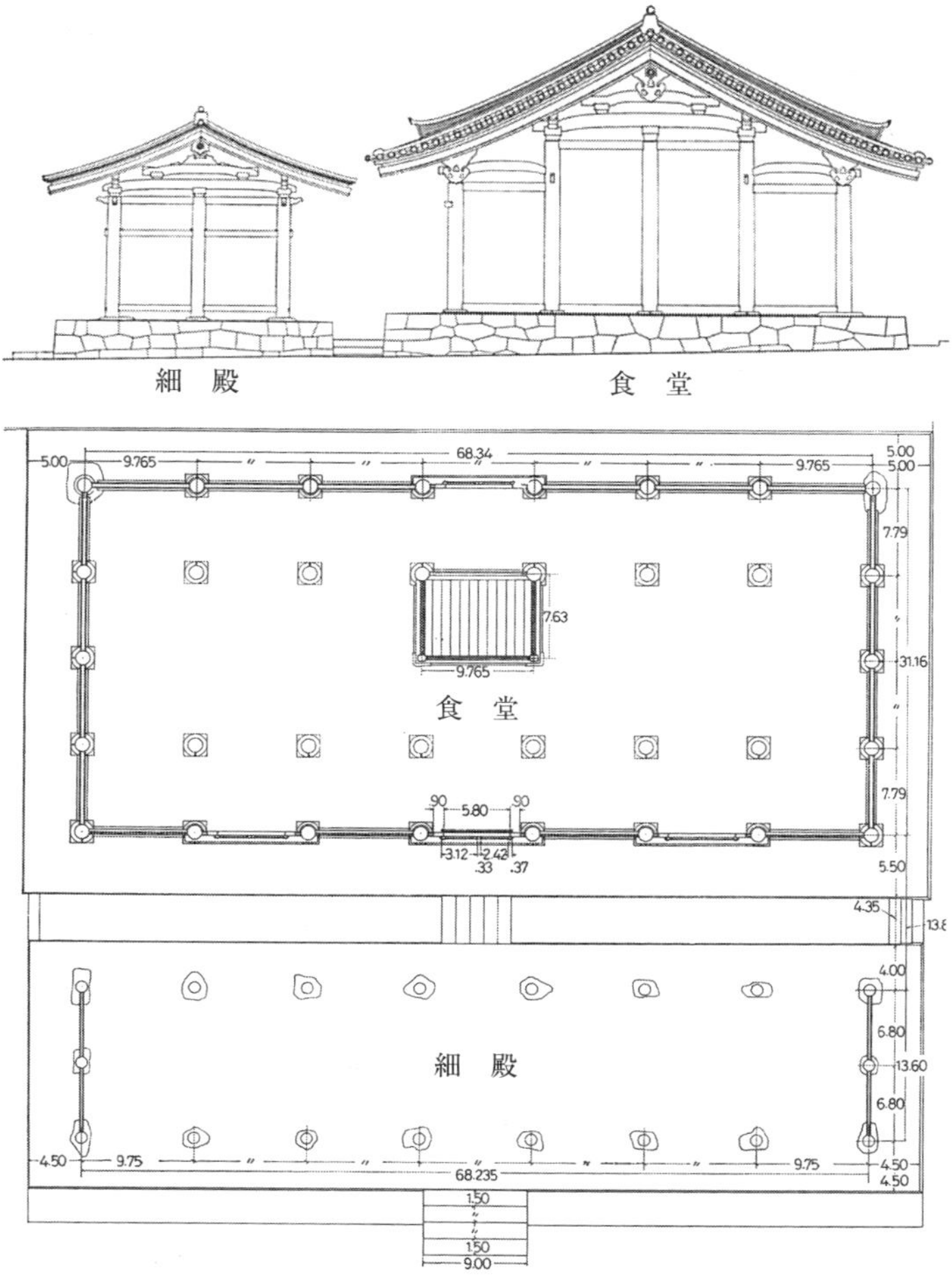

図18　法隆寺食堂・細殿（奈良県・奈良時代，法隆寺国宝保存事業部『国宝建造物法隆寺食堂及細殿修理工事報告』第２冊，1936年に加筆）

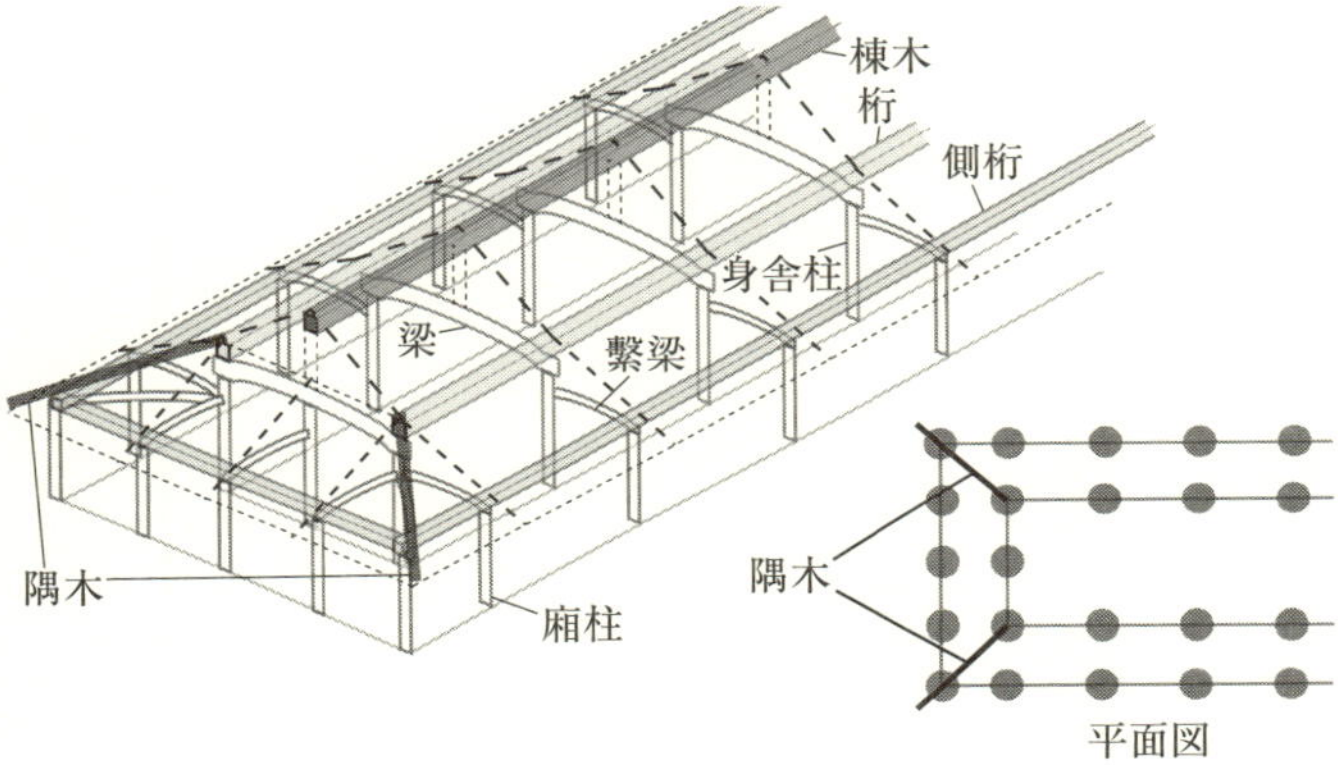

図19　隅木の架かり方（四面廂，入母屋造の場合）

避けよう。

そして四面廂。一般的には面積が大きくなる四面廂が最も高い格式で、屋根は寄棟造か入母屋造の屋根とする。これらの屋根形式では、屋根を支えるため、隅の柱間の位置で、平面で四五度に傾いた方向に斜めの材が不可欠である。この部材を隅《すみ》木《ぎ》という（図19）。この四面廂の平面と寄棟造・入母屋造の関係を理解するには、柱・梁・隅木による建物の骨組みを知ることが一番である。

図19は四面廂の平面で入母屋造の屋根の模式図で、身舎柱の周囲に廂柱が廻り、両者を繋梁でつなぎ、廂柱の上に側桁《がわげた》を置く。また四面廂では、妻側の廂柱の上にも側桁を置く。隅木は身舎柱の隅と廂柱の隅の間に架かる。これらの骨組みによって、入母屋造の屋根が造られている。

この隅木こそが入母屋造や寄棟造の構造の根幹

で、これを支えるために、隅の廂柱から一間分、内側に入った位置に身舎柱が必要となる。そのために入母屋造や寄棟造の屋根には四面廂の柱配置が求められるのである。

なお、三面廂・四面廂では、隅を欠いた平面のものもある（図13下段）。この場合、屋根は身舎と廂で構造が一体ではなく、前に述べたような「身舎・廂分離型」と考えられる。すなわち、身舎と廂の屋根に段差のある形状である。また隅を欠かない四面廂であっても、身舎と廂の屋根に段差がある場合もある。これは身舎を切妻造とし、四周を葺き下ろした錣葺《しころぶき》という葺き方で、法隆寺の玉虫厨子《たまむしのずし》に見られる形式である（図20）。この屋根では切妻造の部分と四周の廂の部分が一連の屋根とはならず、両者の間には段差がある。錣葺は切妻造の身舎の四周に廂を付加しようとした場合、非常に合理的かつ原始的な方法である。また錣葺によって形成された屋根は入母

図20　錣葺の形状（玉虫厨子宮殿部分〈法隆寺所蔵〉，奈良県・飛鳥時代）

屋造と似た形となる。

さて、以上が古建築の平面と屋根の関係の基本である。廂の付加から屋根の形状と二次元から三次元へ話があちこちに飛んでしまったが、発掘遺構と建物を結ぶためには必須の知識である。次節以降、それぞれの部位ごとに詳しく見ていきたい。

建築各部の構造

各部の名称

まず、建物の各部の構造を説明する前に、その名称を下から順に示しておこう（図21）。現存する古建築を見ると、地面よりも一段高い位置に建っていることが多い。この地面より一段高い部分を基壇《きだん》という。そして基壇の上、柱の下に置かれる石を礎石という。

木部に目を移すと、垂直方向には柱が立ち、水平方向には多くの材が用いられている。地覆《じふく》、腰長押《こしなげし》、内法長押《うちのりなげし》、頭貫《かしらぬき》などである。これらが軸部で、詳細は後述するが、柱と水平材によって軸部を固めており、構造上、重要な役割がある。

そして柱の上には組物を置くが、柱と組物の間に台輪《だいわ》を置くこともある。さらに組物が丸桁《がぎょう》を支え、丸桁の上に垂木《たるき》を架け、垂木の上に板を打ち、葺材を葺く。この丸桁から

図21　建物各部の名称（奈良県教育委員会『国宝室生寺五重塔（災害復旧）修理工事報告書』2000年に加筆）

上の部分を屋根・小屋組という。

基礎を築く

基礎は基壇・礎石により構成される部分で、地面に直接痕跡が残るため、発掘遺構とも関連の深い部分である。礎石建物の場合、基壇を伴うことが多いが、次章で述べるように、発掘遺構のなかで、基壇を伴うものはごくわずかであり、格式の高いものに限られる。まずは建物の最下部である基礎について説明しよう。

基礎の中でも最も下部に位置するのが基壇である。基壇は建物の内部への水の浸入を防ぎ、また建物を立派に見せるため、土を盛ったもので、基壇の上に礎石を据える。この基壇を構成する土（基壇土《きだんど》）は、砂・粘土・砂利などを一〇センチ程度ずつ水平に積み、これを棒で突き固める版築《はんちく》という方法で造られる（図22）。さらに飛鳥・奈良時代には、基壇土を積む前に基壇の範囲を少し掘り下げ、地盤改良することもあった。これを地業《じぎょう》という（図23）。苦労して築成しても、基壇土が露出していては、雨などにより、崩れてしまうため、基壇の周囲を切石や瓦などの基壇外装で覆う。そして基壇土と基壇外装の間に裏込《うらごめ》土《ど》を入れて、基壇外装を固定する。また基壇の上面は切石・磚《せん》（瓦製のレンガ）・瓦などを敷き並べることもあるが、土を硬化させた仕上げである叩き床や漆喰《しっくい》仕上げとすることもある。以上が基壇の基本的な構成である。

基壇の全体の形状を見ると、ほとんどの基壇は一重であるが、法隆寺金堂・

図22　基壇版築（薬師寺食堂〈奈良文化財研究所『薬師寺 旧境内保存整備計画にともなう発掘調査概報Ⅰ』2013年〉）

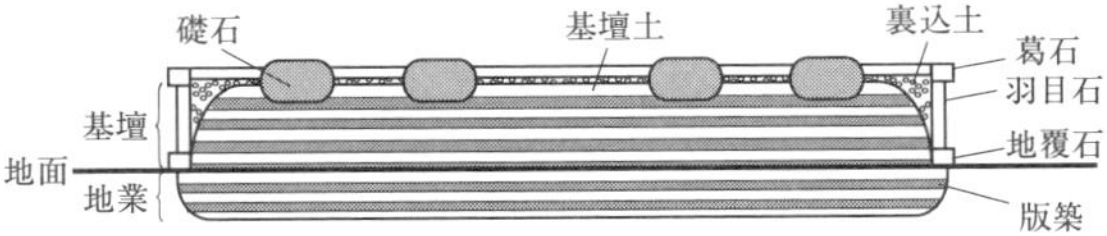

図23　基壇の断面模式図

飛鳥寺西金堂《あすかでら》など、一部、基壇を二重にして荘厳するものもあり、これを見た目の通り、二重基壇という。

基壇の形式は一般的に基壇外装によって分類される。その形式には切石積・乱石積《らんせきづみ》・瓦積・磚積・木造がある（図24）。それぞれ順に見ていこう。

まず切石積基壇であるが、これは切って加工した石材を外装に使用するもので、その石材は主に凝灰岩《ぎょうかいがん》や花崗岩《かこうがん》である。基壇の最下部に地覆石《じふくいし》を並べ、その上に羽目石《はめいし》を立て、上に葛石《かずらいし》を置く形式である。これの変化形として、地覆石を省略したものや羽目石の一部を束石《つかいし》としたものもある。特に後者を壇正積《だんじょうづみ》基壇といい、古代における最高級の基壇形式とされる。

基壇外装の石材を見ていくと、羽目石と葛石や地覆石をうまくかみ合わせるために、相互に欠きこみを入れるものがある。石の大きさに比べると、非常に小さな加工であるが、こうした加工の形状を知っておくことで、発掘された石材のもとの使用位置がわかる。

次に乱石積基壇であるが、これは玉石などの自然石や一部を加工した石を積み上げたり、並べたりしたものである。ただし、この形式は基壇とはいっても、高さが非常に低く、石を一〜二段、並べただけのものもある。

瓦積基壇は、読んで字の如く、瓦を積んで基壇外装としたものである。さてここで古代

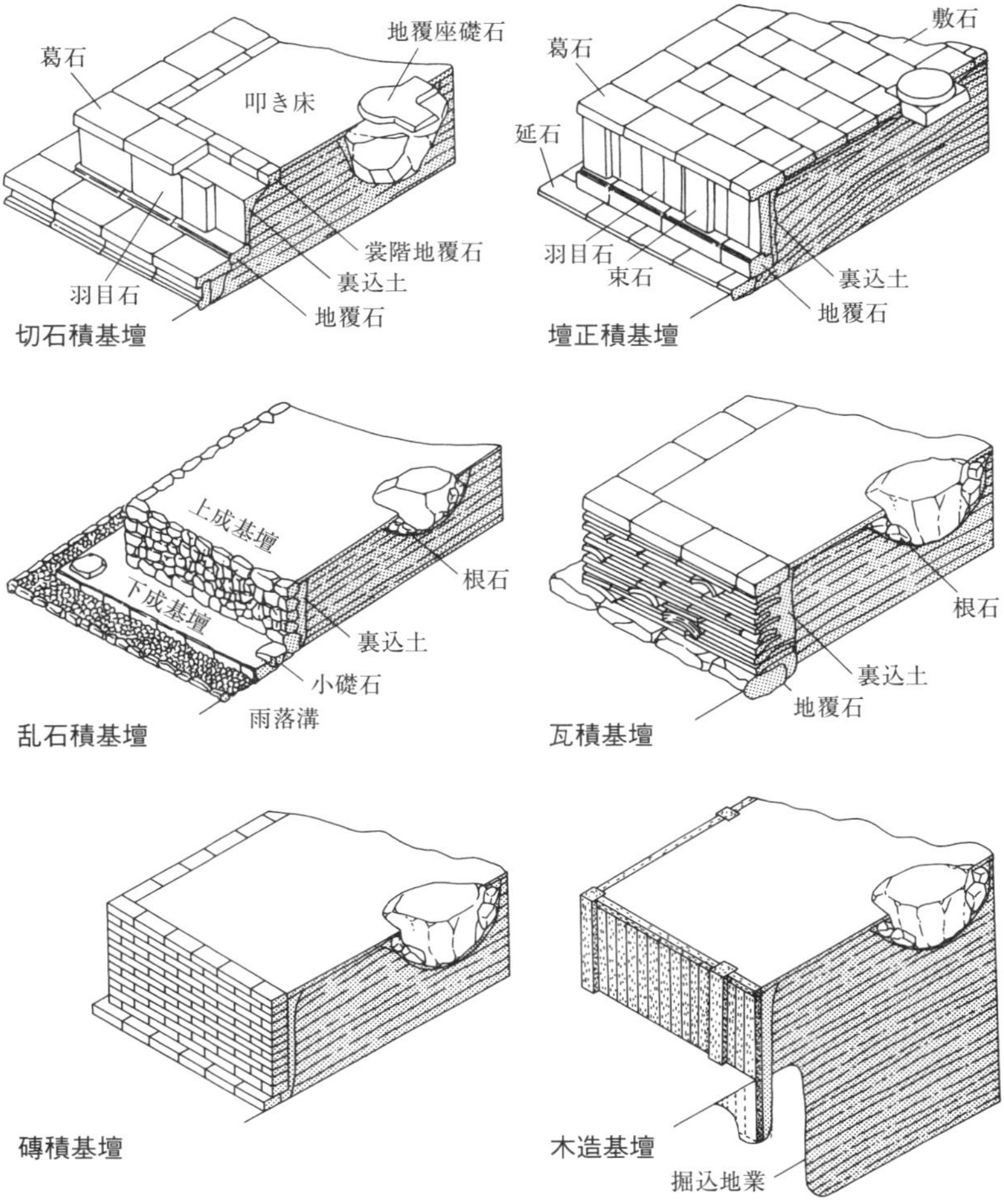

図24　基壇の諸形式（奈良文化財研究所『古代の官衙遺跡Ⅰ』遺構編，2003年）

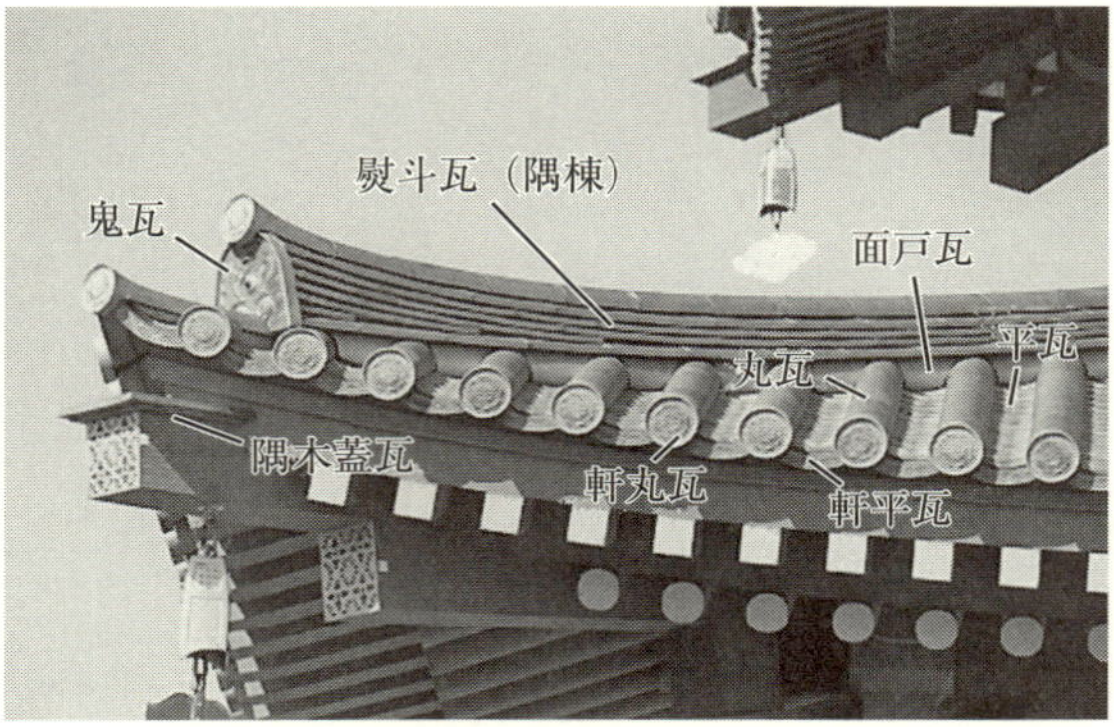

図25　本瓦葺の詳細（平城宮朱雀門）

の瓦について、少し触れておこう。古代の瓦には丸瓦と平瓦の大きく二種類があり、平瓦を下に葺き、平瓦同士の間に丸瓦を被せることで、屋根を葺く。この葺き方を本瓦葺という（図25）。この本瓦葺に対して、平瓦と丸瓦を一体とした桟瓦《さんがわら》が江戸時代に発明され、これを葺いたものを桟瓦葺という。また軒先には草木や巴紋《ともえもん》などの文様を施すこともあり、これを特に軒瓦《のきがわら》（軒丸瓦・軒平瓦）という。このうち基壇外装では平瓦を積む例が多く、そのまま使うほか、平瓦を半裁したものを使う。また、軒平瓦・切石・磚などを併用することもある。なお、この瓦の種類については、出土遺物に絡めて、次章で改めて述べたい。

さて、瓦積基壇の構造を見ていくと、地覆石を伴うものと、これを伴わず、直接、地面の上に瓦を積むものの両者がある。さらに瓦の積み方にもバリエーションがある。基本は平瓦や半裁した平瓦を横に積んだ形式であるが、このほか、玉石と平瓦を交互に積み、サンドイッチ状にしたもの、平瓦を斜めに積んだもの、平瓦を立てて基壇土に押し付けたものがある。

そして磚積基壇（図26）。磚は瓦製のレンガで、基本的に直方体の形状である。二つの磚を合わせると正方形となる形状とすることもある。

図26　平城宮磚積官衙の基壇復元

磚の積み方には長辺を外側にして平積みするものや、一段おきに平積みと横長縦積みを交互にするものなどがある。いずれの場合も、目地《めじ》（継ぎ目）を通してしまうと、構造的に弱くなるため、縦方向に目地を通さずに、目地をエ字型として、各段で目地の位置を変えて積むことが多い。

木造基壇はやや特殊である。なぜならば、木造基壇は耐久性の面で、大きな弱点があるからである。すなわち、基壇外装は基壇土を雨水から守るという機能があるが、木材は雨水により、腐朽しやすく、基壇外装には適さない。それゆえ、木造基壇は現存せず、発掘による成果も芳しくない。

ともあれ木造基壇も木材の構築方法により、主に三種類ある。まずは羽目板を横に並べるか、縦に並べるかの二種類があり、残る一つは角材を立てて並べたものである。いずれにせよ、石材や瓦・磚に比べて、木材は残りにくいため、かなり稀な例であり、本書では軽く触れる程度にとどめたい。

次に基壇の上に据えられる礎石について見てみよう。礎石にもさまざまな種類がある（図27）。自然石が最も原始的な形で、この自然石の礎石の上面を平たく加工したもの、さらに柱の大きさや形状に合わせて円形や方形の柱座《はしらざ》を造り出したものもある。中には二重に柱座を造り出すものや、柱座に花弁などの彫刻を施すものもある。また礎石自体が切石で加工されたものもある。

さらに礎石上面には柱との接合のための加工を施すことがある（図27）。一つは礎石の上面に枘穴《ほぞあな》をあけて、柱の下面に枘を造り出す方法である。ただし、この方法では枘穴に水が溜まり、柱の根元を腐らせる原因となってしまう。そして礎石上面に突起（太枘《だぼ》）を造り出す方法が生み出された。この場合、礎石上面に水が溜まることはない。これは礎石の改良であり、古代の技術の進歩が表れている。

軸部をつなぐ

次に軸部に話を移そう。前に述べたように、基本的に柱は単独で立っているわけではない。特に礎石の上に柱を立てる場合、二本の柱を梁で組んで、これを桁行方向に連続させ、桁を置くことで安定した構造になっている。こうした軸部をつなぐ方法について、ここでは見ていきたい。

まず、柱の種類であるが、柱の断面には丸と角の二種類があり、それぞれ丸柱・角柱という（図28）。寺院の主要堂塔は基本的に丸柱で、法隆寺金堂（飛鳥時代）などでは、丸柱

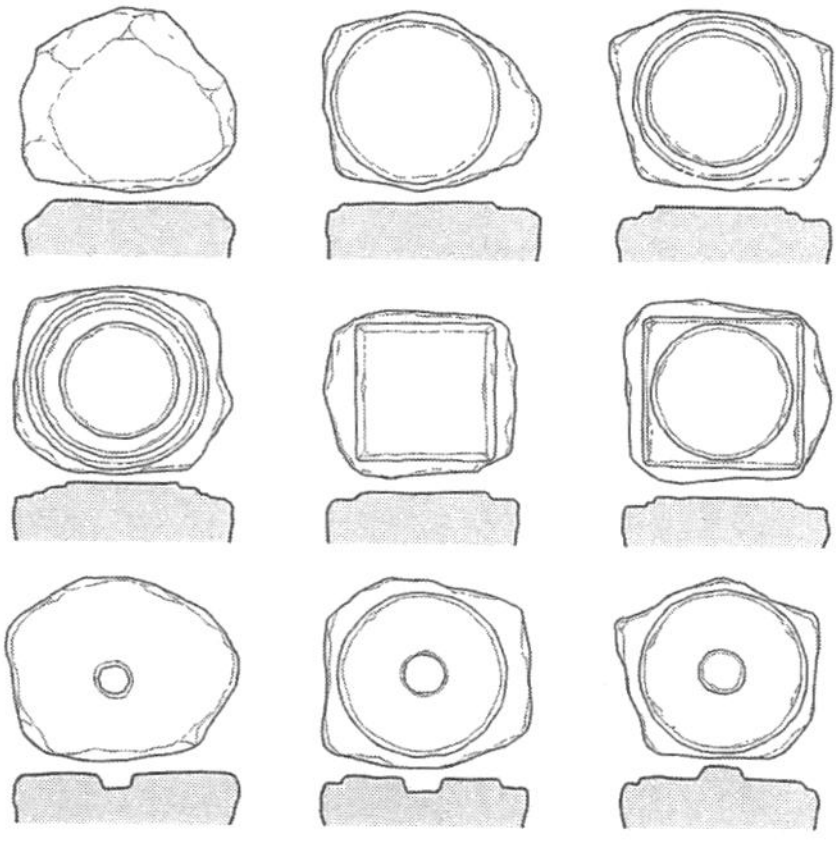

図27　礎石の諸形式（奈良文化財研究所『古代の官衙遺跡Ⅰ』遺構編，2003年）

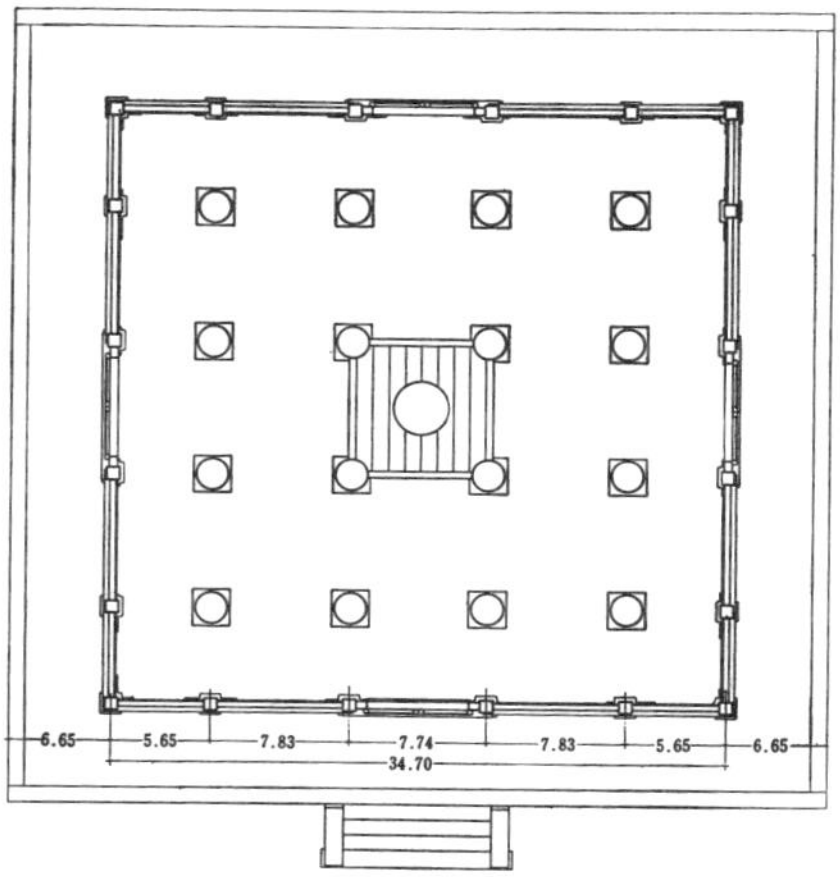

図28　丸柱と角柱の使い分け（薬師寺東塔，奈良県・奈良時代，『日本建築史基礎資料集成』塔婆１，中央公論美術出版，1999年）

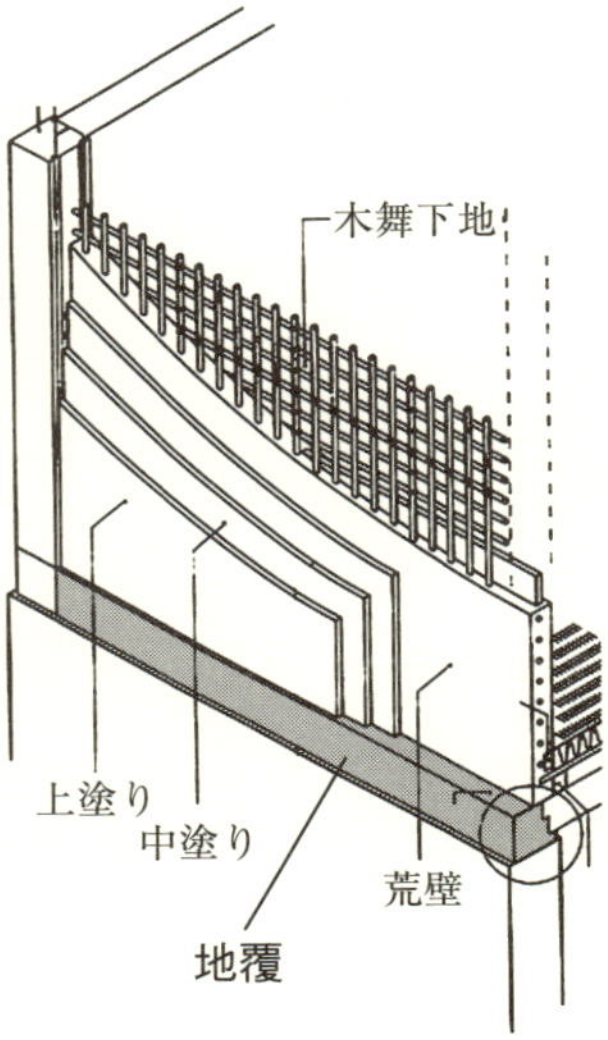

図29　壁・地覆の構造（『図解事典　建築のしくみ』彰国社，2001年）

の途中が太く、頂部が細くなる胴張《どうば》りがある。一方で、角柱は薬師寺東塔（奈良時代）の裳階柱《もこしばしら》や法隆寺妻室《つまむろ》（奈良時代）の間柱《まばしら》など、付属的な柱に用いられている。また八角形平面の栄山寺《えいざんじ》八角堂（奈良県・奈良時代）の柱は平面と同じく八角形の断面である。このように建物の形状や使用位置によって、柱の形状も異なるのである。

では次に軸部同士のつなぎ方を見ていこう。柱の上に梁を置き、柱同士を接続することは前に述べたが、梁よりも下部でも結合する手段がある。これらについて、柱の下部から順に説明しよう。

まず最下部に位置するのは地覆である。土壁を作るには、壁の中に木舞《こまい》という小さな竹や木材を入れ、この上に土を塗り重ねていく必要がある（図29）。この木舞を挿すために、壁の下に置かれる横材が地覆である。柱と柱の間に置かれ、地面（基壇上面）に接している。また壁だけではなく、扉口とする際にも置かれる。地覆が地面（基壇上面）に直接触れないように、その下に切石、自然石、瓦などを並べることが多い。通常、礎石の上面を基壇上面よりも高くするため、礎石上面と地覆の置かれる面の高さが異なる。この高さの差の解消を目的として、地覆の端部部分のみ、柱座と同じ高さの地覆座《じふくざ》を造り出すこともあり、高級な仕事である（図30）。

図30　礎石の地覆座の造り出し（山背国国分寺塔跡）

次に長押。長押は柱同士をつなぐ材で、柱の側面から釘止めする（図31）。現在の和室でも、座敷など、部屋の上質な設えとして長押を用いるが、古代の長押は構造材でもあった。現に鎌倉時代の歌人藤原定家（一一六二〜一二四一）が『明月記』の中で、京都・奈良の大地震による建物の被害の様子を記しており、「長押無きに拠る」ため、建物が倒壊したとする。すなわち長押を構造材と判断しているのである。一方で、奈良時代には明確な構造材ではなく、扉口を中心に用いられた。

長押は、その位置により、地長押《じなげし》、切目長押《きりめなげし》、

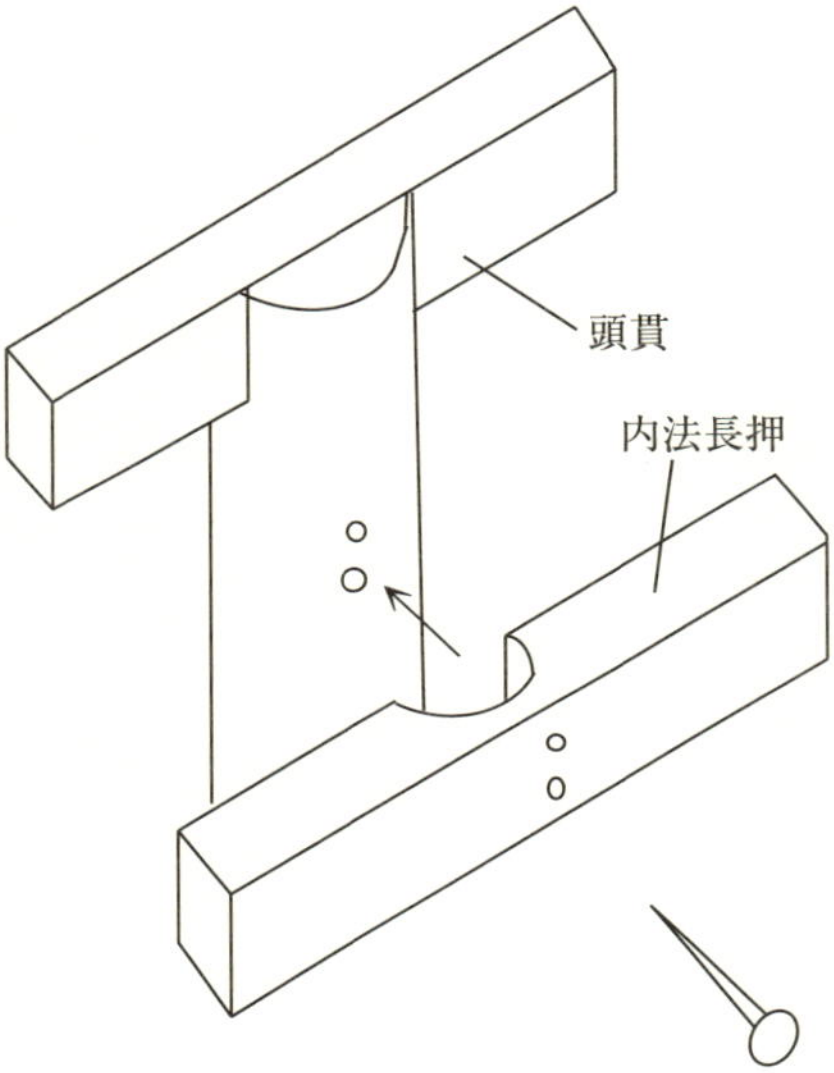

図31　長押の取り付き方

腰長押、内法長押、頭《かしら》長押《なげし》と呼称を変える。この地・切目・腰・内法・頭はそれぞれ柱の高さに対応した接頭語である。柱を人に見立て、頂部を頭、中央やや低めを腰と表現する。また地は地面、すなわち最下部で、切目は切目縁という縁の一種の名に由来しており、縁の高さの長押である。内法長押は出入口の高さより少し上の位置にある。地長押や頭長押は目にする機会が限られるが、切目長押は床の高さに位置し、軸摺穴《じくずりあな》をうがち、扉の下部を受けることもある。また敷居・方立《ほうだて》など、扉口の部材と関連が深い。また扉口には内法長押が打たれることがあり、直接、長押に軸摺穴をうがったり、鼠走《ねずみばしり》を取り付けたりすることで、扉を吊る（図32）。

そして、柱の頂部。柱の上端を柱の頭と書いて、柱頭《ちゅうとう》と呼び、この柱頭同士をつなぐ部材を頭貫という。なお貫は本来、柱と柱を貫通し、水平方向に結合する部材である。頭貫のほか、腰貫《こしぬき》・内法貫《うちのりぬき》・飛貫《ひぬき》などがあり、出土した建築部材からその存在が推定されているが、古代の現存遺構では頭貫以外は確認できず、中世以降の技術とされる。

また柱の上に台輪を置き、その上に組物を据えることもある。台輪の幅は柱頭の径よりも大きい板状の材で、文字通り、柱の上に置かれる。古代で台輪が用いられる例は少なく、薬師寺東塔や、当麻寺《たいまでら》（奈良県）の東塔（奈良時代）・西塔（平安時代）など、ほとんどが塔婆《とうば》建築である。後述のように、中世に中国から禅宗様《ぜんしゅうよう》という新しい建築様式が渡来すると、組物を柱と柱の間にも置くようになり、それとともに仏堂をはじめ、塔以外の建物にも台輪が用いられるようになった。

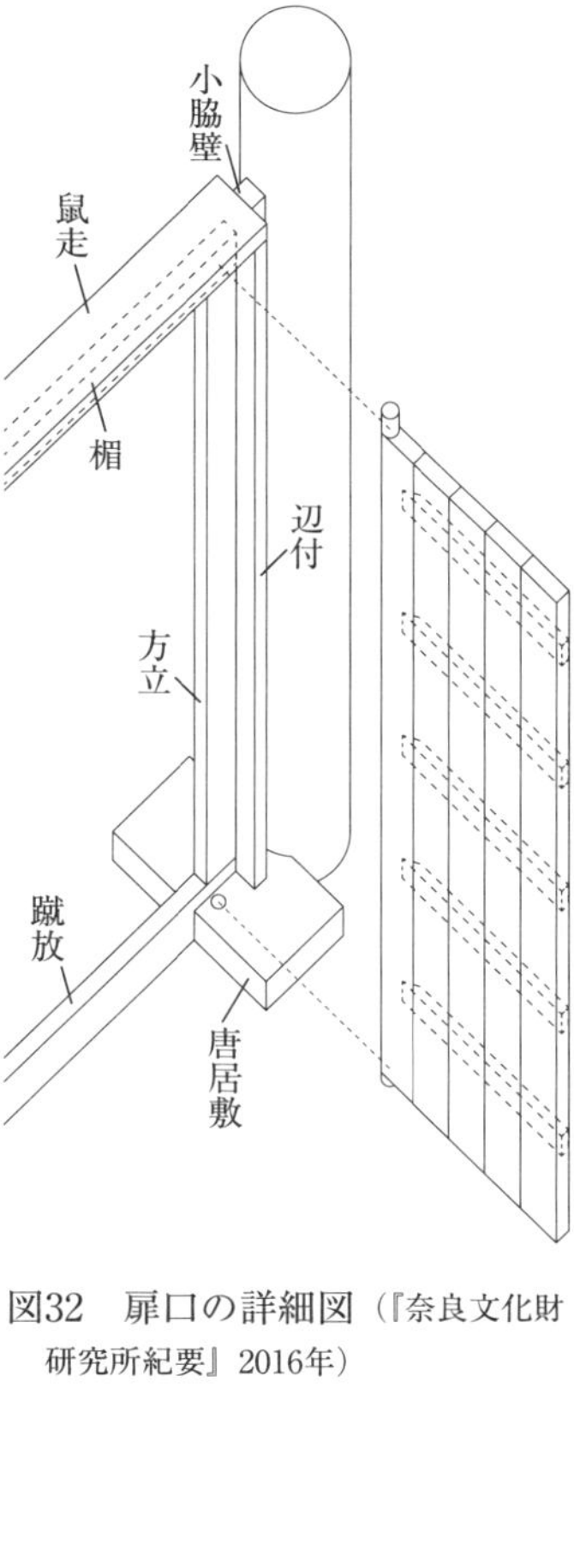

図32　扉口の詳細図（『奈良文化財研究所紀要』2016年）

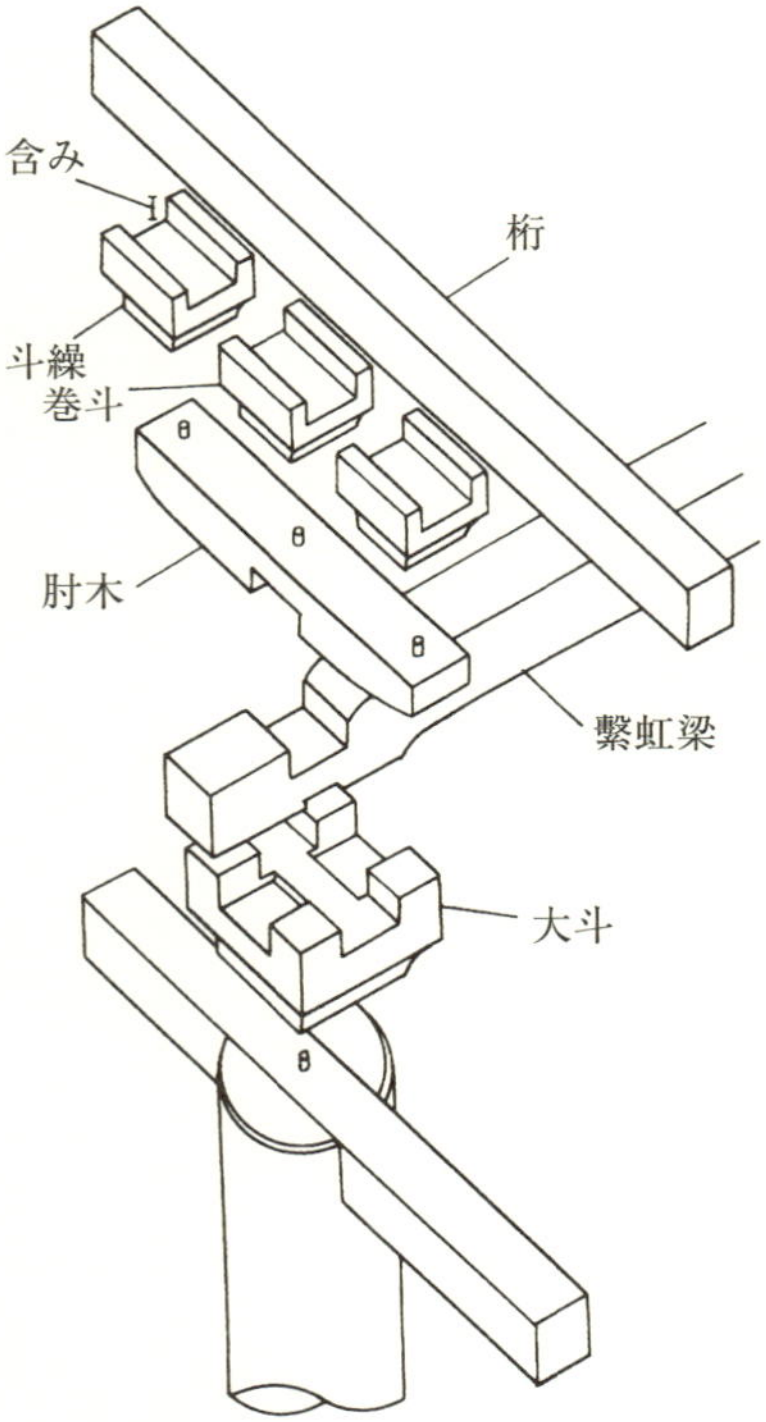

図33　組物と梁の組み上（鈴木嘉吉「古代建築の構造と技法」『奈良の寺２』岩波書店，1974年）

組物と中備を据える

組物は前にも述べたように、軸部と小屋組の間に置かれ、軒を支えるための大事な構造体である。斗栱《ときょう》ともいう。日本建築の特徴を強く示す部位でもあり、優れた意匠の一つである。日本の古代の組物は柱の上に据えられ、ほとんどは、肘木と斗の組み合わせによって構成されている（図33）。

さて、ここで組物の見方を簡単に説明しておこう。組物は軒先を支えるという使命があるが、その中でも特に重要なものとして、桁の位置をなるべく遠くに持ち出すという役割がある。組物を構成する理屈は桁の位置と深く関係しているため、この桁の位置に着目す

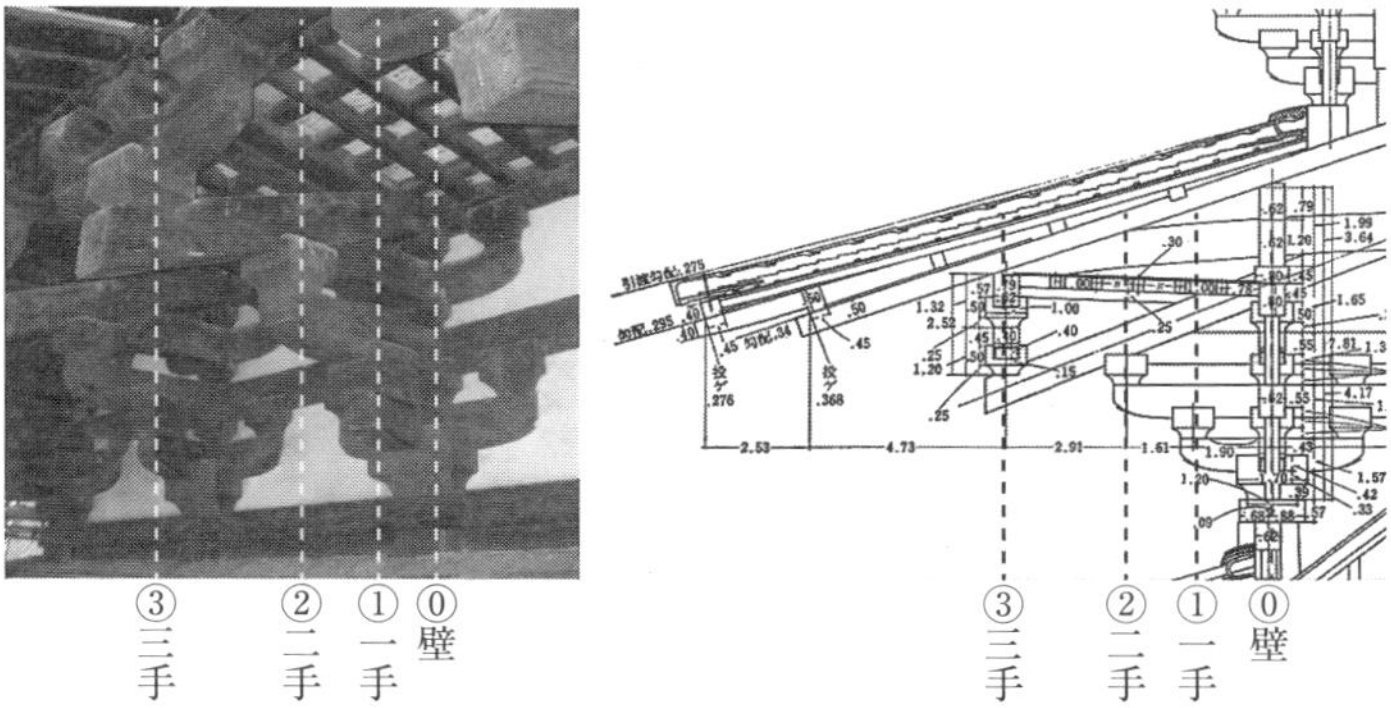

図34　組物の手先の数え方（薬師寺東塔，右図・『日本建築史基礎資料集成』塔婆１，中央公論美術出版，1999年に加筆）

ると、組物を理解しやすかろう。

壁から組物の先で支える丸桁がどれだけ出ているかを手先《てさき》という。壁に付いているものを零と数え、肘木一つ分出たものが一手先《ひとてさき》、二つ分出たものが二手先《ふたてさき》、さらに出たものが三手先《みてさき》である（図34）。この三手先が古代において最も軒を大きく出す形式で、最高級の組物とされる。なお二手先・三手先の場合は、尾垂木《おだるき》という斜め方向の部材を用いることがある。以上の手先の数え方を知っておけば、組物を体系的に理解することもできよう。

では、まず手先の出ない組物を見ていこう。組物の手先が出なければ、桁の位置は柱筋《はしらすじ》の上から変わらない。この形式には舟肘木《ふなひじき》・大斗肘木《だいとひじき》・平三斗《ひらみつど》・出三斗《でみつど》がある（図35上）。

舟肘木は最も簡素な形式で、柱の上に肘木を置き、そのうえに直接、桁を置く形式で、神社の社務所などで目にすることも多かろう。舟肘木の場合は、基本的に頭貫を用いない。また大斗肘木は文字通り、大斗と肘木を用いた組物で、柱頭の上に大斗を置き、その上の肘木を介して桁を受ける。

平三斗は組物の基本ともいえる形である。柱頭の上に斗の中でも特に大きい大斗を置き、その上に枠肘木《わくひじき》を組み、巻斗《まきと》を置く。そして巻斗の上に桁が置かれる。なお巻斗の上に、さらに桁受けの実肘木《さねひじき》を置くこともある（図33）。

出三斗は平三斗と似ており、やや両者の区別が難しいが、中世以降の建物に用いられる組物である。出三斗では大斗の上に肘木を十字に組み、その上に斗を置く。この斗の上には肘木が壁と垂直方向に突き出ている。ただし、この肘木は梁の端部のみを支えることが多く、桁の位置はやはり柱筋のまま、変わっておらず、手先の出ない組物である。ともあれ、平三斗は壁に「平」たく取り付いているのに対して、出三斗は壁から肘木が「出」ていると考えれば、区別できるであろう。

次に手先の出る組物を見ていこう（図35下）。まず一手、手先の出る例として出組《でぐみ》があるが、これは奈良時代の建築では東大寺法華堂にのみ見られる。現在は東大寺転害門《てがいもん》（奈良時代）も出組であるが、これは中世の改造によるもので、当初は平三斗であったことが解体修理によって判明している。出組では、出三斗と同じく、柱の上に大斗を置き、枠肘

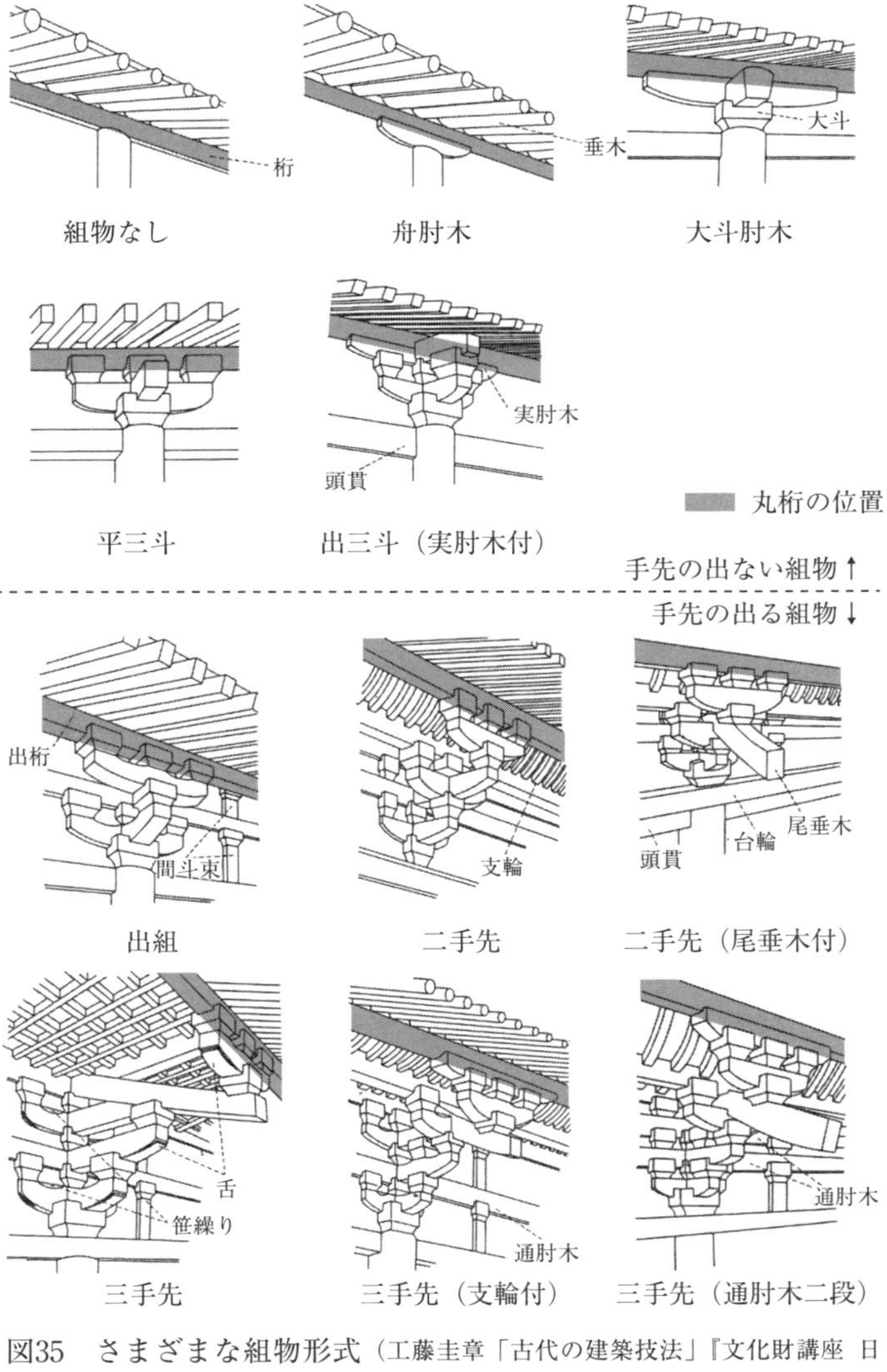

図35　さまざまな組物形式（工藤圭章「古代の建築技法」『文化財講座 日本の建築２』第一法規出版，1976年を一部改変）

木を十字に組んで、その上に巻斗をそれぞれ置く。そして、その上にもう一段、肘木・斗を組み、その上に桁を置く。結果として、桁は柱筋から一手分、出た位置に置かれるため、平三斗や出三斗よりも、やや軒《のき》の出《で》が大きくなる。

二手先の古代建築は日本には現存しないが、中国の古代建築や壁画の描写には多くあり、中規模以上の仏堂などには用いられた可能性がある。二手先では出組よりもさらに肘木を積み、柱筋から二手分、手先を出して丸桁を支える。

二手先以上の組物では、肘木と斗だけではなく、尾垂木という斜め方向に突き出る部材を用いることがある。手先の大きな組物の場合、単に肘木を突き出すだけでは構造的な負担が大きい。そのため、この尾垂木を建物の内部に引き込み、てこの原理を用いることで、軒先を支えているのである。まさに組物の構造と意匠の連携が図られた古建築の真髄ともいえよう。

そして三手先。古代日本において、最も格式が高い組物の形式とされ、薬師寺東塔・唐《とう》招提寺《しょうだいじ》金堂（奈良県・奈良時代）をはじめ、寺院の金堂などの中心建物や塔婆建築に用いられる形式である。また最も複雑な組物の一つである三手先は、時代とともに構造が発展しており、同じ奈良時代であっても、前半の薬師寺東塔（図35下段左）と後半の唐招提寺金堂（図35下段中）で組物の形状が異なる。ぜひ現地で見比べていただきたい。

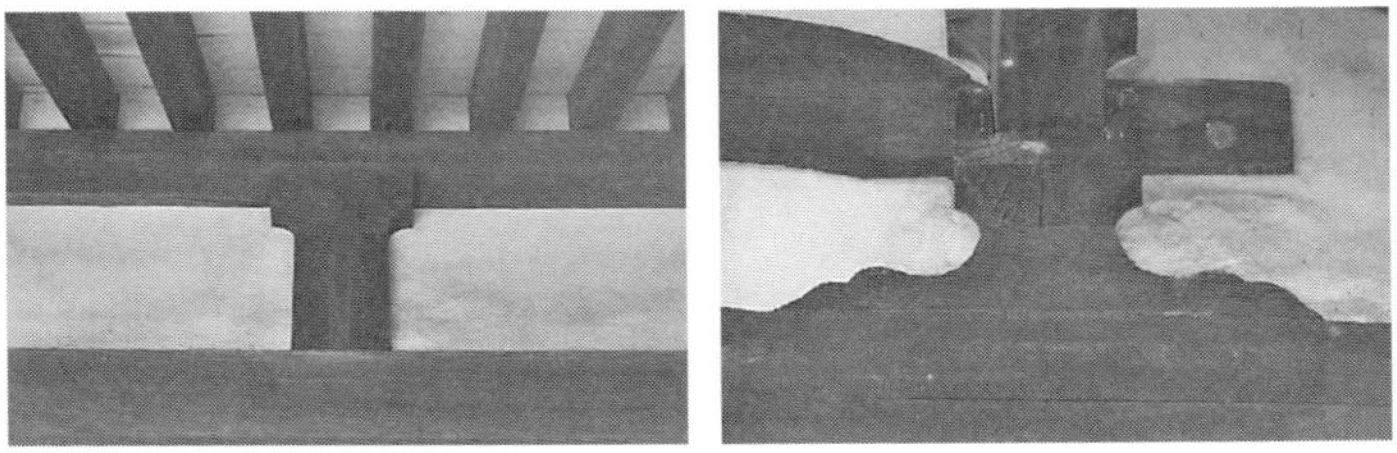

図36　中備の間斗束（左・海龍王寺経蔵）と蟇股（右・海龍王寺西金堂）

以上が古代の現存建築の組物であるが、このほか、浄土堂（兵庫県・一一九二年）や東大寺南大門（一一九九年）に見られる大仏様《だいぶつよう》や、禅宗の建物を中心に見られる禅宗様など、中世に入ると、特殊な形状の組物もある。なお古代建築でも、法隆寺金堂・五重塔・中門では、雲斗《くもと》・雲肘木《くもひじき》という特殊な形状の斗栱を用いており、日本建築の組物の中でも極めて特異な形状である。このあたりに着目してみると、古建築のツウといえよう。

また、柱と柱の中間に中備《なかぞなえ》と呼ばれる部材が据えられ、丸桁を支えている。奈良時代には中備に間斗束《けんとづか》と呼ばれる束を用い、平安時代以降には蟇股《かえるまた》も用いられるようになった（図36）。また、中国の壁画李壽墓《りじゅぼ》第一過洞《かどう》南壁の楼閣の図（六三〇年）などには、人の字の形をした中備、人字栱《にんじきょう》（人字形割束ともいう）が多く描かれているが、日本では法隆寺金堂・中門の高欄《こうらん》に見られるものの、現存する古代建築の中備には用いられていない。

古代建築の中備は束や蟇股で、組物を据えないが、この位置に組物を据える場合もある。すなわち、柱の上だけではなく、柱と柱の間にも組物を置く方法である。これを詰組《つめぐみ》というが、この形式は台輪と同じく、中世に禅宗様が日本に持ち込まれて以降のものとされている。

小屋組・屋根を組み上げる

さて、小屋組・屋根の詳細を見ていこう。先に述べたように、日本建築の基礎・軸部・組物は屋根のために存在するといっても過言ではない。それゆえ、小屋組・屋根を読み解くことは古建築を理解する肝である。

まず、屋根。屋根の頂部、大棟を構成する棟木から軒桁に向かって、垂木を架ける。これが屋根を葺くための基本構造となる。垂木の先端が軒先である。そして軒先が柱から出る距離を軒の出といい（図37）、軒の出は屋根の大きさ、ひいては建物全体のプロポーションに直結する。すなわち、屋根の構造を理解するうえで、最終的に屋根の形に深く関係する垂木をどのように架けるかが鍵であり、この垂木を架けるための棟木・桁が特に重要なのである。

さて屋根を細かく見ていくと、垂木から軒先までは一直線ではないことに気付くだろうか。屋根の棟の下から軒先までを直線で結んだ引渡線《ひきわたしせん》の勾配を屋根の引渡勾配といい、水平方向一尺につき何寸上るかという寸法で表す。引渡線から直角に屋根面まで測った寸

図37　軒の出（東大寺転害門）

法を撓《た》わみ、あるいは垂るみといい、屋根の反りの程度を表す。また凹曲線の屋根を照りといい、反対に凸曲線のものを起《むく》りという（図38）。現存する古代建築は照り屋根である。

次の垂木を詳しく見ていこう（図39）。垂木は先ほど述べたように、棟木から桁に架け渡る棒状の部材である。垂木の上に直接、野地板《のじいた》を置き、屋根を葺く場合と、垂木の上に木舞を配して、その上に野地板を置く場合がある。いずれにせよ、垂木が屋根を構成するうえで重要な構造材なのである。

軒の出を大きくするために、二種類の垂木を使うことがあり、このうち桁の直上のものを地垂木《じだるき》、地垂木の先端

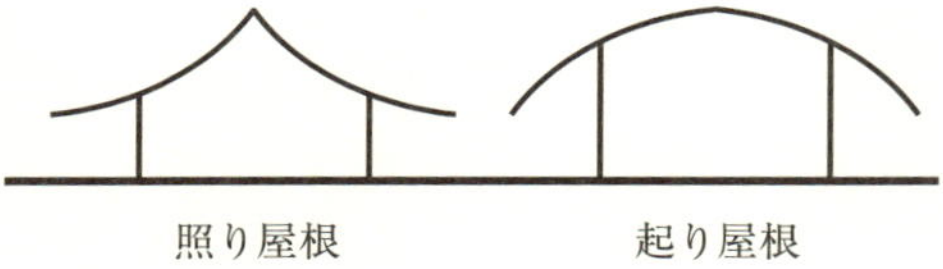

図38　屋根の起りと照り

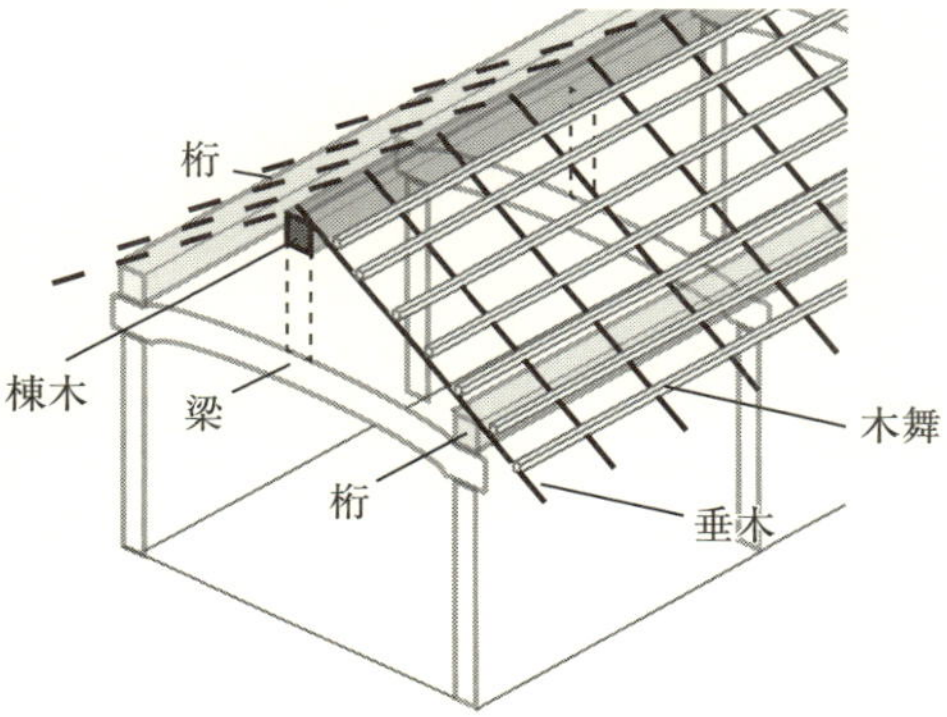

図39　垂木と木舞の架け方

の上にさらに取り付けたものを飛《ひ》檐垂木《えんだるき》という。地垂木だけのものを一軒《ひとのき》、飛檐垂木のあるものを二《ふた》軒《のき》といい、主要な建物では、軒の出を大きくするため、二軒とする（図40）。また古代建築では、地垂木の断面を円形、飛檐垂木の断面を角形とすることが多く、これを「地円飛角《じえんひかく》」という。また内裏《だいり》の紫宸殿《ししんでん》を移築した仁和寺《にんなじ》金堂（京都府・一六一三年）や興福寺北円堂（奈良県・一二一〇年）などは飛檐垂木の先にさらに垂木を付けた三軒としており、通常の二軒よりもさらに垂木の多い特別な建物であった。

また垂木はそれぞれを平行に配置することが多く、これを平行垂木という。ただし、一部の寄棟造・入母屋造・宝形造では、建物の中心から外に向かって、放射状に垂木を配することがあり、この方法を扇垂木《おおぎだるき》という。さらに寄棟造・入母屋造では、隅部のみ、扇

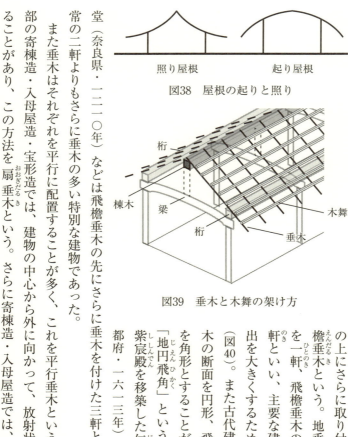

垂木の場合もある。この扇垂木は、現存建築を見る限り、一般的には台輪・詰組と同じく、禅宗様とともに持ち込まれたものとされる。

そして、屋根を覆う葺材。前にも記したように、古代の葺材には瓦葺のほか、板葺・檜皮葺・草葺があったことが知られる。特に板葺は薄い板を何重にも重ねて葺いた柿板葺、厚板を葺いたものなどがある。厚板の葺き方には、垂木と並行の長い板を上下に交互に重ねて葺いた大和葺《やまとぶき》、同じく垂木と並行の長い板を並べ、その隙間を瓦棒《かわらぼう》という木製の材で覆う方法、桁行方向に長い板を葺く方法などがある。また、それぞれの葺材ごとに細部の納まりに違いがあるため、屋根の勾配は異なり、特に草葺の場合、雨仕舞《あまじまい》の点から、屋根を急勾配とする必要がある。

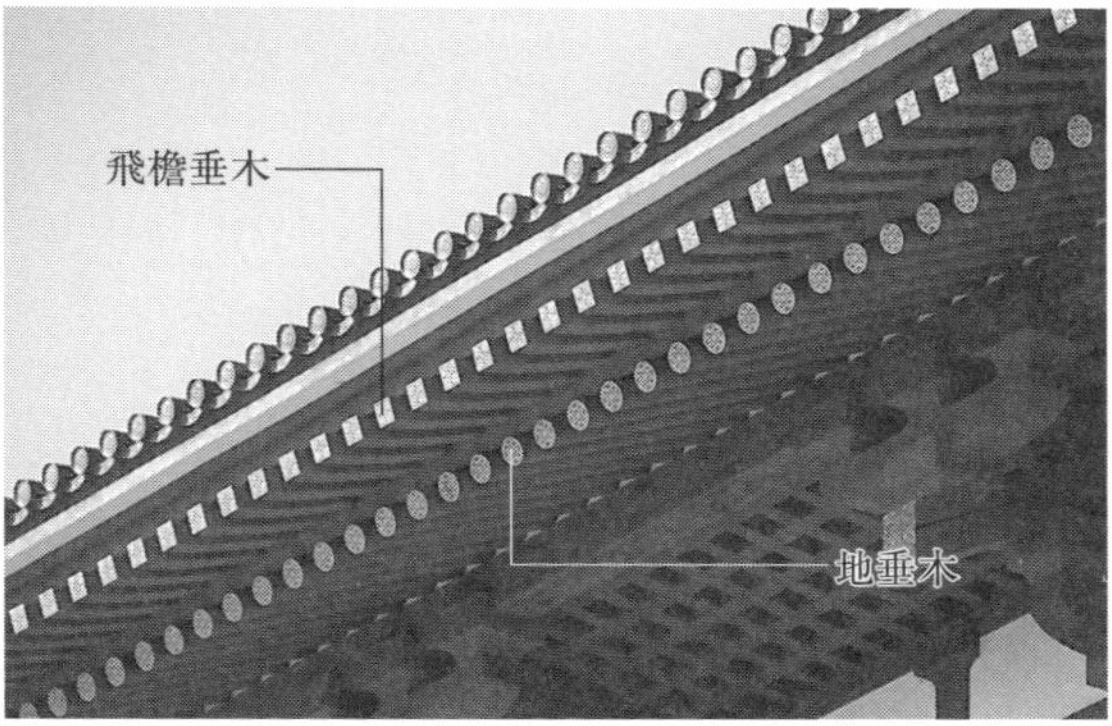

図40　地垂木と飛檐垂木（平城宮朱雀門）

　このように、屋根の構成には垂木を支えることが重要で、棟木・側桁がその役割を担っている。棟木と側桁の距離が長い場合には、両者の間で垂木を支

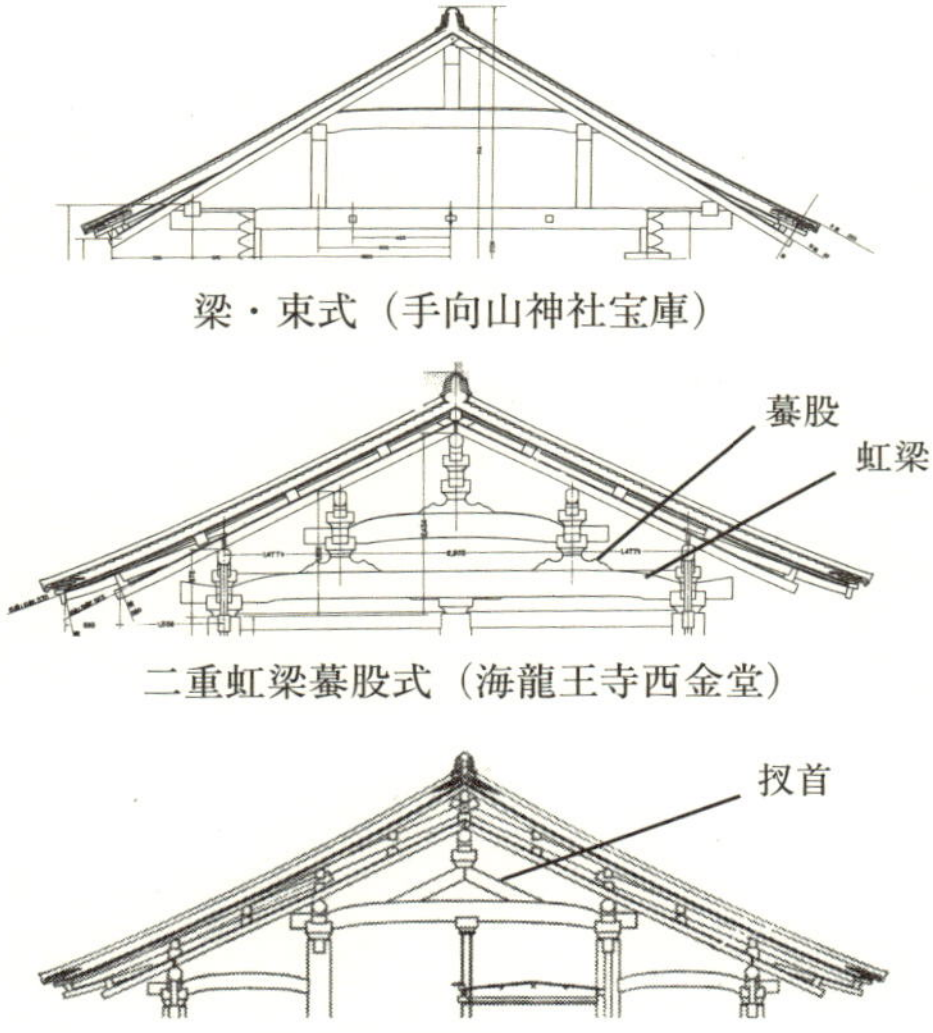

梁・束式（手向山神社宝庫）

二重虹梁蟇股式（海龍王寺西金堂）

梁・扠首式（法隆寺食堂）

図41　小屋組（上から奈良県教育委員会『手向山神社宝庫・境内社住吉神社本殿修理報告書』1958年・同『重要文化財海竜王寺西金堂・経蔵修理工事報告書』1967年・法隆寺国宝保存事業部『国宝建造物食堂及細殿修理工事報告』1936年）

えるため、母屋桁《もやげた》を置くこともある。すなわち、垂木を支える棟木・母屋桁・側桁が屋根の構造の骨格となる。これこそが小屋組である。

　この小屋組の主要なものを見ていくと、梁と扠首による方法、梁と束による方法（梁・束式）、二重虹梁などの方法がある（図41）。それぞれ母屋や桁を支える方法が異なるので、順に見ていこう。

　梁と扠首を用いる場合には、柱と柱の間に梁を架け、その上に扠首を置く。そして扠首は棟木を支えるために斜め方向の部材で、合掌形に組む。ただし、梁行が大きいと、扠首も部材の長さが長くなり、採材面でのデメリットも大きい。また母屋桁を支持するうえでも、扠首の上に斗を配して母屋桁を受けることになる（新薬師寺本堂など）。この場合、梁への負担は少ないが、扠首が折れる方向への荷重がかかっており、得策ではない。

次に梁・束式の構造は側柱同士に梁を架け、その上に束を立てて、さらに梁・束を用いることで小屋組を構成する。そしてそれぞれ梁の上に母屋桁や桁を置く。この方法では束の位置に母屋桁を置くことができるため、梁行の規模が大きい場合には利点がある。ただし、梁・束式は、校倉《あぜくら》などの倉庫建築や法隆寺金堂の上層などに用いられるため、普段、この架構を見る機会は少ない。

二重虹梁は、虹のようにやや弓型に湾曲した虹梁を二重に架ける方法である。虹梁の間は蟇股や斗を介して積み上げる。海龍王寺西金堂や法隆寺食堂・細殿など、切妻造の建物に用いられることが多く、天井を張らずに小屋組の美しさを見せる形式である。

このように、小屋組にも多くの形式があるが、天井が張られ、小屋組が見えないものも多い。そこで、天井についても話をしておきたい。天井には現代住宅の和室にも多くみられる竿縁《さおぶち》天井をはじめ、根太《ねだ》天井、格《ごう》天井、組入《くみいれ》天井、折上《おりあげ》天井、二重折上天井など、多くの種類がある（図42）。また天井を張らず、小屋組を見せる化粧屋根裏《けしょうやねうら》という方法もある。ただし、化粧屋根裏以外に古代に用いられる天井の形式は組入天井、折上組入天井に限られ、いずれも建物の構造と深く関わっている。専門的な細かい話になり、復元建物の話からも逸れてしまうので、天井の構造に関する詳細は省きたい。

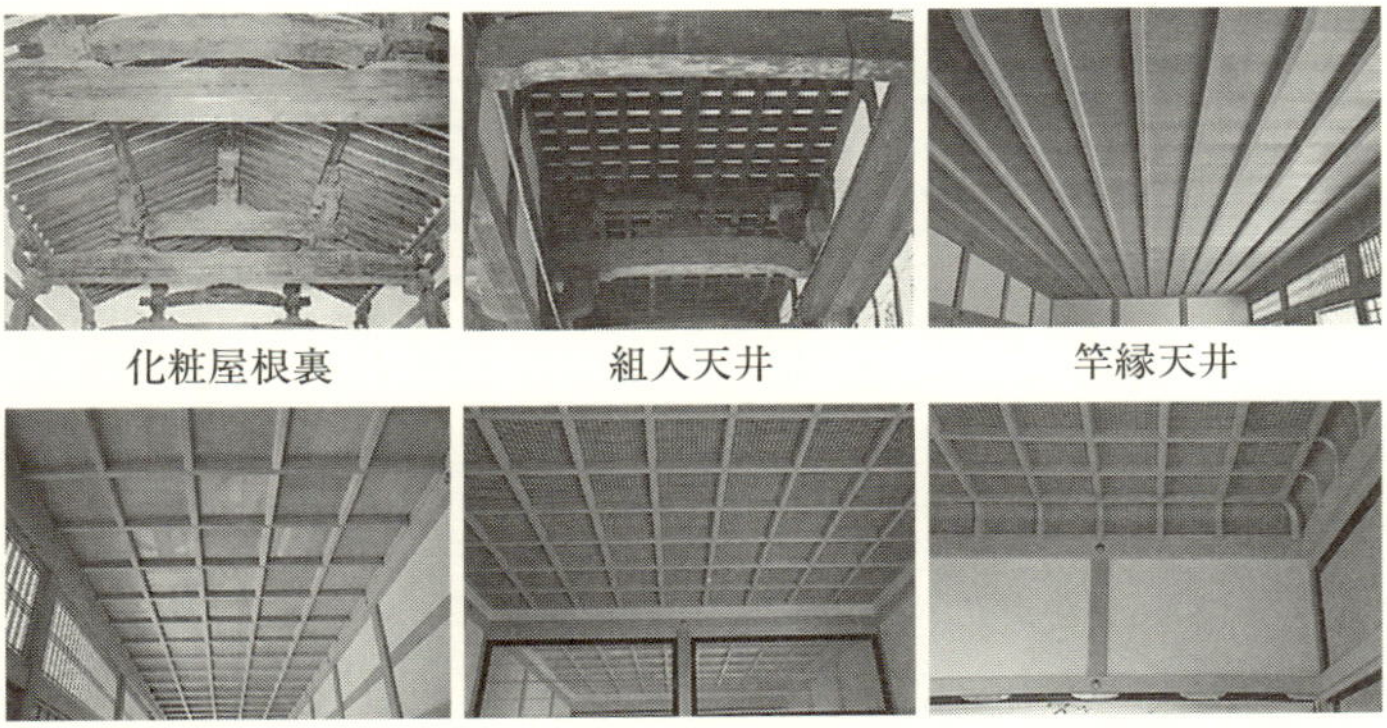

化粧屋根裏　組入天井　竿縁天井
格天井　小組格天井　折上小組格天井

図42　天井の形式

その一方で、古建築では、空間の格に差をつける装置として天井を用いている。例えば、唐招提寺金堂では、本尊の置かれる内陣《ないじん》は折上組入天井とし、外陣《げじん》は折り上げずに、組入天井としている（図5）。また近世の御殿では、座敷・廊下など、部屋の格式によって、天井の形式も変えている。これは一例であるが、天井も空間を荘厳する重要なパーツなのである。ぜひ、古建築を訪れたら、天井も見上げてみてほしい。

柱間装置

柱間装置という語は耳慣れないかもしれない。これは字の通り、柱と柱の間に入る装置で、建具などのことを指す。ここで「など」としたのは、壁も柱間装置に含まれるからである。

さて伝統的な建具というと、ふすまや障子を思い浮かべるかもしれない。これももちろん、伝統

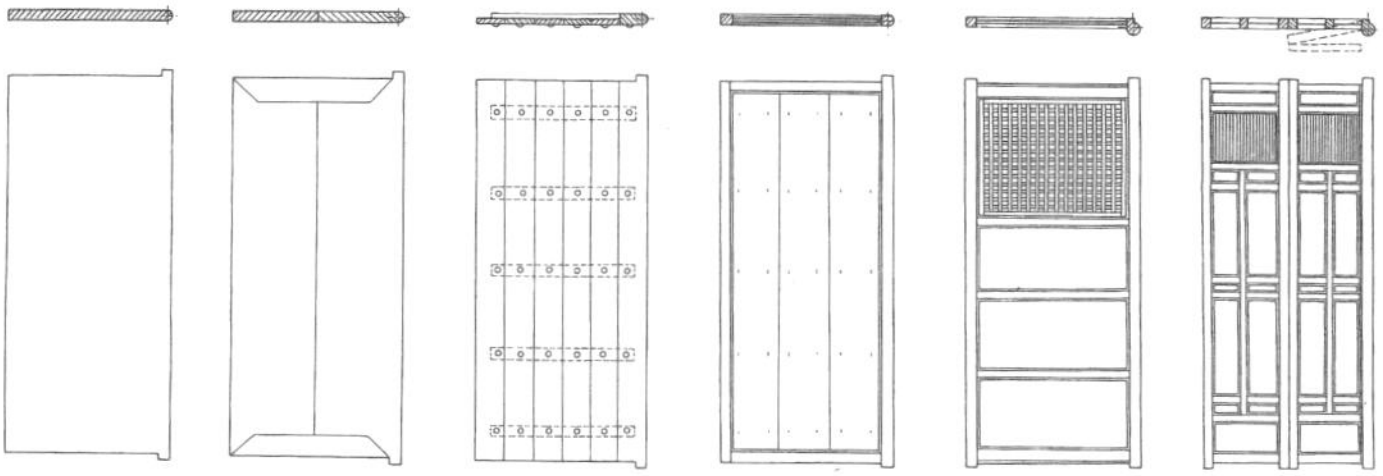

図43　扉の類型（『伝統のディテール』彰国社，1975年）

的な柱間装置である。しかし、こうした「引き戸」は基本的に古代にはなく、一般的な出入りに使用する柱間装置は扉であった。なぜならば引き戸はとても精度の高い仕事で、鴨居《かもい》と敷居に溝を彫りこみ、その間に引き戸をはめこむことで作られている。鴨居と敷居の間隔がキッチリとしていないと、引き戸の開閉に支障が出るから、古代の技術では困難なのである。古い家などで、経年によって鴨居が下がり、ふすまを開けるのに苦労した体験のある方もあろう。ともあれ、古代の代表的な建具である扉から見ていこう。

日本の伝統的な扉は板で作られており、大きく、板唐《いたから》戸《と》・板桟戸《いたさんど》・桟唐戸《さんからど》の三種類がある（図43）。

この板唐戸の中でも、一枚板から作られるものは古く、法隆寺金堂の扉がこの形式である。ただし、一枚板戸は巨大な扉を一枚で作る必要があるため、非常に大きな材が必要で、採材の面でハードルが高い。そのため、端喰《はしばみ》を用いて、複数の板から構成する端喰戸も用いられた。幅広の板を複数枚並べて、上下を端喰という横板でつなぎ、一枚の扉とする形式である。これらの扉はいずれも飛鳥・奈良時代から用いられた。ただし、両者とも扉自体の重量が非常に大きくなってしまうため、扉の開閉に不便で扉の軽量化が課題であった。

その点、板桟戸は、基本的には板唐戸よりも一つひとつの部材が小さく、またその厚さも薄く、全体に軽量化している。奈良時代にある板桟戸は、幅の狭い竪羽目板《たてはめいた》を裏から横桟でつないだ形式である。平安時代以降、両面に板を張った形式の扉も作られた。有名なものは平等院鳳凰堂（京都府・一〇五三年）の板桟戸で、ここには大和絵が描かれ、堂内を荘厳する装置としても用いられた。

鎌倉時代以降、桟唐戸がその有用性から多く用いられるようになる。桟唐戸は縦横に框《かまち》を組んで、間に薄い板を入れた扉である。桟唐戸では板一枚の大きさを小さくすることができるため、採材上の利点が大きく、扉自体も軽量化している。また扉自体も二枚で両開きのものだけではなく、それぞれの扉が蛇腹状に折れ曲がるものもある。これを両折戸《もろおれど》という。近世の寺院建築などで目にする機会も多かろう。

次に扉以外の柱間装置を見ていこう。まずは蔀戸《しとみど》。これは平安時代の寝殿造《しんでんづくり》の代表的な建具で、格子を組んで、その間に板を挟んだもので、上部を長押などに蝶番《ちようつがい》で止め、垂木から吊り下げた金具により、蔀戸を釣り上げて開く。京都御所紫宸殿（一八五五年）

のように、蔀戸を一枚とした一枚蔀もあるが、一般的には半蔀戸《はじとみど》が最もよく知られており、下部のはめ殺し部分は取り外し可能となっている（図44）。

図44　半蔀戸（法隆寺聖霊院〈法隆寺国宝保存委員会『国宝法隆寺聖霊院修理工事報告』1955年〉，奈良県・1284年）

そして窓。近世以前の窓には円窓・花頭窓《かとうまど》など、数多くの種類がある。茶室では、六窓《ろくそう》庵《あん》や八窓庵《はっそうあん》のように、窓の形式・位置などに趣向が凝らされている。一方で、古代の窓というと連子窓《れんじまど》である。連子窓は格子が入ったスリット状の窓で、この格子の棒を連子子《れんじこ》という。連子子の方向には縦・横の二種類があり、前者は一般的な縦連子、後者は横連子である（図45）。また連子子同士の間に隙間のないものもある。古代の多層建築では上層に連子窓が用いられており、多層建築のサインとして使われていたのかもしれない。

壁に目を移すと、その材料はさまざまで、板壁・土壁・茅壁《かやかべ》などがある。ここでは板壁・土壁について見ていきたい。

板壁は、構成方法により、さらに細分される（図46）。まず

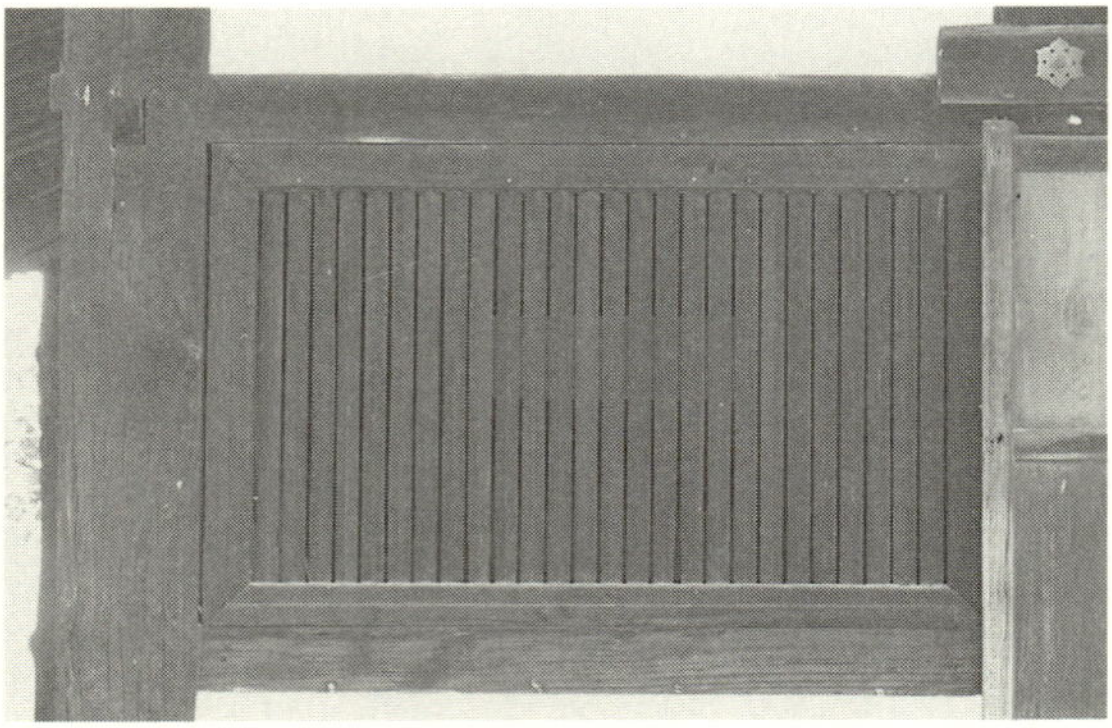
図45　連子窓（海龍王寺本堂，奈良県・17世紀中期）

は柱に板を落とし込むための溝を切り、柱と柱の間に羽目板を入れる方法で、仏堂や神社本殿の側面や背面などで、目にしたことも多かろう。中世以降の建造物には縦羽目板を用いて壁を作る方法も見られる。次に柱の外に板を打ち付けて板壁とする方法である。あまり日本の建物ではイメージしにくいかもしれないが、羽目板を用いるよりも安易な構造である。また板を蒸籠《せいろう》に組んで壁面を構成することもある。校倉も厳密には板壁ではないが、積層により壁面を構成しており、これと同様である。

土壁の構造は地覆のところで触れたように木舞を網で編んで、その上に土を塗り付けるものであるが、表面は漆喰で仕上げられていることもある（図29）。土壁は防火の面でも利点が大きく、大事なものをしまっておく土蔵などに用いられた。板壁・土壁はいずれも、遮蔽性が高く、空間を仕切るうえで重要な装置である。

床張り

現在、寺院の本堂では、縁に登り、靴を脱いで堂の中に入ることがほとんどであろう。実はこうした床張りの建物は奈良時代には少なかった。奈良時代寺院の主要堂塔は基本的に土間で、床張りの建物は倉庫や僧侶の居住空間である僧房など、限られたものであったのである。倉庫については、後述するとして、それ以外の床の張り方を見てみよう。

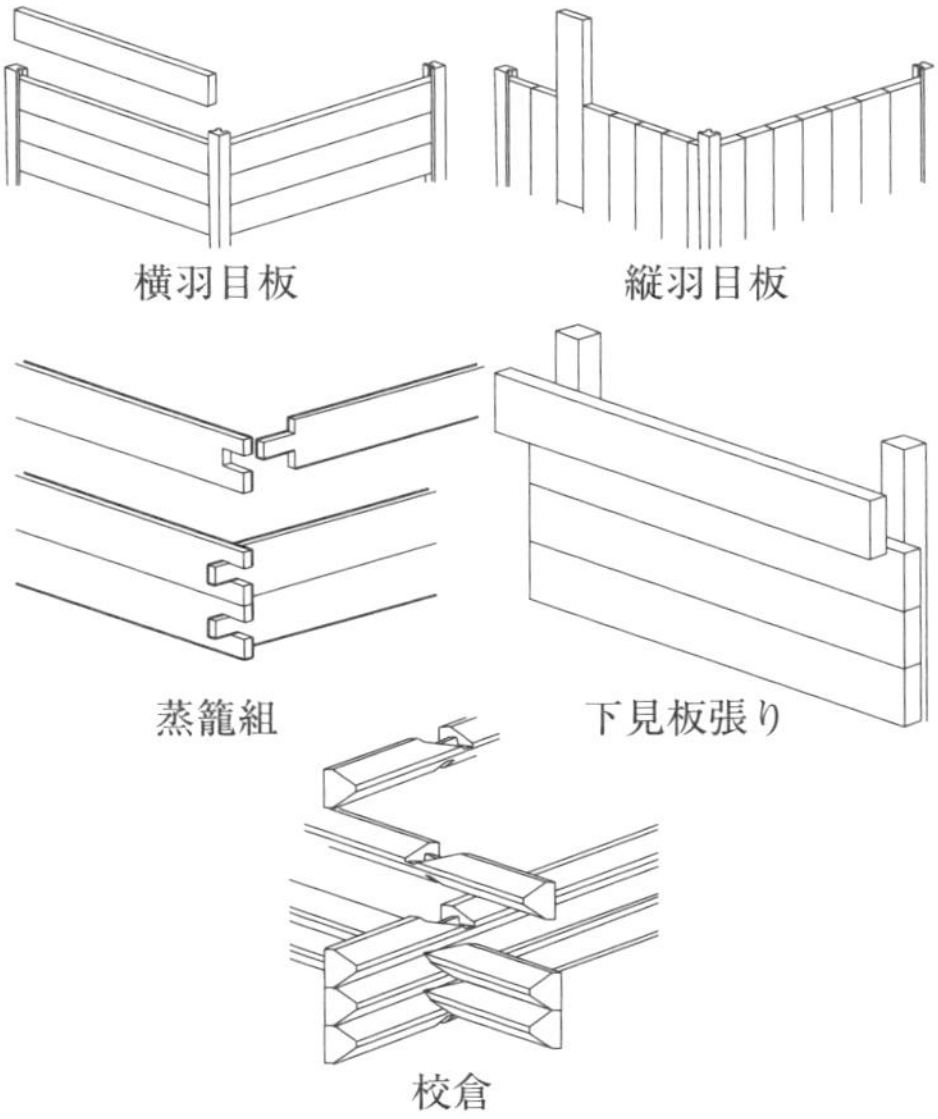

図46　板壁の構法

一般的には、大引《おおびき》を渡し、その上に根太を置き、その上に床板を張る。この大引を支えるための構造物が必要である。床を張る方法は、次の主に四種類の方法がある(図47)。

まずは建物本体を支える柱の近くに大引を支えるための床束《ゆかづか》(束柱ともいう)を立てる。また柱と柱の間に床束を置く。これらの床束は建物よりも受ける荷重が少な

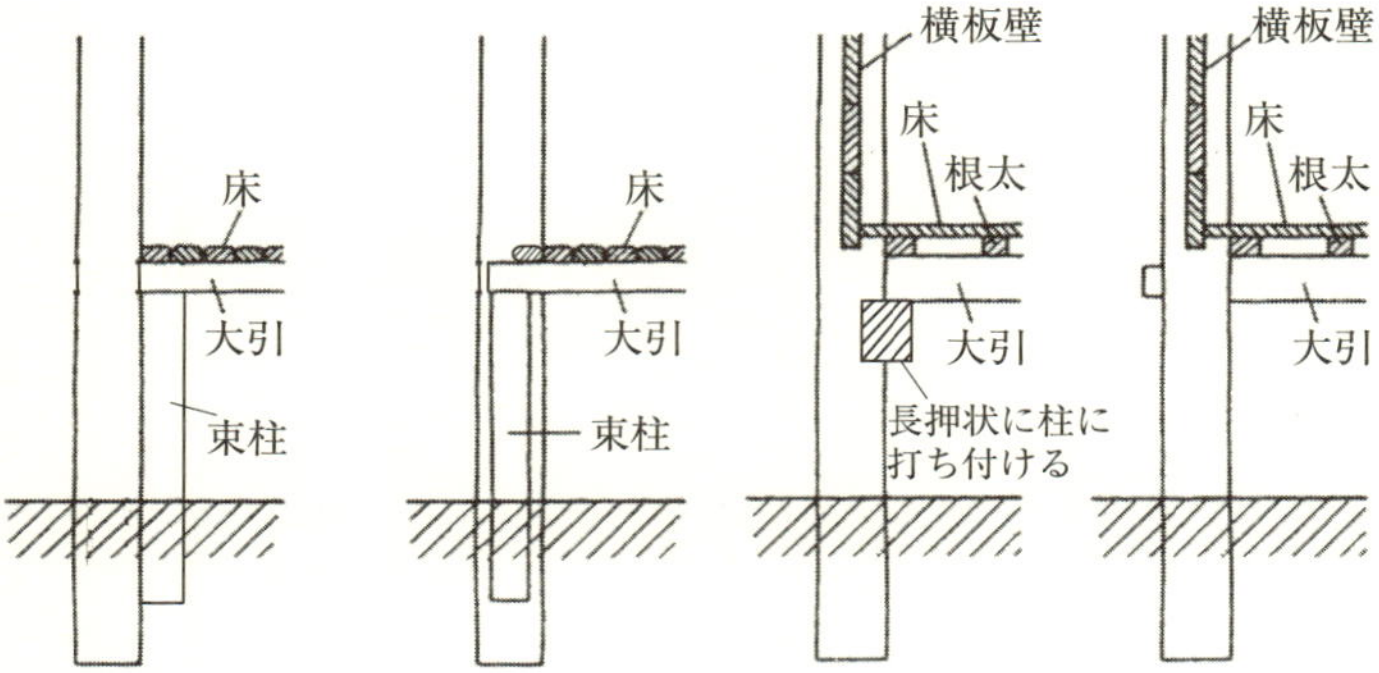

図47　床の構法（宮本長二郎『日本原始古代の住居建築』中央公論美術出版，1996年を一部改変）

いため、柱よりも小さい。この床束の置かれる位置は桁行柱間と梁行柱間の二パターンある。

もう一つは柱の足元に長押状に柱の横に材を打ち付け、根太掛けとする方法である。また側柱筋の足固貫《あしがためぬき》を用いて、そこに大引を架ける方法もある（大引貫式）。これらの方法の場合には床束が置かれないこともある。

最後に縁について、説明しておきたい。縁は和風住宅などで、座敷の横にあり、外部に接する場所にあるので、知っている方も多かろう。寺院や神社では建物の外部に廻っている板敷の部分である。縁は板を張る方向により、榑縁《くれえん》と切目縁の二種類がある。榑縁は建物と同じ長手方向に板を並べる方法で、切目縁は壁と直交する方向に板を並べ、板の木口を見せる方法である。いずれの場合も、縁板を支えるために縁束を置き、縁桁を渡すことで組み立てられている。床束と同じく、縁束も建物本体の柱に比べ、小さい。

以上が現存する古建築の構造・細部である。かなり細かい部分まで話が及んでおり、この内容のすべてを一度に消化するのは難しいかもしれない。次章以降、発掘遺構を見ていくが、これらのほとんどは建物の主構造の痕跡が話の中心であるため、現存建築に関しても大枠をつかんでおけば、さしあたって、問題はないので、安心して読み進めていただきたい。

さまざまな建築形式と平面

さて、これまで述べてきた建築構造は一般的な建物に関するものであるが、奈良時代にはさまざまな建築の種類がある。建築の種類によっては、平面に特徴があり、発掘でもその特徴から建築形式を推測することができる。これについて触れておきたい。

多様な建築形式

古代の寺院は本尊を祀る金堂を中心に、経典の講義や説教をするための講堂、また仏舎《ぶっしゃ》利《り》を納めた塔、僧侶が一堂に会して食事をするための食堂、時を告げるための梵鐘を吊るした鐘楼《しょうろう》、経典を収める経蔵《きょうぞう》、僧侶の生活の場である僧房などの主要施設を中心に構成されていた。いわゆる七堂伽藍《しちどうがらん》である。また寺物を収めるための倉も多く設けられた。倉は寺院のほか、宮殿や地方の役所にも、多く建設された。

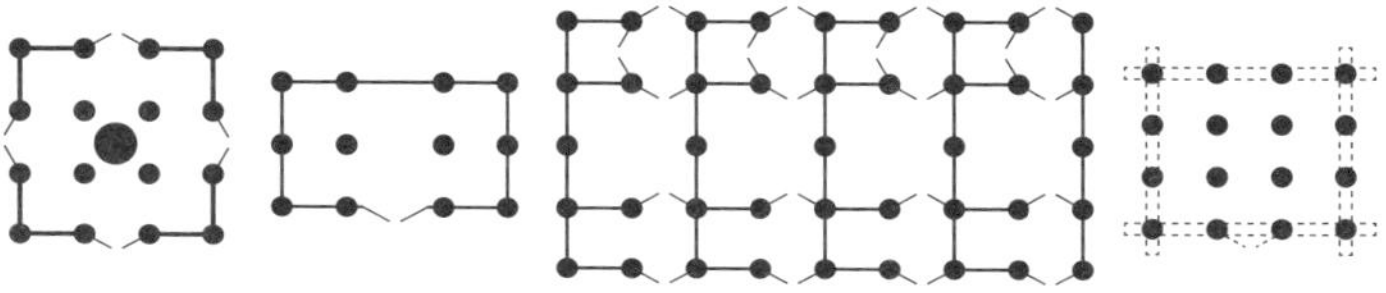

図48　さまざまな建築形式と平面模式図

これらのうち、金堂・講堂・食堂は前述の基本的な平面と建築構造によって理解することができるが、塔・鐘楼・経蔵・僧房・倉は少々構造が異なる。その形と平面を順に見ておこう（図48）。

塔

高層建築は前近代の日本には珍しく、塔は寺院の中でもひときわ目を引く建物である。東アジアを見渡しても、日本は木造の塔婆建築が良好に残る稀有な地域である。伽藍における塔の位置はさまざまである。ここで塔を含め、古代寺院の主な伽藍配置について述べておこう（図49）。飛鳥時代のものを見ると、いわゆる法隆寺式伽藍配置では回廊で囲まれた一画に金堂・塔が並立しており、四天王寺《してんのうじ》式伽藍配置では金堂の前に塔が置かれる。飛鳥寺式伽藍配置では塔を取り囲むように三金堂が建つ。一つの寺院に塔一つとは限らず、薬師寺式伽藍配置では金堂の前に二基の塔が並ぶ。一方で、奈良時代の興福寺では金堂院の外に塔が置かれており、東大寺でも金堂院とは別に東塔院・西塔院が別々に設けられた。このように飛鳥時代までは文字通り、塔が伽藍の中心に位置したのである。もちろん、これら

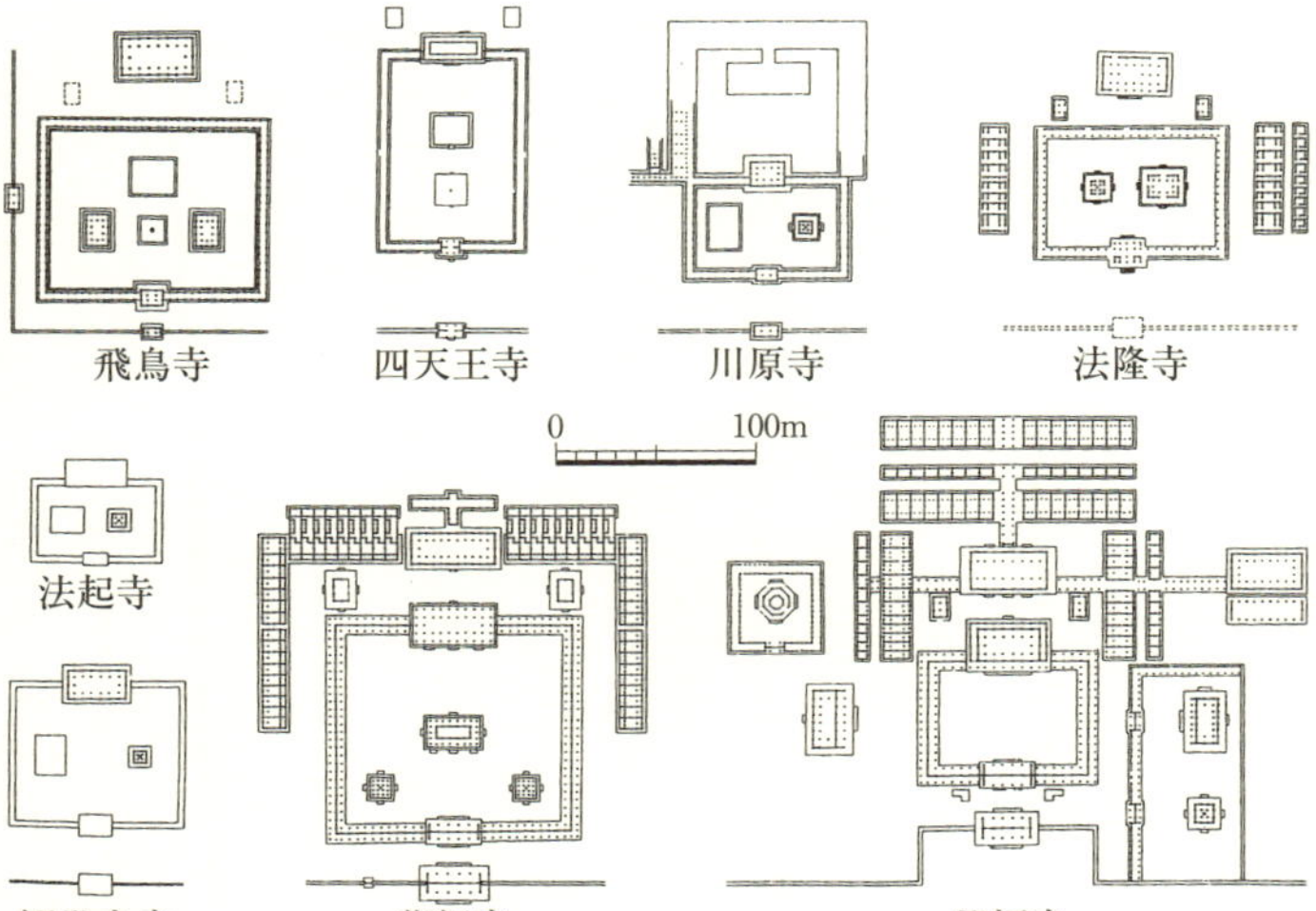

図49　さまざまな伽藍配置（文化庁文化財部記念物課編『発掘調査のてびき』各種遺跡調査編，2013年）

の伽藍配置から塔の位置が推定されることもあるが、塔の平面そのものにも特徴がある。

五重塔・三重塔ともに、基本的には方三間の柱配置であり、正方形の平面となる。そして五重塔・三重塔のいずれも構造上、中心に心柱《しんばしら》を立て、その礎石を特に心礎という。そのため平面を見ると、中央に心礎があるかどうかという点が非常に重要な要素である。現存しないが、七重塔・九重塔も基本的には同じ平面構成である。

現存するものを見渡すと、法隆寺五重塔・薬師寺東塔・当麻寺東塔をはじめ、海龍王寺五重小塔・元興寺《がんごうじ》

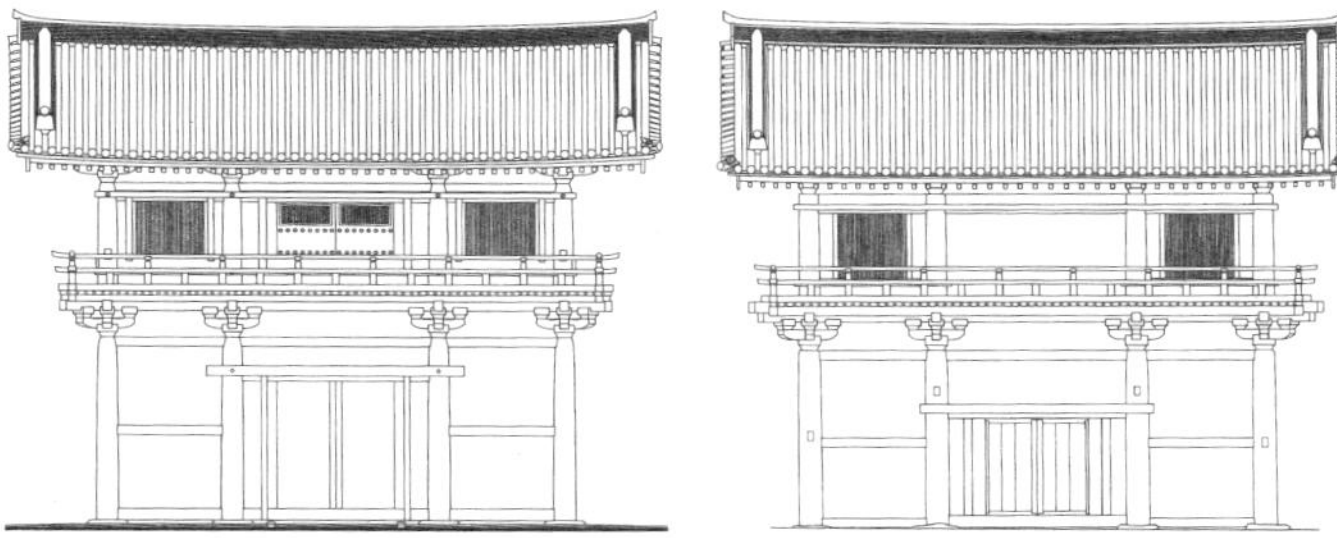

図50　法隆寺西院経蔵（左）と鐘楼（右）立面図（奈良県教育委員会『国宝法隆寺廻廊他五棟修理工事報告書』1983年）

五重小塔などの奈良時代の塔が残る。塔は平面の規模に対して軒の出が非常に大きく、組物も三手先とすることが多い。

鐘楼・経蔵

古代の鐘楼・経蔵がそろって現存するものは法隆寺に限られるが、両者はほぼ同じ形状である。切妻造・平三斗・二軒で、一定の格式を備えた構成の建物である（図50）。上層には縁が設けられ、下層の三斗で縁を支えている。この上層の縁を支える組物を腰組《こしぐみ》という。二層の建物であるが、下層には屋根がなく、上層にのみ屋根を設ける形式で、これを楼《ろう》造《づくり》という。法隆寺西院鐘楼（平安時代）・経蔵（奈良時代）の平面を見ると、ともに桁行三間、梁行二間の平面で、建物の周囲（側柱）のみではなく、上層の床を支えるために内部にも柱が置かれる。そして桁行中央間の柱間を大きくとっている。また法隆寺東院鐘楼（鎌倉時代前期）に見られるように、鎌倉時代以降、鐘楼がスカートをはいたような形状になり、多くの鐘楼はこの形である。このスカート状のものは、その形から袴腰《はかまごし》という。話がやや脱線したが、鐘楼・経蔵では、楼造で上層の床を張るため、内部に柱を置くという特徴が平面に表れるのである。

僧房

僧房は僧侶が居住・睡眠・休息など、生活をする場で、大寺院の僧房では、僧が居住する大房《たいぼう》と従者が居住する小子房《しょうしぼう》によって構成されていた。その内部の間取りは寺院ごとに多様性があるが、小部屋を連続させて、一棟とする点は共通する。いわば、江戸時代の集住形態である長屋と同じである。

現存建築では法隆寺東室《ひがしむろ》（奈良時代）・妻室（平安時代）があり、唐招提寺礼堂（一二〇二年）や元興寺極楽坊本堂（奈良県・一二四四年）・禅室（鎌倉時代前期）などは、僧房を改築したものである。僧房は居住の場であるから、一軒や組物を用いないこともあり、軒の出も短い。

これらの現存建築を見ていくと、僧房は桁行の長い建物で、内部は多くの間仕切りが設けられ、桁行柱間ごとに多くの小部屋に分かれていた。また内部に床を張るための床束も必要であった。これらの長大な平面や小部屋、床束など、僧房には多くの特徴が平面に表れているのである。

倉

古代の倉庫というと、やはり正倉院正倉を思い浮かべる方も多いのではなかろうか。もちろん、正倉院正倉は代表格であるが、古代の倉庫建築は比較的多く残っており、正倉院正倉のほかに、東大寺本坊経庫《ほんぼうきょうこ》・手向山《たむけやま》神社宝庫など、計九棟の倉庫が残る。法隆寺綱封蔵《こうふうぞう》以外は、校倉造という構造で、三角形の断面の横木（校《あぜ》木《き》）を積層させたログハウスのような構造をしている（図51）。

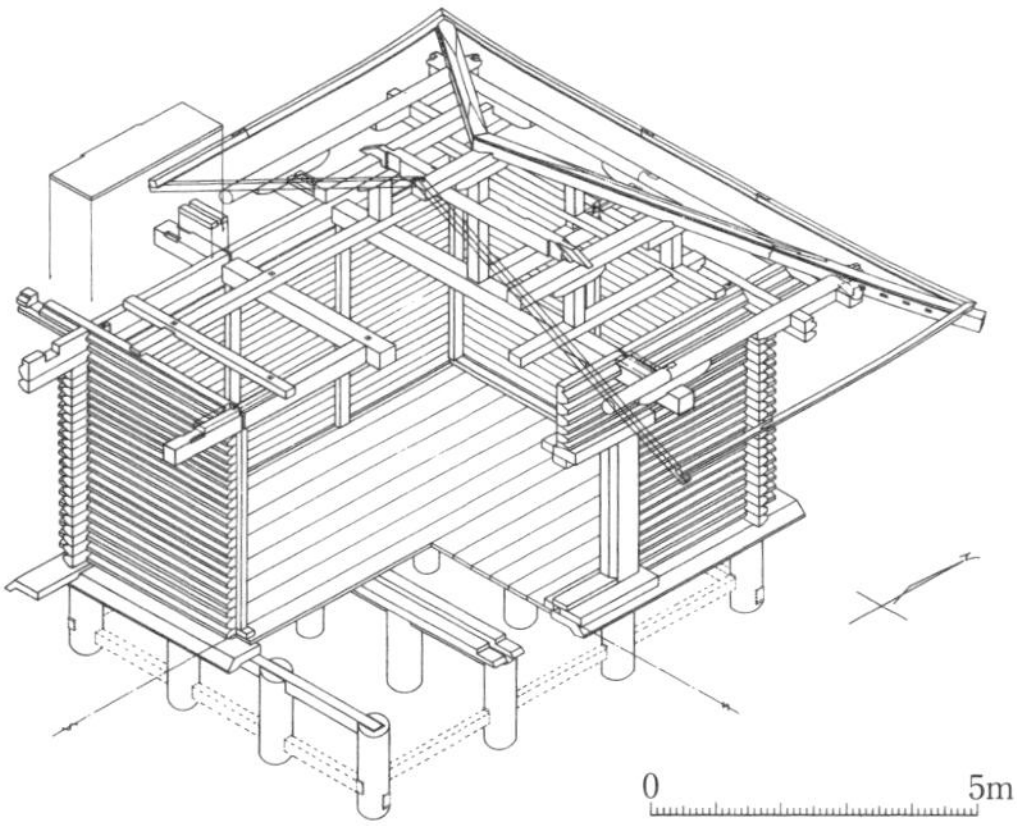

図51　校倉の出桁による軒の支持（東大寺勧進所経庫〈奈良県教育委員会『重要文化財東大寺勧進所経庫修理工事報告書』1964年〉）

校倉の構造は、これまで述べてきた柱・梁を建築の主構造とする方法とは大きく異なる。また倉庫は床を高くするため、短い柱の上に台輪という横木を置き、その上に校木を交互に組み合わせ、材を積み上げて壁面を構成している。そしてこの校木で組まれた壁構造の上に小屋組を架ける（図46・51）。

平面を見ると、倉庫の床を支えるため、床下では柱が建物の外周だけではなく、内部にも碁盤目状に並ぶという特徴がある。規模は正倉院正倉を除くと、桁行三間で、梁行は三間、もしくは二間とするものが多い。なお倉庫建築では、一間の柱間が桁行と梁行で異なり、桁行の方が長いため、桁行三間、梁行三間の建物でも、横長の平面となる。さらに柱間自体も七尺程度で、一般的な建物と比べると、比較的小さい。

この校倉の特徴は全体の寸法計画にも表れている。古代の一般的な建物はそれぞれの柱間を何尺と定めて設計することが多いが、校倉では個々の柱間寸法ではなく、倉の総長で設計されているのである。柱による構造ではなく、校木の積層による構造なので、納得もできよう。また倉庫建築は主要堂塔ではないが、壁面を雨水から保護するために、軒の出を大きくする必要がある。そのための軒の支持方法は特殊で、梁の端部をさらに延ばして出桁《だしげた》として、その上に側桁を通すことで軒の出を大きくしている（図51）。

以上が現存する建物の上部構造・平面とその特徴である。いずれも、平面に特徴のある建物で、平面から使い方や形状を推察することがある程度可能である。つまり復元の際には平面自体が大きな手がかりとなるのである。

これらの情報を得るにも、建物の痕跡、すなわち、発掘遺構が重要である。では、さっそく発掘遺構の世界をのぞきに行こう。

建物の痕跡を見る

建物のさまざまな基礎構造

古建築の基本を理解したところで、これらの建物の痕跡（発掘遺構）が発掘でどのように見えるか、またどのようにして痕跡が作られ、残されていくのかについて学んでいこう。

建物の痕跡——発掘遺構

さて、これまでに説明した現存する古代建築はすべて礎石、あるいは土台の上に柱を立てる構造である。しかし古代建築の基礎構造はこれだけであったのではない。発掘によって見つかった掘立柱《ほったてばしら》という構造があったのである。この三つが建物の軸部《じくぶ》に関わる主な発掘遺構である。この掘立柱・礎石・土台が発掘遺構から上部構造を考えるうえで、核となる。

まずは、発掘遺構に直結する建物の軸部やその周辺の痕跡に限定して、紹介しよう。すなわち、柱に関する痕跡である掘立柱・礎石・土台の三つと、地覆《じふく》・床束《ゆかづか》である。順に、それぞれの発掘遺構の作られ方と、残りやすさを見ていこう。

掘立柱

まずは掘立柱。掘立柱は、地面に穴を「掘」って、「柱」を「立」てる方法である。古代の遺跡で見つかる建物遺構の多くがこの掘立柱の構造である。先述のように、古代の現存建築には掘立柱はないが、これには掘立柱の耐久性の問題が影響している。掘立柱は柱が地中に埋まり、土に接しているため、雨水・腐朽・虫害など、木材を長期に利用するには厳しい環境にあるのである。掘立柱の伊勢神宮正殿は現在も二〇年ごとに式年遷宮《しきねんせんぐう》が行われ、社殿を更新していることからもわかっていただけるかと思う。

この掘立柱の構造を述べる前に、まずはその発見の歴史について軽く触れておきたい。その発見は考古学者による発掘調査ではなかった。昭和九年（一九三四）の法隆寺東院礼堂の解体修理に伴って、基礎調査の一部として発掘調査が行われ、この時、古代の建築構造として、掘立柱を初めて確認した。遺存した柱の根元やこれが腐朽し、一部、空洞化していた様子が白日の下に晒されたのである（図52・53）。

もちろん、穴を掘り下げて、柱の根元が遺存していれば、建物の痕跡と判断することもできようが、発見当初には、単なる穴が規則的に並んでいるに過ぎなかった。この穴が等

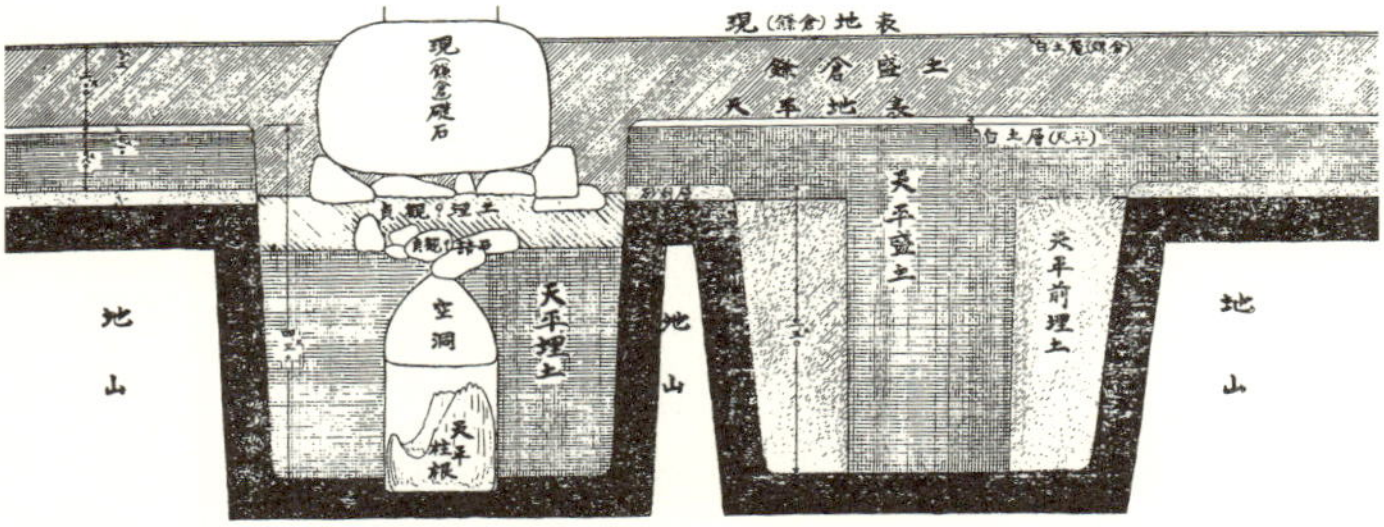

図52　法隆寺東院絵殿の発掘調査断面図（国立博物館『法隆寺東院に於ける発掘調査報告書』1948年）

図53　掘立柱の発見（法隆寺東院〈法隆寺国宝保存事業部『国宝建造物東院礼堂及び東院鐘楼修理工事報告』1937年〉）

間隔に並ぶという特徴を、建物の柱列と関連付けて考えることができたのは、建物の修理に携わっていた建築史学者ならではの経験の賜物であった。まさに、この時の発掘では、前章で示した古代建築の基礎知識が役立ったのである。

掘立柱の痕跡を考えるうえでは、掘立柱の立柱《りっちゅう》と解体の手順が重要となる。すなわち、発掘で見つかる痕跡には、柱を立てる時の痕跡と柱を解体するときの痕跡の二つがあるのである。前者を柱《はしら》掘方《ほりかた》といい、後者を抜取穴《ぬきとりあな》という（図54）。

さて順に見ていこう。まず、柱位置を定めたら、柱を立てるための柱掘方を掘る。もちろん、建物の建設には柱の平面の位置を定めるだけではなく、上下の調整も必要である。

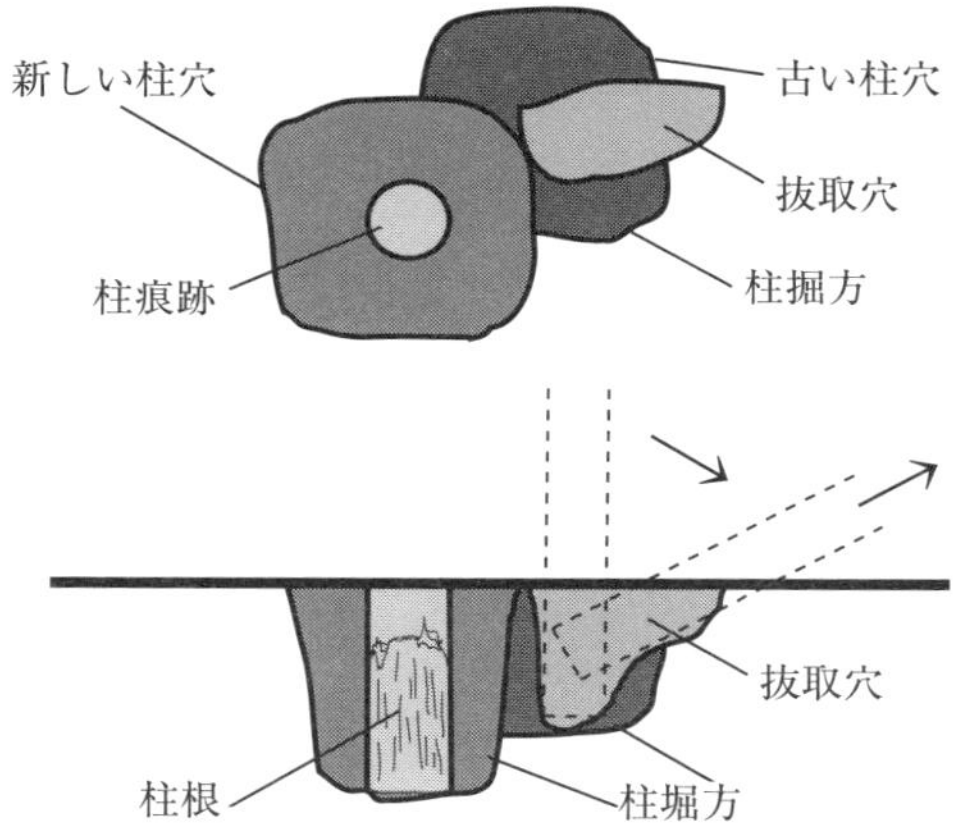

図54　柱穴の模式図

礎石以上に掘立柱ではその調整の重要性が大きい。調整するためには、柱掘方の大きさを柱の太さとピッタリとしてしまうと、都合が悪く、調整スペースを考慮して、柱掘方の規模を柱の太さよりも大きくする必要があるのである。形状はさまざまであるが、平城宮では約一メートル四方以上の方形で、四隅が丸みを帯びた形状（隅丸《すみまる》方形《ほうけい》）のものが多い。柱掘方を掘ったら、次に柱を立て、柱掘方を土で充填していく。こうして立てられた掘立柱は地面に埋まっているため、単独で柱が自立する。

柱を柱掘方の中にそのまま立てる場合もある

が、柱掘方の底に沈下を防ぐための工夫を施す例も見られる（図55）。代表的なものには、柱の下に木製の礎板《そばん》を置く方法や地下式礎石として礎板石を置く方法がある。また柱の下端に腕木《うでき》をかませる方法や貫《ぬき》や枕木を用いる方法、根石《ねいし》という小石を敷く方法などもあり、沈下防止のための工夫が凝らされた。いずれにせよ、掘立柱は沈下との戦いを避けられなかったのである。

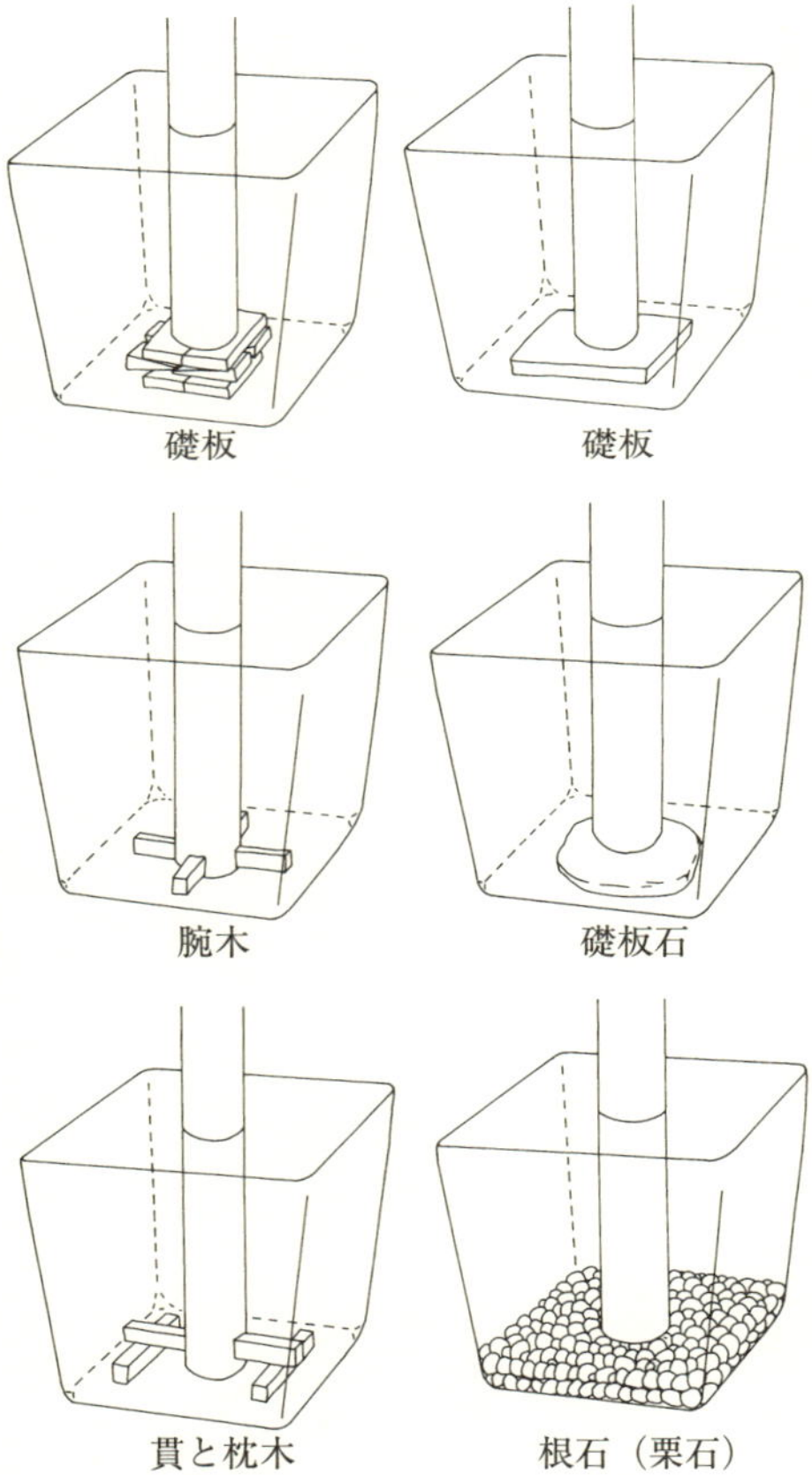

図55　不動沈下に対する工夫（宮本長二郎『平城京』草思社，1986年）

次に掘立柱の解体に話を移そう。柱は地面に埋まっているため、この柱を抜き取る必要がある。地中に埋まる柱の根元（根入《ねいれ》）が短い場合には、そのまま倒して抜き取ることも可能である。しかし、深い場合には、柱の根元の周りに穴を掘り、抜きやすくしてから、柱を倒し、その抜き取った穴を土で充塡する。これらの柱の解体時にできる痕跡が抜取穴である。また地中の柱の根元を抜ききらず、切断することもあり、柱の根元（柱根《ちゅうこん》）がそのまま残る場合やこれが腐朽して柱痕跡《はしらこんせき》として残ることもある。

これらの立柱、解体の痕跡である柱掘方と抜取穴を合わせて柱穴といい、柱穴は通常、この柱掘方と抜取穴の二重の穴によって構成される。また古い柱穴の上にさらに柱穴を掘ると、古い柱穴の形状は壊される。そのため、柱穴の重なり具合を見ることで、柱穴のどちらが先に掘られたかがわかるのである（図54）。すなわち、完形に見える柱穴は後に掘られたもの、一部が欠けて見えるものは先に掘られたものなのである。この関係性を整理することで、建物の建築年代の前後関係を判別している。この遺構の前後関係については、本書の復元とは少し趣旨が異なるため、ここでは軽く触れるに留めたい。

礎　石　では次に礎石を見ていこう。礎石を用いた建物を礎石建物という。現存する古建築のほとんどがこれである。実は、礎石の上に柱を立てるのは掘立柱に比べて難しい。というのも、掘立柱では柱が地中に固定されるため、単独でも自立するが、礎石の場合は一本の柱では自立しないため、柱・梁・桁によって、安定的な構造とする必要があるのである。

　礎石自体の形状がさまざまであることは前章で述べたとおりであるが、その設置方法により、痕跡の見え方も異なってくる。

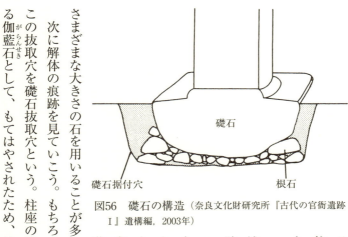

　掘立柱の発掘遺構と同じく、やはり礎石の場合も、造営の工程を知ることが発掘遺構の理解につながる。礎石を据えるために、まずは礎石据付穴《すえつけあな》を掘る。そして、礎石上面を平らにし、礎石を安定させるために、その底に根石を置き、その上に礎石を置くのである。根石は栗石から人頭大まで、さまざまな大きさの石を用いることが多いが、瓦片などを挟むこともある（図56）。

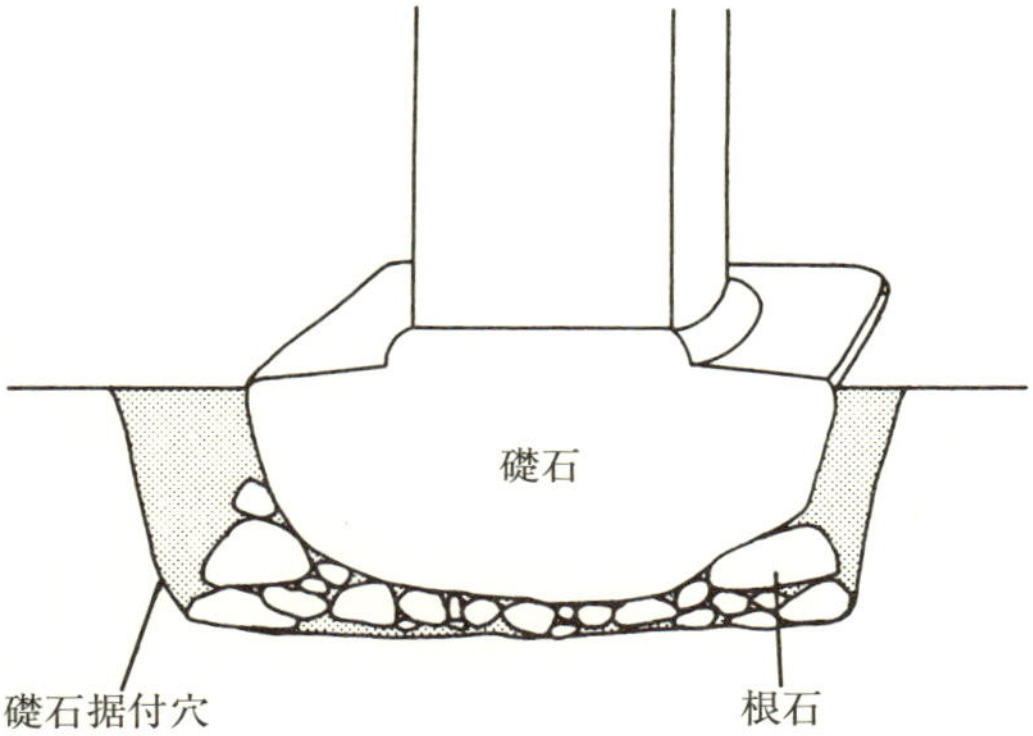

図56　礎石の構造（奈良文化財研究所『古代の官衙遺跡Ⅰ』遺構編，2003年）

　次に解体の痕跡を見ていこう。もちろん、礎石も掘立柱と同じく、抜き取ることがある。この抜取穴を礎石抜取穴という。柱座の造り出しのある礎石などは、近代以降に庭園を彩る伽藍石《がらんせき》として、もてはやされたため、持ち去られたものも少なくない。また礎石の場合、その重量から抜き取って、移動させることは困難を伴うため、礎石の脇に穴を掘り、そこに落とし込むこともある。この穴を礎石の落とし込み穴という。これらが礎石、ひいては柱の位置を復元する重要な手がかりとなるのである。

図57　地表に露出する礎石（春日大社西塔院回廊，奈良県・1116年）

そして礎石の場合、それ自体の重量が大きいため、抜き取らずに原位置を保って、そのまま残されていることがある（図57）。この場合、発掘調査によって、地面を掘り下げずとも、地表観察によって、ある程度の様相をつかむことができる。戦前の古代寺院の研究はこの観察によるところも大きい。

このように、現存建築に多く見られる礎石建物であるが、造営と解体の工程を考えていくことで、発掘遺構の特徴を読み解くことができるのである。

土　台

現存する奈良時代の建築は基本的に礎石の上に柱を立てた

図58　土台建物の発見（胡桃館遺跡〈秋田県教育委員会『秋田県文化財調査報告書第19集　胡桃館埋没建物遺跡第２次発掘調査概報』1969年〉，秋田県・平安時代）

礎石建物である。土台建物は、宇治上《うじがみ》神社本殿（平安時代後期）など、一一世紀以降のもので、それ以前の現存建築は確認されていなかった。何せ、土台の痕跡を発掘で見つけるのは土台無理な話なのだから。

その理由は土台の構造にある。土台を地表面にそのまま置くことが多く、この場合、地下に痕跡を残さない。ただし後述の地覆と同じく、土台の下に石・瓦などを並べていれば、確認できる可能性はある。いずれにせよ、土台を据えるためにわざわざ地面を深く掘り下げることはなく、地下に痕跡を残すことは皆無である。それゆえ、発掘で土台の遺構を見つけることは、理論上、ほぼ不可能に近いと考えられていたのである。

こうした状況が一九六五年に一変した。胡桃館《くるみだて》遺跡の埋没家屋の発見である（図58）。胡桃館遺跡は平安時代の集落と見られる遺跡で、延喜十五年（九一五）の十和田湖《とわだこ》の火山の噴火に伴う土石流により、埋没した。この時に埋没した建物の下部が建ったまま、形状を留めて発見されたのである。

この土台建物の様子を少し紹介しておこう。土台は、一三メートルにも及ぶ一本の長尺材で、それぞれ、組み合う部分を欠きこんで、井桁を構成する。そして、この井桁状に組んだ土台の上には、柱を立てず、板を組み合わせることで、板壁を構築している。この胡桃館遺跡における発見により、土台建物の成立時期がさかのぼり、建築史学の学史が塗り替えられたのである。

もちろん、この胡桃館遺跡のような例は、めったにないことで、土台の痕跡を発掘で見つけることはほとんど不可能に近い。ただ、我々の知らない世界が地下に広がっていることも忘れてはならないのである。

地覆・間柱

地覆自体は土台と同様、地面に接する部材であるため、その痕跡が残ることは少ない。ただし、地覆の下に石や瓦を並べることもあり、これらが発掘遺構で見つかることもある（図59）。

また空間の仕切りや建具の設置などのために、建物本体の柱と柱の間に間柱《まばしら》を置くこともある。この間柱も、建物本体の柱に比べると細く、地覆と同様に、その痕跡が失われてしまうことも多い。

図59　礎石・地覆の痕跡（山田寺，奈良県・7世紀中頃）

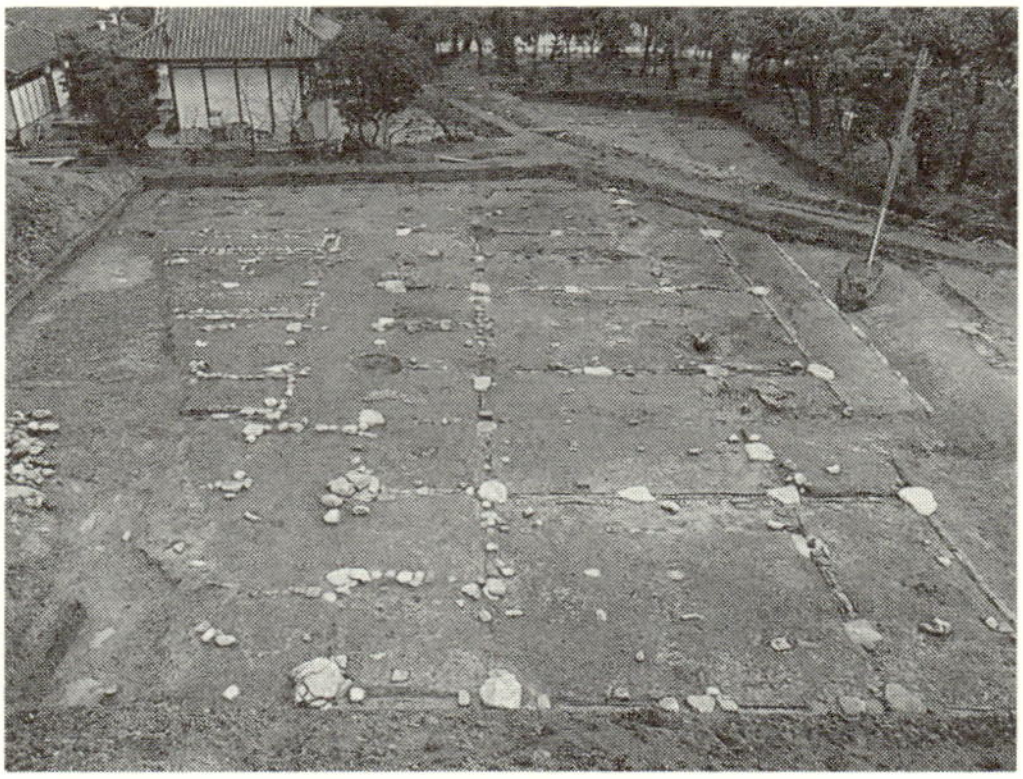

図60　間柱礎石と地覆下の小石列（薬師寺〈『奈良文化財研究所年報1975』〉，奈良県・奈良時代）

図60は薬師寺西僧房であるが、ここでは大きな礎石と礎石の間に小石が並べられており、この上に地覆が置かれた。また、小石列に混じって、やや小ぶりな礎石が残っており、これが間柱である。

このように、発掘遺構の残りにくい地覆・間柱であるが、地覆の存在は、単に発掘遺構

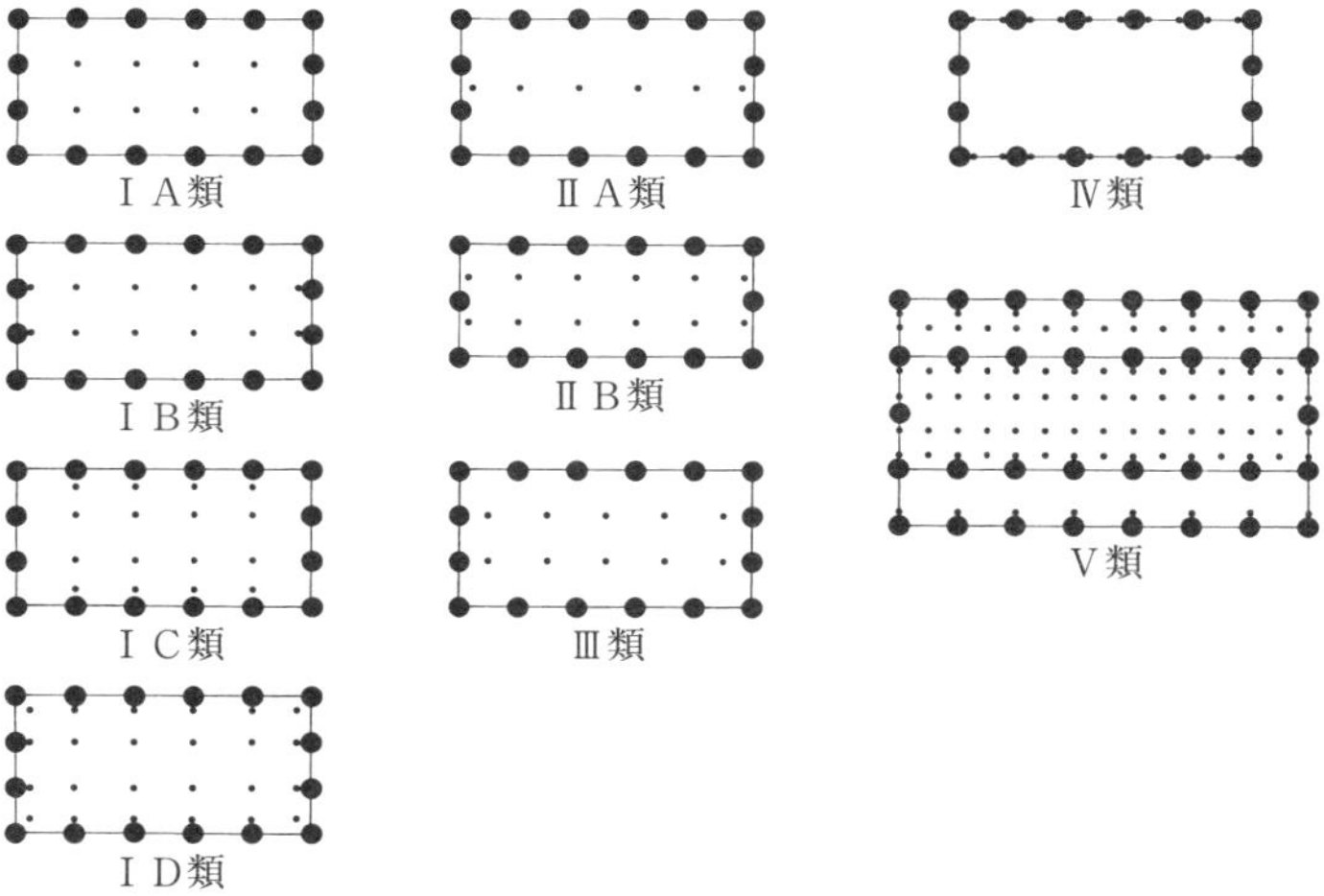

図61　床束の配置（奈良文化財研究所『古代の官衙遺跡Ⅰ』遺構編，2003年）

を示すだけではなく、壁の存在を示しており、また間柱によって、間仕切りや建具といった、空間を仕切る装置の位置を知ることもでき、建物の様子をうかがう重要な痕跡である。

床束・縁束

さて、床の張り方のところでも述べたが、床を張る際には床束を置くことがあり、この痕跡が発掘調査で見つかることもある。ただし、床束は建物本体の柱に比べると細いため、その柱穴も非常に小さい。また床束には礎石・掘立柱の両方の構造があるが、特に礎石の場合、据付穴も浅い。そのため、床束の遺構を検出することは困難である。一方で、床束がないからといって、床を張らないとは限らないということも忘れてはなら

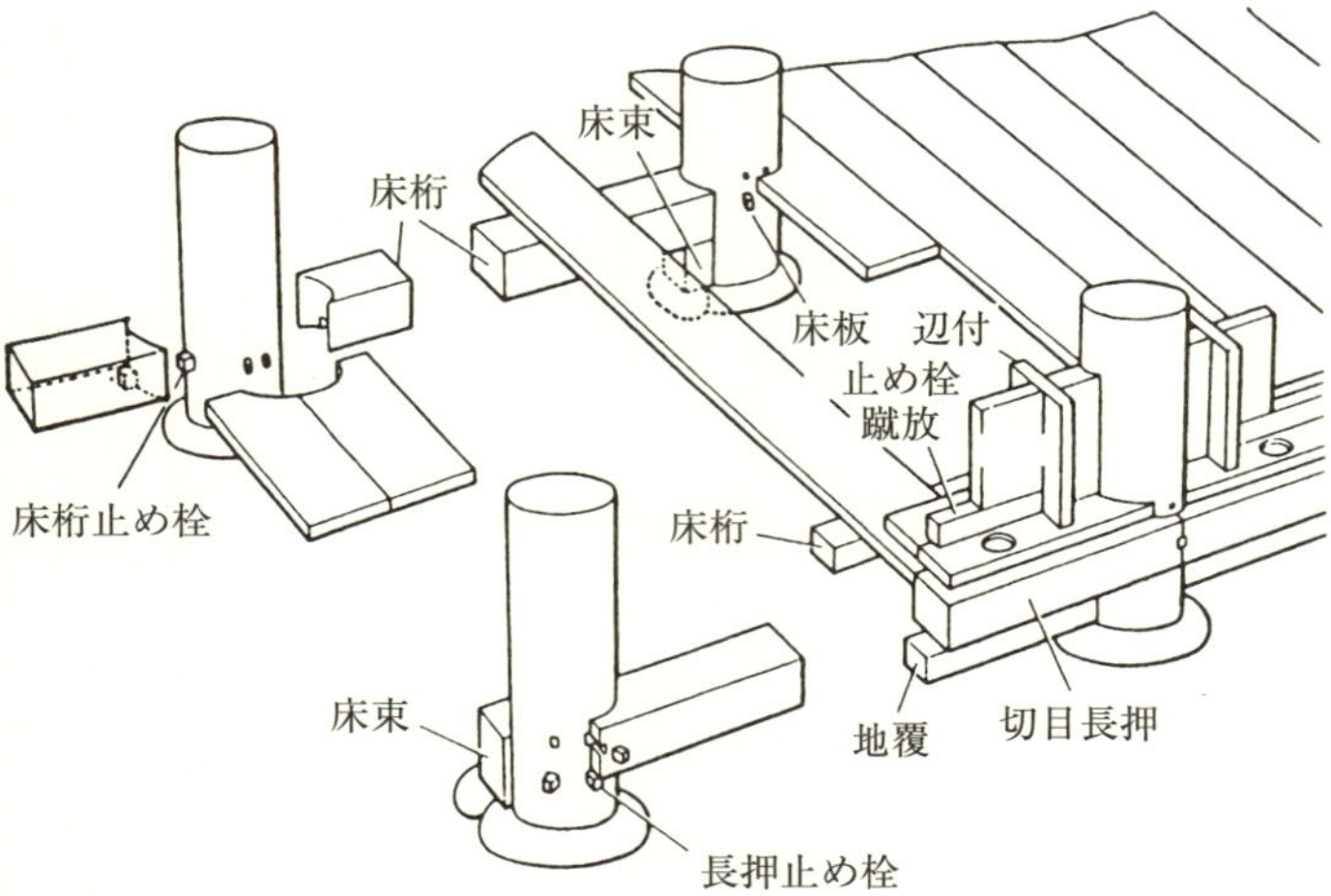

図62　添束による床の支持方法（『日本の美術』No.245, 1986年）

ない。

　この床束の主な配置については、図61のように、さまざまな種類がある。床を張るためには大引《おおびき》や根太《ねだ》を架ける必要があり、これをどう支えるかというのが問題となる。さらに建物本体の構造を支える柱もあるので、これを避けなくてはならない。その一つの方法が建物内部に床束を置き、柱の内側に添えるようにして床束を立てる方法である（図62）。この場合は、建物本体と床は基本的に別々の構造となる。そのため、床束の上に大引・根太を組み、その上に床を張ればよいのである。

　一方で、柱筋《はしらすじ》のグリッドの交点のみに置くものや棟通《むなどお》り筋《すじ》（大棟《おおむね》の筋）のみに置くものがある。これらの場合には、建物の

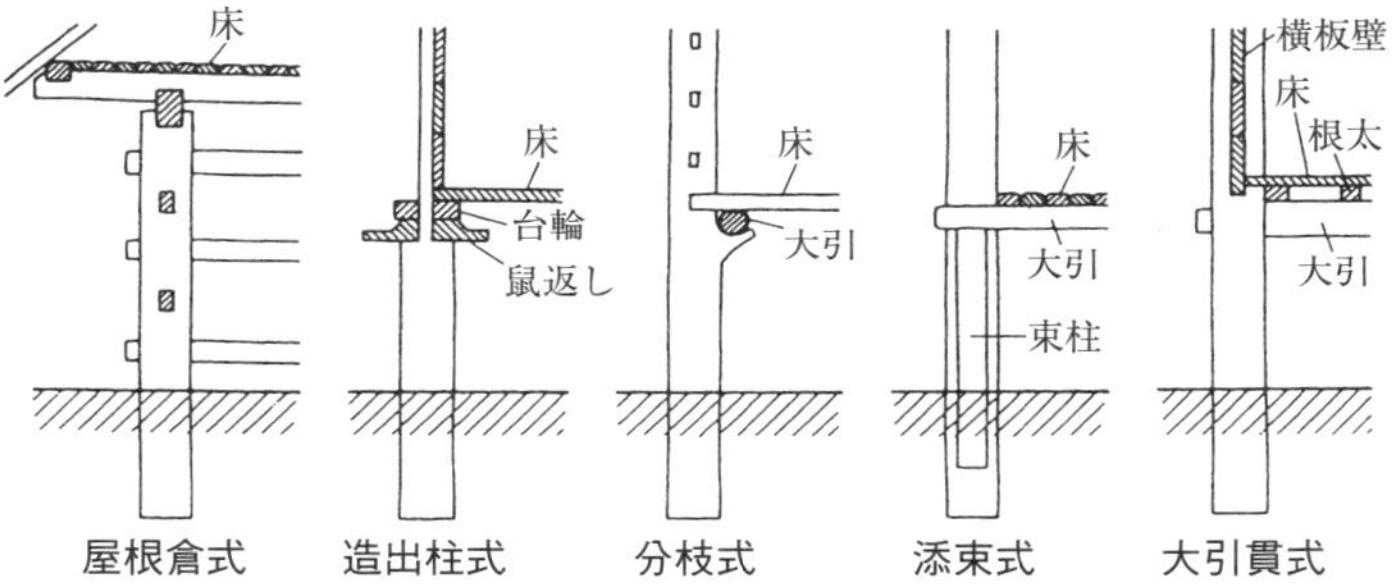

図63　柱と大引による床の支持（宮本長二郎『日本原始古代の住居建築』中央公論美術出版，1996年）

柱が大引の端部を支えることとなる。

　弥生時代・古墳時代にさかのぼって、床の支持方法を見てみよう。もちろん、この時代の現存建築はないため、出土した建築部材から判明した方法である（図63）。

　屋根倉式は、主に奄美《あまみ》地方の現存建築などに見られる形式で、柱と倉庫部分が分離しており、柱の上に床を張り、屋根を架ける形式である。これ以外の形式では、すべて柱は床より上まで延びている形式である。

　造出柱式《つくりだしばしらしき》はいわゆる鼠返しを用いた高床倉庫で、後述する山木《やまき》遺跡の事例が有名で、登呂《とろ》遺跡でも復元されている。柱の下部の太さに対して、床より上の柱を細く加工し、そこに鼠返し、床板を支えるための台輪《だいわ》を置く方法である。

　分枝式《ぶんししき》は、字のごとく、枝分かれした木を柱として利用し、枝分かれした節の部分に、床板を支える大引を置く方法である。自然の木の形状を活かした技術で、柱と大引は縄などで緊結する。

添束式《そえづかしき》・大引貫式《おおびきぬきしき》は、古代以降の日本建築によく見られる形式で、後者は特に多い。添束式は図62に提示した方法で、柱は建物全体、床束（束柱）は床、と支持する構造を分離している。柱に添えた束柱は大引を支え、その上に床板を直接置く。これに対して大引貫式では、束柱を置かず、柱と柱の間に大引貫を渡し、その上に根太を張って、さらに床板を置く方法である。

以上が建物内部の床の張り方であるが、建物の外部にも床を張った痕跡が確認できることもある。縁束の痕跡である。建物本体の柱筋の延長上に見つかることもあるが、建物本体の柱配置とは無関係に、周囲に配されることもある。なお、基壇《きだん》を伴う建物などの場合、基壇上の建物内部は削平されて床束の痕跡が見つからず、建物の外側にのみ、縁束の痕跡が見つかることもある。縁を張る時には、もちろん建物の内部も床を張るであろうから、建物の外部の縁束の存在から建物全体の床の存在が明らかになるのである。

発掘遺構の残りやすさ

以上のように、建物に関連する遺構があるが、これらの発掘遺構の残りやすさについて、概念的に見ておこう。つまるところ、発掘遺構の残りやすさは、その深さに依存している。発掘遺構は建物の解体以降の田畑の耕作や建設など、さまざまな要因によって、破壊される。もちろん、その場合には地表面から

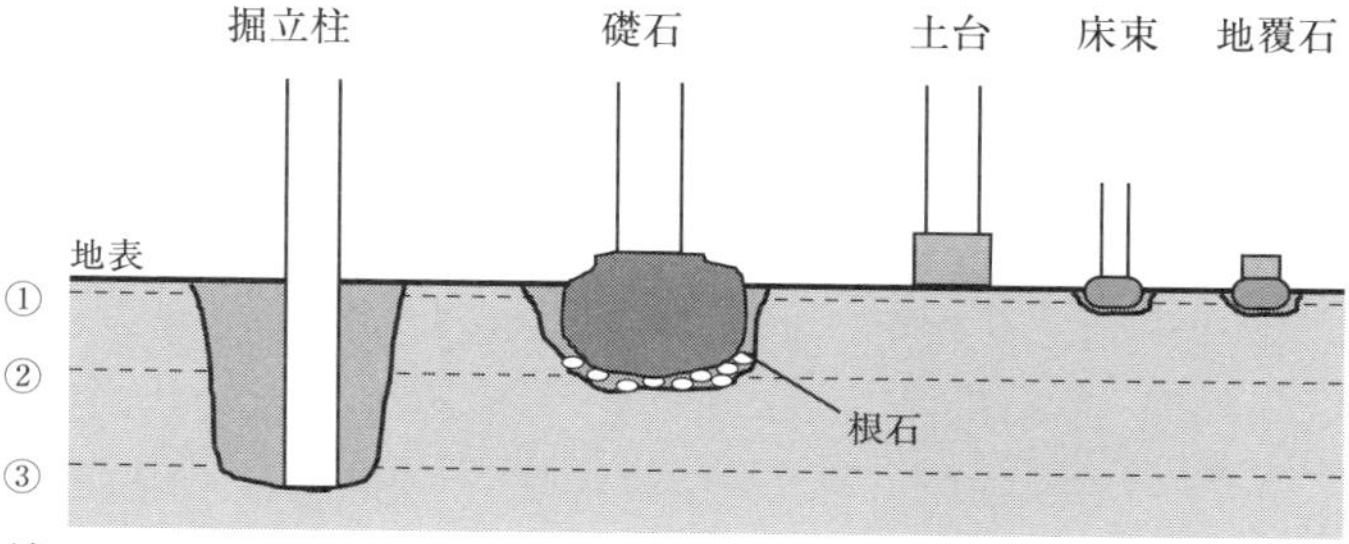

遺構の残り方	掘立柱	礎石	土台	床束	地覆石
①	◎	◎	×	○	○
②	◎	○	×	×	×
③	○	×	×	×	×

図64　発掘遺構の残りやすさ

順番に削られるので、深い発掘遺構ほど、よく残り、浅い遺構は残ることがほとんどないのである。

この前提に基づき、図64のように、断面模式図を見ながら、掘立柱・礎石・土台・床束・地覆の発掘遺構の残りやすさを比較してみよう。もちろん、ここで示すものは理論的な比較で、実際には、個々の状況により、遺存状況は異なるが、一定の傾向を捉えることはできよう。

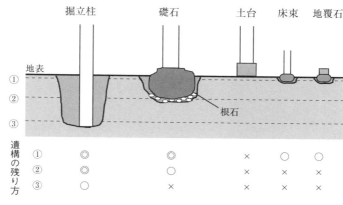

現実的にはほとんどありえないが、完全に削平されていない場合、土台以外のすべての痕跡は確認できる。土台についても、土台が置かれた部分は地表（あるいは基壇上面）の風食が少なく、土台の存在が確認できるかもしれない。

次に①のラインまで削平された場合を見てみよう。先ほどの土台で触れた地表の情報は失われ、その痕跡は確認できない。ただし、礎石や掘立柱はもちろん、地覆や床束の痕跡は確認できる。また礎石もこの程度の削平の場合、礎石自体が遺存しているケースが多かろう。

そして②のラインまで削平されると、礎石・掘立柱の痕跡しか確認できず、それ以外の痕跡はあったとしても、削平され、失われてしまっている。また礎石も根石・据付穴のみで、礎石そのものも失われている。

③のラインまで削平されると、礎石の痕跡すら残らず、掘立柱のみ、発掘遺構として確認できる。掘立柱の柱穴にしても、柱掘方の底が残るのみであるため、もともとの柱の根入の深さ、柱径などの情報は失われている。

このように、削平の状況により、見つけることのできる発掘遺構に大きな違いがある。そのため、発掘遺構の判断には、どの程度、当時の地表面から削平されているかということが重要なのである。削平が小さく、痕跡がないのであれば、建物が「ない」という判断もできようが、削平が大きい場合、たとえ、かつて建物が存在したとしても、その痕跡が失われている可能性もあるので、すぐに建物が「ない」とはいえない。つまり、発掘遺構が「ない」ことをもって、安易に建物が「なかった」とすることはできないのである。

建物に付随する発掘遺構

建物の周囲

さて木部に近い部分の発掘遺構については、前に述べたとおりであるが、このほかにも建物の上部構造を示す多くの痕跡がある。基壇・階段・雨落《あまおち》溝《みぞ》・足場などの痕跡である。もちろん、これらは建設に不可欠というわけではないから、見つからないことも多いが、建物の上部構造を間接的に示す重要な資料である。そこで、深入りは避けつつ、これらについて、主要部分のみをかいつまんで話したい。

基　壇

基壇の形式については、前に述べているが、発掘遺構として、どのように見えるかという点から改めて見てみよう。そのためには基壇外装の構造を知っておく必要がある。そこで、ここでは切石積基壇を例に、痕跡の見え方について見ていこう。

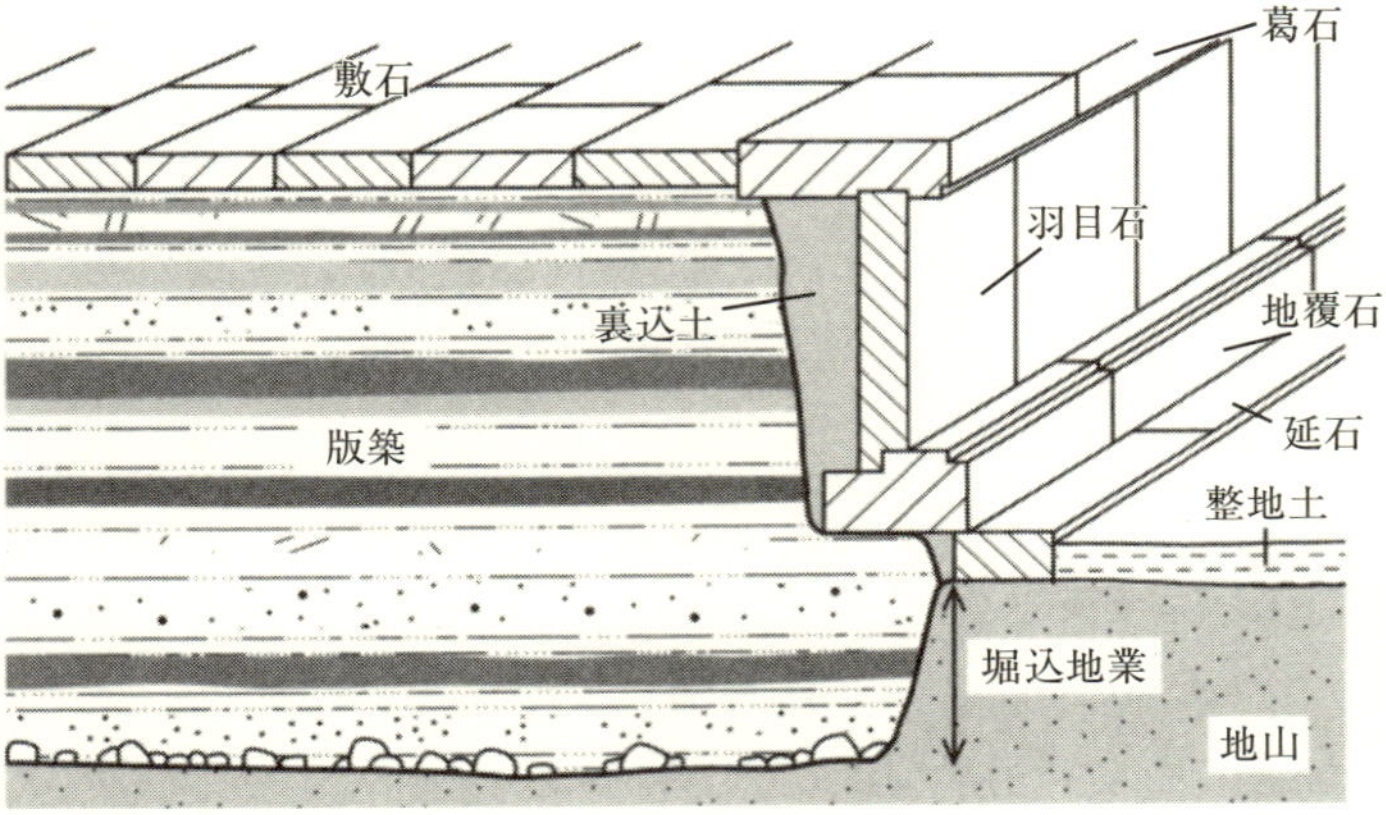

図65　切石積基壇の詳細（文化庁文化財部記念物課編『発掘調査のてびき』各種遺跡調査編，2013年）

切石積基壇では、最下部に地覆石を置き、その上に羽目石《はめいし》を立てる。地覆石を用いず、地面に直接、羽目石を立てることもある。この最下部の基壇外装を据えるために地面に浅い溝を掘り込むこともある。そして羽目石の上には葛石《かずらいし》を据える。基壇土と羽目石の間には、外装を固定するために裏込土《うらごめど》を入れる(図65)。

基壇土を覆う基壇外装自体が残る場合にはさして大きな問題とはならないが、これが失われている場合、地表面に残る痕跡が基壇の規模を知る重要な手がかりとなる。この基壇外装の痕跡としては、柱の時と同じく、構築時の痕跡、すなわち据付痕跡と解体時の痕跡、すなわち抜取痕跡の二つがある。ただし、地覆石などの基壇最下部の構築や解体のために深く掘らないこともあり、必ずしも据付や抜取の痕跡ができるとは限らない。

また凝灰岩《ぎょうかいがん》の基壇外装の場合には、据付溝に凝灰岩の粉が帯状に残ることも多い。この場合、基壇外装の位置だけではなく、その材料を知る重要な手がかりとなる。この基壇外装の痕跡が基壇復元のための重要なカギなのである。

いずれにせよ、これらの痕跡は非常に浅い掘削であるため、基壇外装の痕跡が残るということは、後世の削平がほとんどなく、かつての地表面がほとんど残っている場合に限られるのである。こうした状況はごくごく稀で、多くの基壇の発見はその外装などの発見ではなく、除去されずに、そのまま放置された基壇土の高まりによることが多い。

また基壇土・旧地表面よりも下方に目を向けると、地盤改良である地業《じぎょう》が見つかることがある。地業の範囲は基壇とキッチリとそろうわけではないが、基壇やその上の建物の沈下を防止するための地盤改良であるから、基壇の規模と地業の範囲はほぼ近く、これもある程度の基壇規模を知る手がかりとなる。

雨落溝

日本は雨の多い国であるため、屋根から落ちる雨水の排水は重要な課題である。そのため、建物の周囲に雨落溝を掘り、雨水を処理することが多い。雨落溝の構造もさまざまで、切石《きりいし》を組む場合もあれば、玉石を並べたもの、瓦を並べたもの、さらには素掘り溝《すぼりみぞ》という単に地面を掘っただけのものもある（図66）。

図66　雨落溝（左から切石組〈奈良文化財研究所『平城宮発掘調査報告13』1991年〉，乱石積〈同『薬師寺発掘調査報告』1987年〉，素掘り〈盛岡市教育委員会『志波城跡１　太田方八丁遺跡範囲確認調査報告』1981年〉）

基壇をもつ建物の場合、基壇外装がそのまま雨落溝の側面を構成することもあれば、基壇と雨落溝の間に延石《のべいし》と呼ばれる石を置くこともある（図24・65）。また基壇のない建物でも雨落溝を伴うこともある。掘立柱の場合は地面に柱が接しているため、その重要性はより高いともいえよう。

排水系統のしっかりとした場所では、建物の周りに雨落溝を廻らせるだけではなく、区画全体の排水のための溝を構築することもある。例えば回廊のように内側と外側に分断された建物の場合、回廊内側の水を外側に流すため、回廊の地下に暗《あん》渠《きょ》という地下水路を設けることもある。このように木造建築の大敵である雨水に対する対策が十分に練られていたのである。なお、この雨落溝、単なる溝と侮ってはいけない。詳しくは後述するが、上部構造を知る、重要な手がかりなのである。

階　段

基壇の昇降のための階段について見ていこう。階段は一定以上の高さの基壇の昇降のためには必須で、その痕跡は建物本体を考えるうえでも貴重な情報である。階段は基壇に階段のための土を積み足し、その外側に石材を置く。基壇と同じく、基本的には階段の最下部には地覆石を置く。階段を上がる部分には踏み石を置き、両側には三角形の羽目石を置き、その上に耳石《みみいし》を置く（図68）。こうした構造のため、基壇と同じく、深い掘削を伴わないため、痕跡は残りにくい。これらの特徴を知ったうえで、痕跡を見ていきたい。

まず、階段の幅であるが、階段の幅と建物の柱間《はしらま》をそろえることが多い（図67）。その

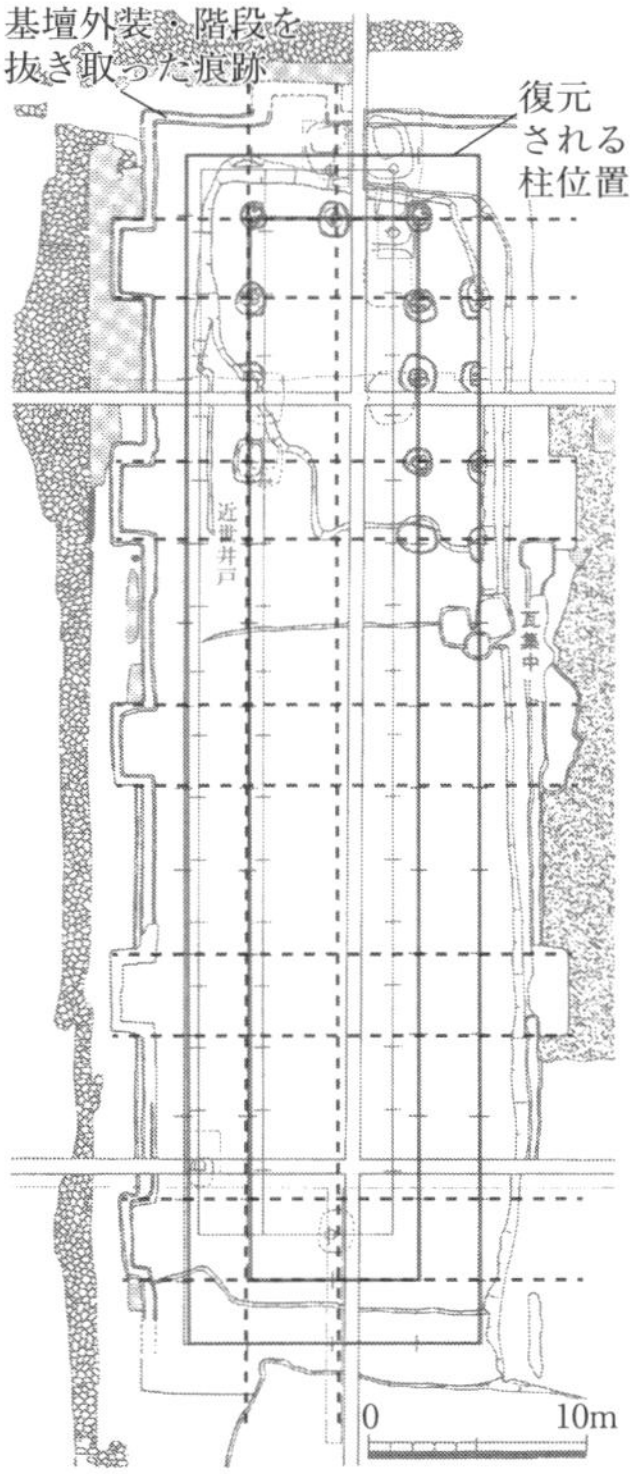

図67　柱位置と階段の関係（平城宮東区朝堂院，奈良文化財研究所『1991年度平城宮跡発掘調査部発掘調査概報』1992年に加筆）

ため、もし基壇上の柱位置を示す痕跡が失われていても、階段の幅や位置から建物の柱間を知ることができる。

階段の痕跡の残り方には大きく以下の三つの場合がある。

図68　鳥坂寺の階段（大阪府・奈良時代，柏原市教育委員会『鳥坂寺跡発掘調査報告書』2011年）

図69　基壇外装・階段地覆石・雨落溝（薬師寺金堂〈奈良文化財研究所『薬師寺発掘調査報告』1987年〉）

一つは階段自体が残る場合である。最も残りのよい例の一つとして、鳥坂寺《とさかでら》がある（図68）。鳥坂寺では、地覆石・羽目石・耳石・踏み石が遺存しており、階段の角度は大体四五度で、かなり急な階段である。

図70　基壇を切り込む階段（平城宮第二次大極殿院後殿）

もう一つは基壇外装と同じく、階段の積土や階段地覆石が残る場合である。これらの場合は基壇外装の痕跡もともに残ることが多い（図69）。また地覆石を抜き取った痕跡が溝状に残ることもあり、例えば、平城宮第一次大極殿では、基壇から突出して、凝灰岩の粉が溝状に残っていた。

最後の一つは、階段そのものの痕跡とは厳密にはいえないかもしれない。階段自体の痕跡がすべて失われてしまっても、階段の存在と大きさがわかることがある。その鍵は雨落溝にある。

雨落溝は基壇の四周を廻ることが多いが、階段が取り付く場合、雨落溝と階段との位置が重なってしまう。そのため、階段部分では、雨落溝が階段を迂回し、突出することがあるのである（図66中・69）。この雨落溝の形状により、階段の存在とその大きさや基壇から出た距離がうかがえる。一方で、必ずしも基壇の外部に階段が付くとは限らず、基壇を切り込んで階段が設けることもできるから、上部構造の復元は悩ましいのである（図70）。

足場

もし建物の建設現場が近くにあったら、少し目を配ってほしい。建設現場では、建てる建物の内外に足場を組んでいる。建設には高所での作業が不可欠であるから、高所に作業スペースを設けるため、足場を組む。これは何も現代に限った話ではなく、古建築の造営においても、部材の組上げや軒廻りの塗装など、高所作業は求められ、そのために建築作業用の足場が建設されたのである。

古建築の造営現場の様子は『松崎天神縁起絵巻《まつざきてんじんえんぎえまき》』に描かれている（図71）。まさに職人の息づかいまで聞こえてきそうなリアルな描写である。よくよくこれを見ると、本体の建物の柱の外側に足場の柱を立てている。

さて、足場の痕跡を考えるうえで重要なのは、礎石建物の造営であっても、足場の柱は礎石ではなく、掘立柱で立てることが多いという点である。そのため、足場の柱穴の方が礎石よりも深く掘られ、礎石の痕跡がすべて削平されてしまっていても、足場の痕跡が遺存することがある。足場は建物を建てるためのものであるから、その位置は建物本体の柱

図71　『松崎天神縁起絵巻』に描かれた造営用の足場（奈良文化財研究所『古代の官衙遺跡Ⅰ』遺構編，2003年）

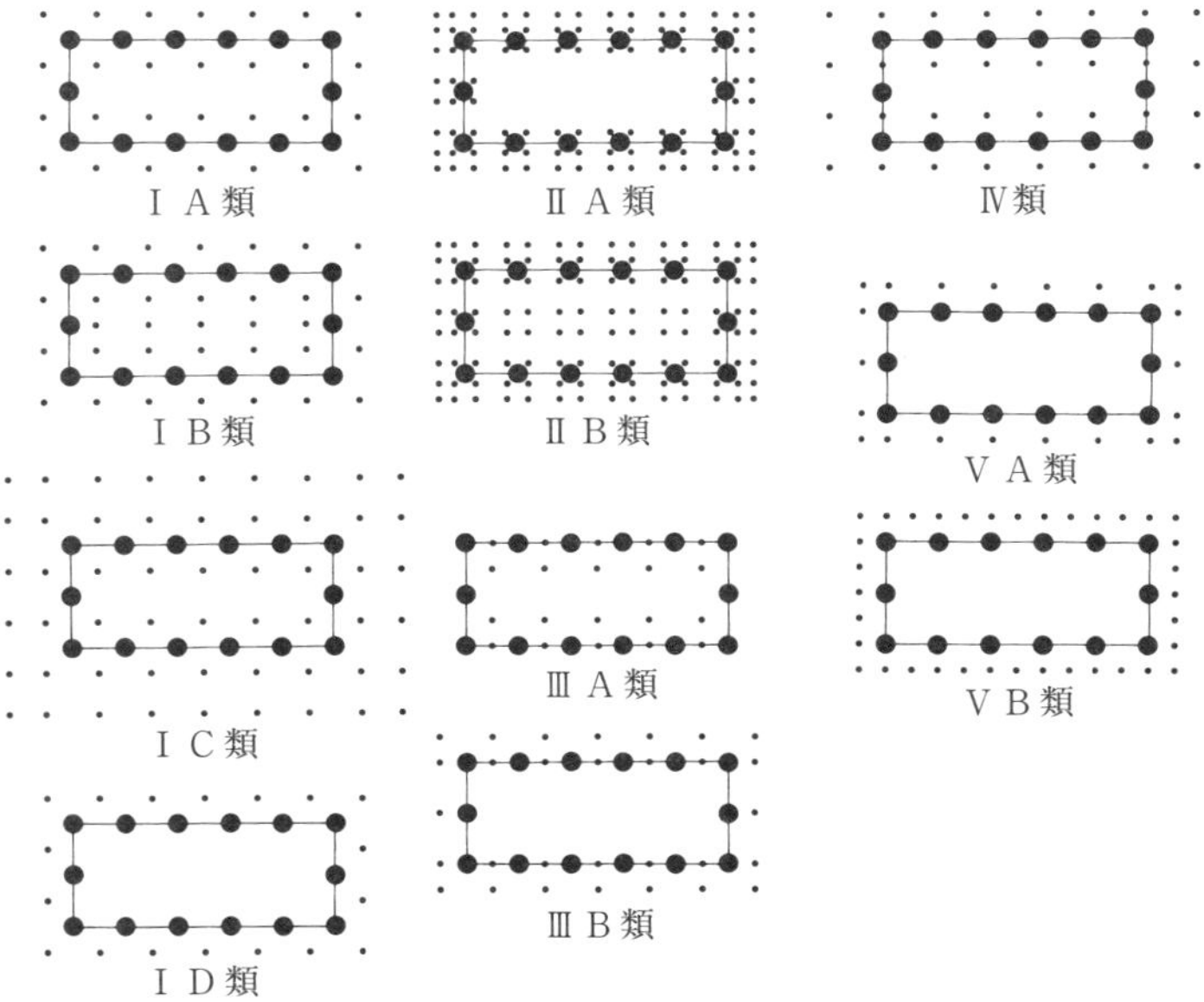

図72　礎石と足場（奈良文化財研究所『古代の官衙遺跡Ⅰ』遺構編，2003年）

の位置を避けることが多い（図72）。こうした足場の位置の法則を知っていれば、足場の柱穴の位置から、元の建物の柱位置を推定できることもあるのである。

このように、建物本体の痕跡だけではなく、その建設過程の痕跡が残ることもあり、これらが建物の規模を知る手がかりとなることもある。建物の形だけではなく、当時の人の気持ちになって、建設工程を考えることが、当時の建物に近づく一歩となるのである。

出土遺物

建築関連の出土遺物

発掘による出土品の中でも、建築関連の遺物は比較的多く、これらの出土遺物から得られる情報はかつての建物の様子を知る格好の手がかりである。代表例は瓦で、葺材《ふきざい》がわかるだけではなく、その種類によって、屋根の細部を知る手がかりともなる。また軒瓦はスタンプを押すように、文様の範を使って造られているため、軒瓦の文様の形式や範の傷の痕跡の進行具合から作られた年代の順序を知ることができる。

もう一つは木製の建築部材そのものである。前述の柱根はもちろん、扉やその周辺の部材、組物、木舞《こまい》などが出土することもある。また建築部材は巨大な木材であるため、転用して使用されることも多い。特に顕著なのが井戸枠への転用で、校木《あぜき》や戸板などの部材が転用されていたりする。そしてなんといっても、建築部材の出土としては、山田寺《やまだでら》の東面回廊の出土建築部材の発見を忘れることはできない。

このほか、石材・金具が出土することもある。石材については、礎石自体が出土する例もあるが、基壇外装が出土することもある。基壇外装の場合、その形状から、基壇の形式がわかることもある。

金具については、鉄釘などはもちろん、長押《なげし》を止め、釘の頭を隠すための飾り金具や垂木《たるき》・隅木《すみぎ》の先端に取り付ける金具などが出土することがある、また寺院では、隅木の先端に吊るす風招《ふうしょう》・風鐸《ふうたく》などが出土することもある。ただし、こうした装飾的な金具が用いられるのはごく一部の宮殿や寺院である。そのため、金具や石材に関しては、本書では平城宮の復元の実例を通して、軽く触れるに留めたい。

主な木製建築部材

出土遺物の中でも木製の建築部材は多くの情報を有している。最もポピュラーな木製の建築部材は柱根であろう。掘立柱の解体時に柱のすべてを抜き取らず、その根元を切断し、これがそのまま残ることがある。これこそが柱根である。この柱根は当時の柱の太さ、加工方法、地中に埋まる深さを示しており、非常に重要な情報である。

また旧地表より上部にあった部材が出土することもある。胡桃館遺跡の土台を発見した事例は先述したので、ここで改めて述べないが、他の事例を見てみよう。

例えば組物。この組物の一部である斗《ます》や肘木《ひじき》が出土することがある。組物は格式の高い建物に用いられるから、出土遺物から、おのずと、その建物の性格も見えてくる。また垂木やその先端に取り付けられる茅負《かやおい》、軒瓦を載せる瓦座《かわらざ》など、小屋組・屋根に関する部材も出土する。同様に、扉廻りの部材が出土することも多い。古墳時代以前の遺跡を見ると、高床倉庫の建築部材が見つかることも多い。鼠返し・造り出しの柱、扉をはじめ、閾《しきみ》や楣《まぐさ》などの扉廻りの部材など、同時代の建築が現存しない古墳時代以前には、特に貴重な情報源である。

さて、これらの出土建築部材を語るには、胡桃舘遺跡の土台建物と同じく、建築史的に重要な山田寺の出土部材を避けては通れない。

山田寺の衝撃

一九八二年、突如として地面の下から「建物」が現れた（図73）。まさに直前まで建っていたかのような姿が白日の下に晒されたのである。山田寺回廊の出土部材の発見までは、建築史研究は七世紀唯一の現存建物である法隆寺に依拠してきたが、この発見により、その常識が覆されたのである。

山田寺は蘇我倉山田石川麻呂《そがのくらやまだのいしかわまろ》の発願による氏寺で、聖徳太子の伝記『上宮聖徳法王帝説《じょうぐうしょうとくほうおうていせつ》』の裏書に造営の過程が記されている。舒明天皇十三年（六四一）の寺地造成に始まり、

図73　倒壊した山田寺東面回廊の出土状況

皇極天皇二年（六四三）には金堂が建立された。石川麻呂は乙巳《いっし》の変（大化の改新）で有名であるが、その後、謀反の疑いをかけられ、死に至り、造営は中断する。その後も再開と中断を繰り返し、天武天皇十四年（六八五）には講堂の本尊丈六仏《じょうろくぶつ》の開眼供養に至り、完成をみる。この丈六仏こそが、現在、興福寺に伝わる仏頭である。その後、一一世紀前半には宝蔵・東面回廊が倒壊し、一二世紀後半には金堂・塔・講堂も焼亡した。鎌倉時代前半には再興されたが、創建の伽藍は今に伝わっていない。これが山田寺の興亡の概略である。

さて建築部材の出土した状況を見ていこう。山田寺は四天王寺《してんのうじ》式の伽藍配置（図49）で、中門・塔・金堂・講堂が中軸線上に並び、こ

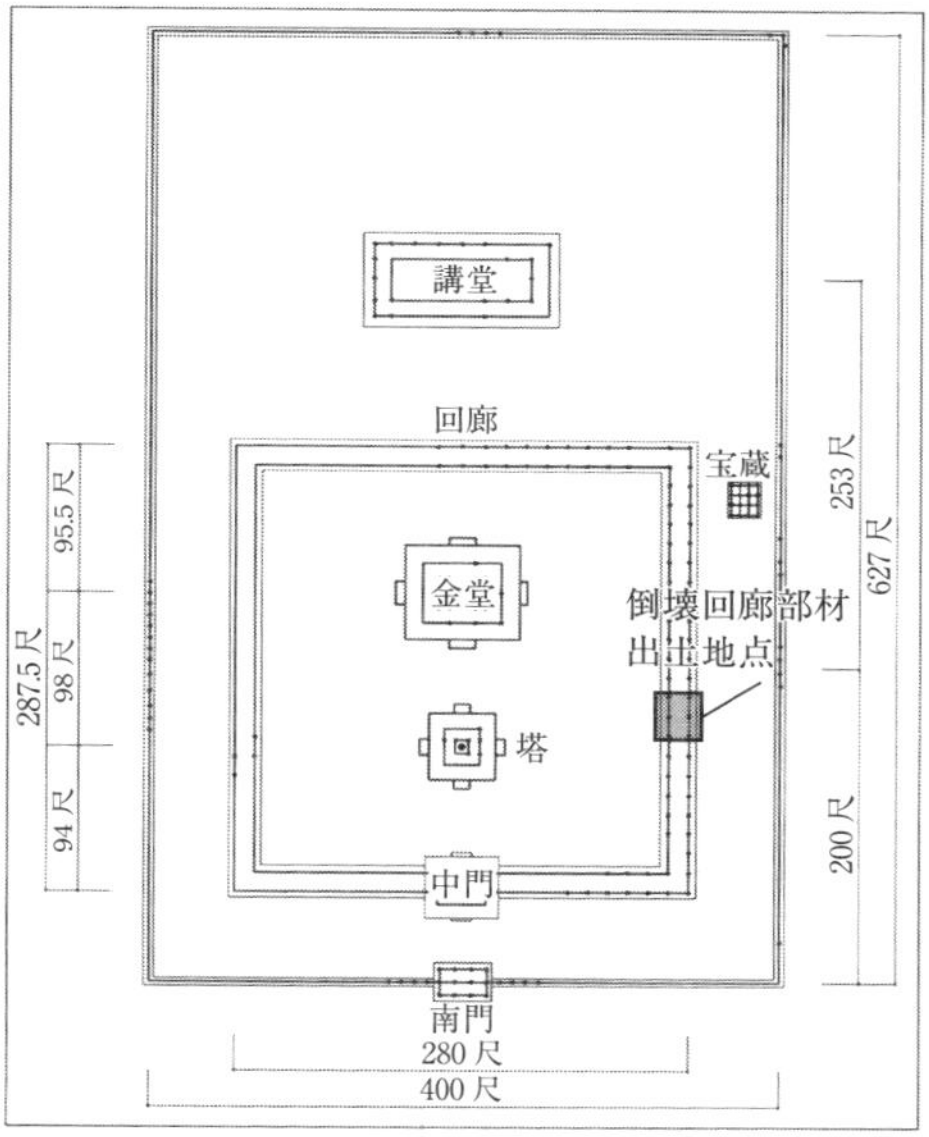

図74　山田寺の伽藍配置と回廊部材出土地点
（『日本の美術』No.532，2010年に加筆）

れを回廊で取り囲む。この東面回廊の南半部の発掘において、件の倒壊した建築部材が出土したのである（図74）。出土した状況から、回廊がほぼ真西に倒壊したことがわかり、地面に接していた部材がひときわ良好に残っていた。柱・地覆・腰壁束《こしかべつか》・連子窓《れんじまど》（辺付《へんづけ》・竪窓枠・上下窓枠・連子子《れんじこ》）・長押・頭貫《かしらぬき》・大斗《だいと》・肘木・巻斗《まきと》など、軸部・造作・組物まで、幅広い部材が出土した。ただし、小屋組である扠首《さす》・棟木・垂木はほとんど残っていなかった。これらの出土建築部材から、復元されたかつての姿が図75で、この東面回廊の建築的特徴を簡単にまとめると、以下のようになる。

まずは柱の形状である。柱の形状を見ると、強い胴張りが確認できる。胴張りとは、柱の中央付近がやや膨らみ、頂部に向かって細くなる形状のことである。かつて伊東忠太が七世紀か

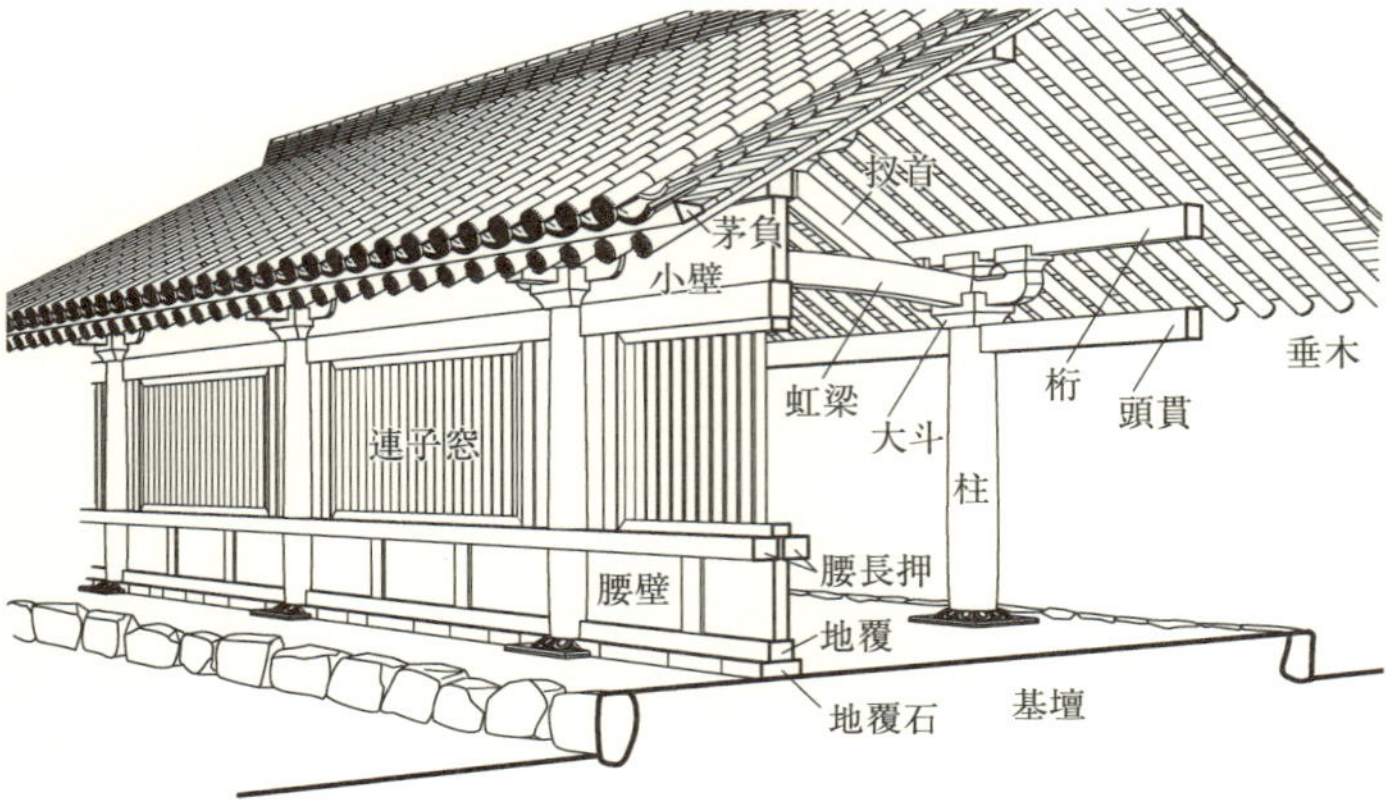

図75　山田寺回廊復元透視図

ら八世紀初頭の法隆寺西院伽藍の柱をして、古代ギリシア建築に見られるエンタシスと評したもので、やはり、この特徴は同時代・同地域の法起寺三重塔にも確認できる。一方で、天平二年（七三〇）建設とされる薬師寺東塔では、柱の頂部が細くなるものの、柱の中央付近が太くなることはない。そういう意味では山田寺回廊の柱の胴張りは七世紀の特徴を示していると考えられる。

次に目につくのは組物である。

法隆寺金堂・五重塔・中門では、雲の形をモチーフとした雲斗《くもと》・雲肘木《くもひじき》という組物を用いているが、この組物の形は八世紀以降の日本の古建築の多くの組物とは異なる。多くの形は図35であげたような形であり、法隆寺においても廻廊では、一見、一般的な平三斗《ひらみつど》を用いている。「一見、一般的な」とあえて書いたのは、一般的ではない点

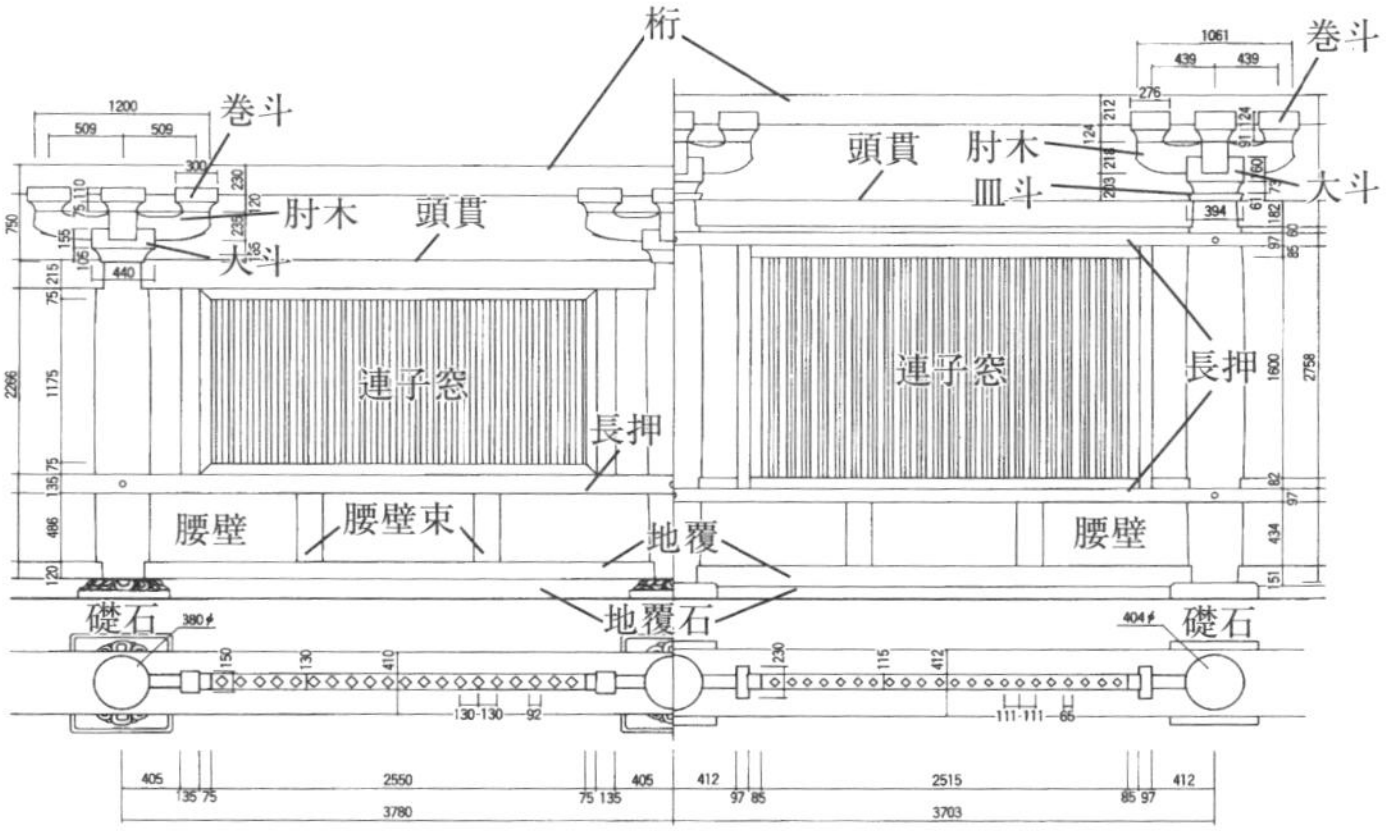

図76　山田寺回廊（左）と法隆寺西院廻廊（右）の比較（奈良文化財研究所『山田寺出土建築部材集成』1995年に加筆）

があるからで、この点について、述べたい。

法隆寺では、大斗の下に皿斗《さらと》という皿状の板を造り出しているのである（図76右）。この皿斗は金堂・五重塔・中門の大斗にも見られるが、皿斗は中世に中国から導入された大仏《だいぶつ》様《よう》という様式の特徴の一つとされる。現に、法隆寺以外の現存する古代建築には用いられていない。

これに対して、山田寺東面回廊の組物は図76左のような形状で、形式としては法隆寺と同じ平三斗である。しかし、大斗に皿斗は付いておらず、一般的な平三斗である。

山田寺は法隆寺よりも約半世紀も古いが、その組物は八世紀以降の日本の古建築の組物と形状が共通している。まさに山田寺の出土部材が法隆寺に見られる皿斗が普遍的なもの

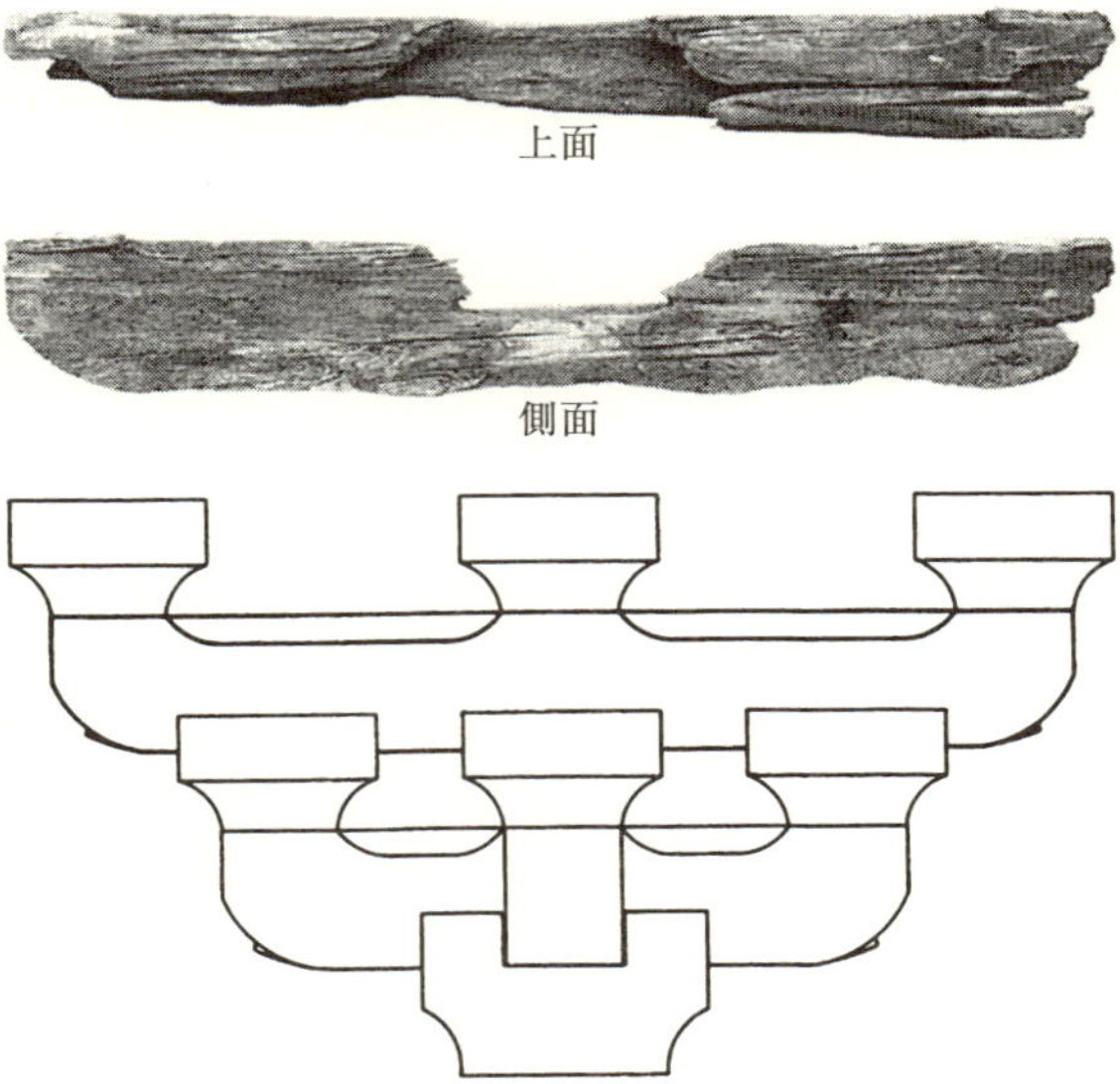

図77　山田寺回廊出土の長い肘木（奈良文化財研究所所蔵）と組物の復元図（奈良文化財研究所『山田寺発掘調査報告』2002年）

ではないこと、七世紀にすでに日本の古建築の基礎が存在したという新たな真実を我々に教えてくれるのである。

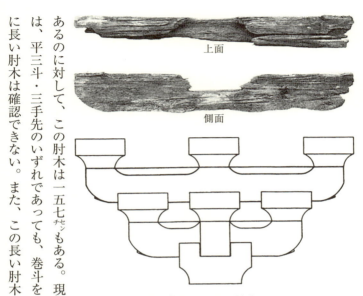

山田寺の組物にはさらに不可思議な形状をしたものがある。それが図77上の肘木である。使用された建物や位置は明らかではないが、回廊の肘木とは異なる特徴をもっている。何しろ、通常の肘木よりも非常に長いのである。

回廊の肘木が約一二一センチであるのに対して、この肘木は一五七センチもある。現存する古代建築を見ても、通常の肘木では、平三斗・三手先のいずれであっても、巻斗を三つ置く長さ程度で、山田寺回廊のように長い肘木は確認できない。また、この長い肘木の下端を見ると、下に三つの巻斗で受けていたような痕跡がある。これより図77下のような組物が想定される。こうした組物は現存する古代建築にはなく、やはりこれも中世に導入されたいわゆる大仏様・禅宗様《ぜんしゅうよう》の組物に確認できる形式である。

この一本の肘木は、こうした現存する古代建築には見られない組物が日本に存在した可能性を示しており、さらには七世紀段階の中国にもこうした形の肘木が存在したとも想定されるのである。

このような組物の存在は、現存する古代建築のみを見ていては思いも至らず、まさに出土建築部材が我々の目を開かせてくれたのである。また現存する古建築が歴史の偶然の産物として、奇跡的に残ってきたものであり、背景にある失われた多くの建物の多様な存在を思い知らされる。

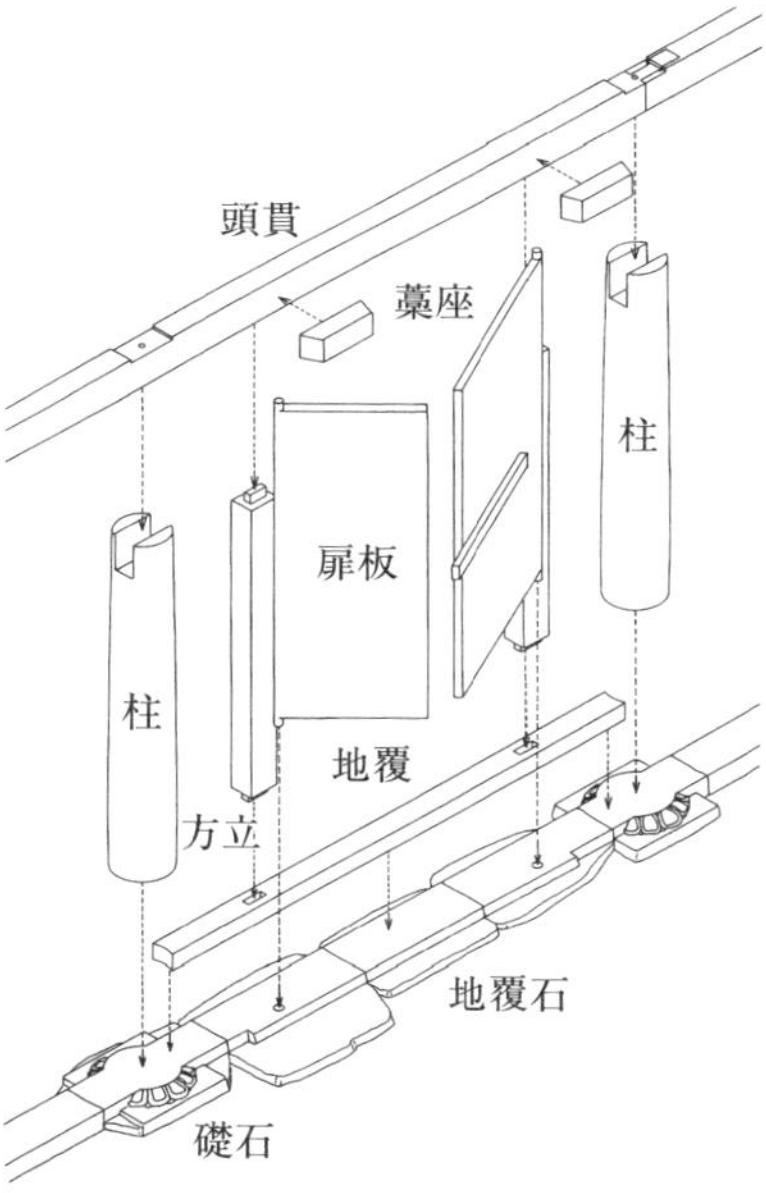

図78　山田寺回廊の藁座と扉の納まり（奈良文化財研究所編『発掘調査から読み解く古代建築』クバプロ, 2016年）

さて、さらに細かい点

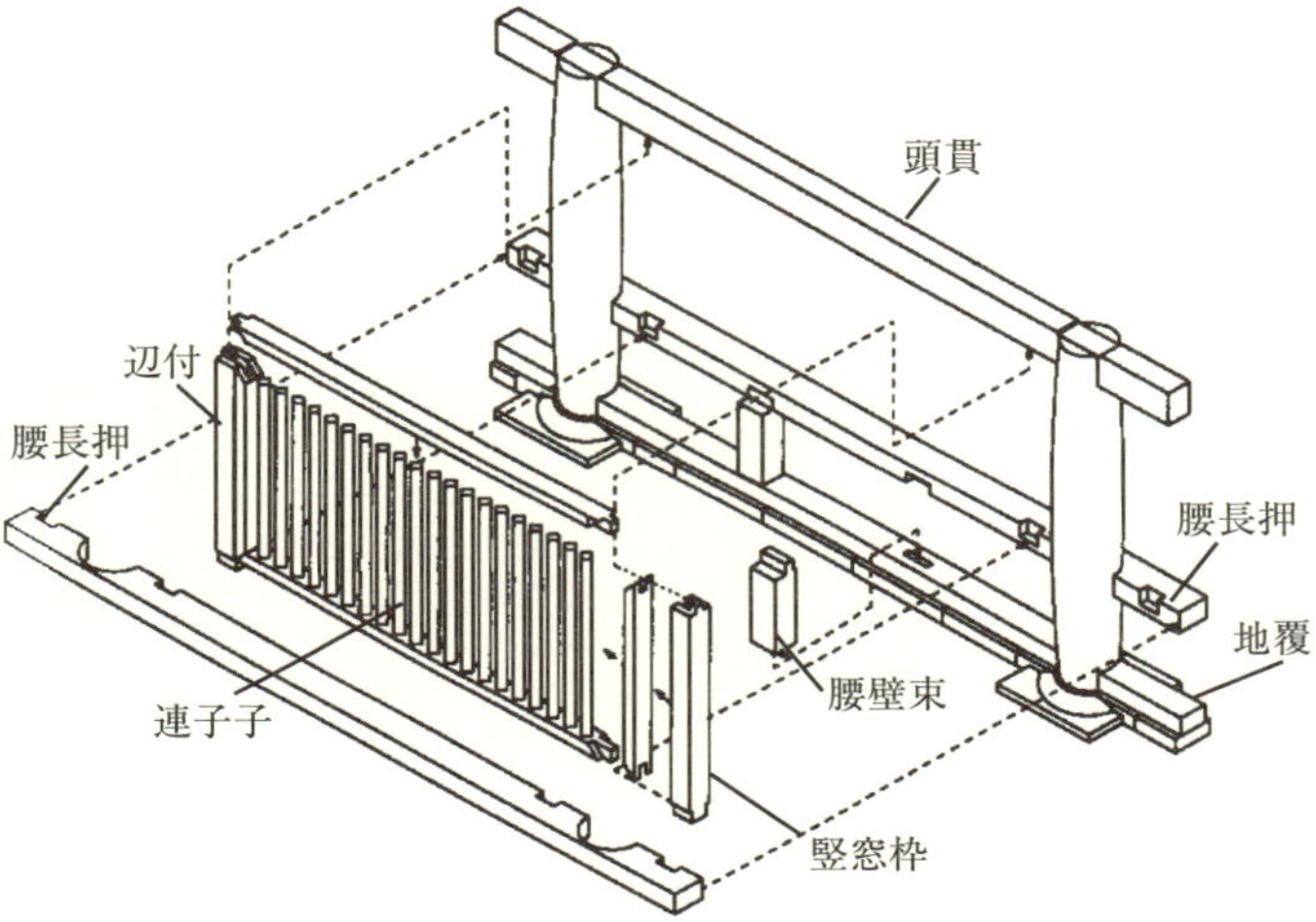

図79　山田寺回廊連子窓の構造（『日本の美術』No.532，2010年）

を見ていくと、扉廻りの納まりにも山田寺回廊は特徴的な点がある。扉板の軸を支えるために、部材に軸摺穴《じくずりあな》を彫る必要があるが、古代には長押に彫るのが通例である。これが山田寺では藁座《わらざ》という小部材を頭貫に打ち付け、これに軸摺穴を彫って、扉板を支えていた（図78）。この藁座は弥生時代の高床倉庫などでは確認できるものの、建築史の教科書的には鎌倉時代に伝来した大仏様・禅宗様のものとされる。扉板の下端も、唐居敷・藁座・長押などの木製の部材ではなく、地覆石に軸摺穴を彫って支えており、特異である。

連子窓と長押の納まりについても、山田寺回廊は独特である。この長押は大陸には見られない日本独特のもので、前に述べたように、柱と柱をつなぐ構造材としての役割がある。この機能以上に、古代建築の長押は扉や窓などの建具を納めるための部材で、法隆寺西院廻廊も窓枠の上下を挟んで打ち付けている（図76右）。これに対して、山田寺回廊の連子窓の場合、窓枠の上部を頭貫、下部を長押で固定しており（図79）、長押の使用の変遷を示す点で貴重である。

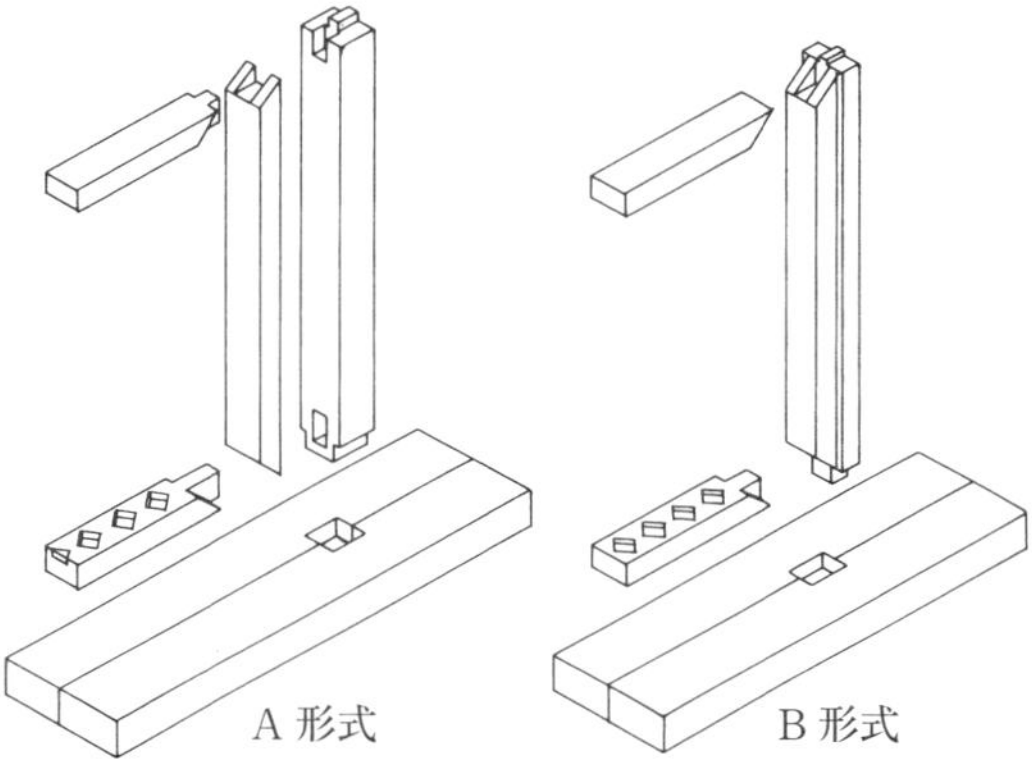

図80　当初（左）と改修後（右）の形式（奈良文化財研究所『山田寺出土建築部材集成』1995年）

山田寺回廊については、もう一つ面白いことがわかっている。建物の改修の痕跡である。一例をあげると、山田寺回廊では腰壁束は柱間ごとに二本立てているが（図75・76左）、南から八間目では、これが一本である。そこで、長押の下面を見ると、キチンと二ヵ所の枘穴《ほぞあな》があることから、これは改修による痕跡であるとわかるのである。また窓枠の部材も取り替えており、当初は辺付と四辺の窓枠で構成していたが（図80左）、辺付と竪窓枠を一材にした形式に変更している（図80右）。

図81　大斗下の板の差し込み（奈良文化財研究所所蔵）

さらに、六間目では、材種の違いから、部材の取り替えが判明した。他の部分では、柱をクスノキ、組物をヒノキとしていたが、ここでは柱をヒノキ、組物をケヤキとしていた。よくよく細部を見ると、長押の納まりも変則的で、柱上でも頭貫の上部を欠き取り、上面に盤上の板を差し込んで、その上に大斗を太枘《だぼ》を入れずにのせるという応急的なものであった（図81）。これも、やはり改修の痕跡を示している。さらにいえば、改修の際には小屋組は解体せずに、回廊は建ったまま、部分的に改修されたのである。古代の現存建築が少ないことはもちろんであるが、屋根や建具など、取り替えられやすい部分は、後世の部材の取り替えによって、過去のメンテナンスの痕跡が失われてしまうため、古代の改修の痕跡は特に少なく、建築メンテナンスの観点からもこうした痕跡は貴重なのである。

このように、山田寺の出土建築部材は、現存建築が法隆寺に限られる七世紀の多様な建築の存在を示しており、いうまでもなく、他に例を見ない。そして、その技術や様式は、法隆寺西院伽藍の建物、奈良時代の建物の両方の特徴を見出せるとともに、異なる点も数多くある。これは七世紀段階の多様な建築技術の存在の証で、大陸的な建築様式を受容し、奈良時代に日本的な形式として一定程度、成立するまでの、いわば過渡期の状況を示しているといえよう。これは現存建築のみに頼っていては不可能なことで、まさに出土建築部材が古代建築の新たな道を切り開いたのである。ここに出土建築部材の新たな研究開拓の可能性が凝縮されている。なお山田寺の主要な建築部材を含む出土品は二〇〇七年に重要文化財の指定を受けている。

木材のリサイクル

建築部材は大きな木材を用いるため、解体後に別の木製品に再利用することがある。この再利用後の部材から得られる情報は計り知れない。そこで、井戸枠と木樋《もくひ》（木の水道管）に再利用された事例を見てみよう。

井戸も建物と同じく、巨大な木製部材を用いるため、建築部材を井戸枠に転用した事例は多い。ここでは平城京左京三条一坊一坪、朱雀門《すざくもん》の目の前から発見された事例を紹介したい。この井戸は平城京で発見された井戸の中でも最大の一辺二・四㍍《メートル》で、衝撃的な大きさであったが、さらに詳しく調査すると、なんと建物の桁を井戸枠の土居桁に転用したと推察されたのである（図82）。筆者自身、この井戸を目にした時の衝撃は、今でも鮮明である。

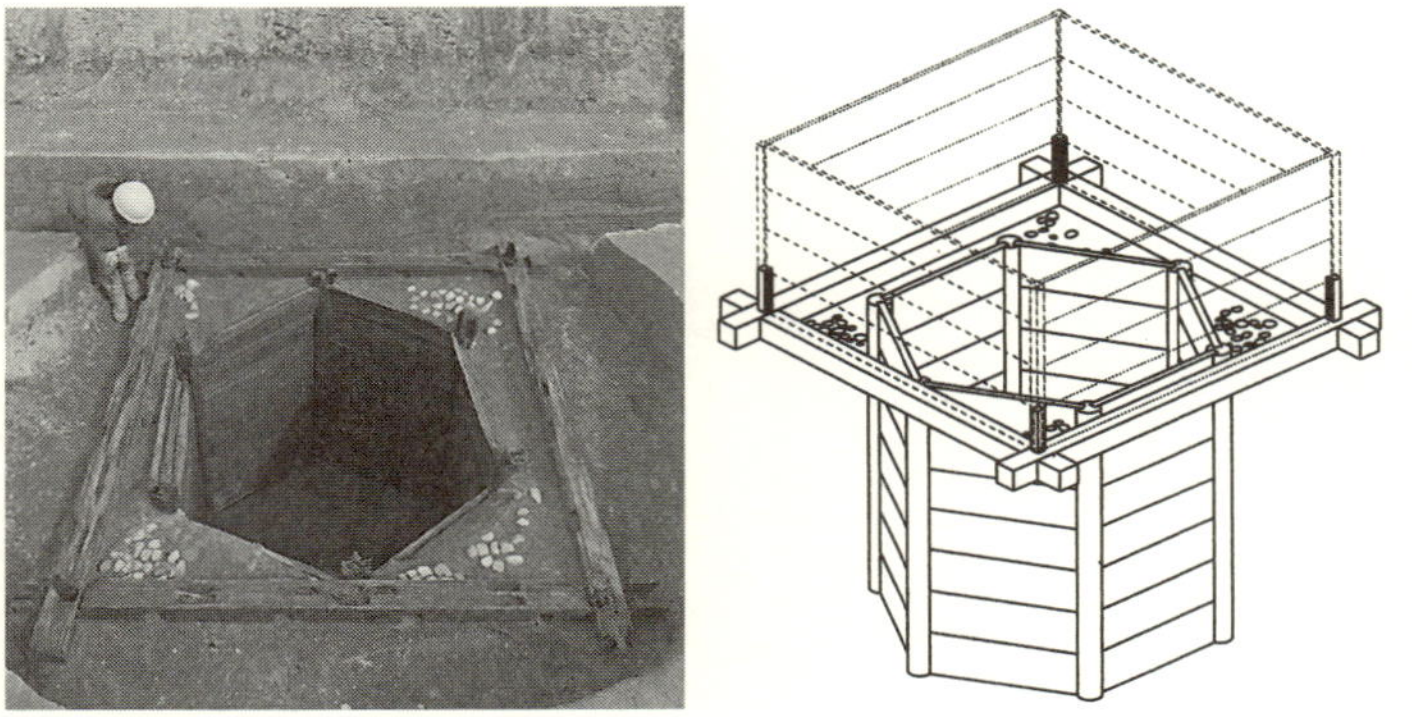

図82　発掘した井戸の写真と構造模式図（『奈良文化財研究所紀要2012』）

実はこの井戸を構築する部材は、転用されたものであるのは明らかであったが、発掘調査の時点では何の転用材なのか、にわかにはわからなかった。部材を取り上げて、これを一点ずつ、調査することで、ようやくこの部材の素性が明らかになったのである。

この井戸のあった平城京左京三条一坊一坪は、朱雀門の南東に位置する坪で、発掘により、この一帯では、大規模な鉄鍛冶工房や整然と並ぶ建物群などが検出されている。巨大な井戸SE9650は上下二段の構造で、上段は正方形の平面形状で、土居桁を組み、四隅に立てた支柱に溝を切り、板を落とし込んでいる（図82右）。下段は、六角形の平面形状で、支柱を立て、その間に各七枚の板を落とし込んでいる。

このうち、上段の四本の四角形に組む部材を土居桁といい、長さ約二九九二ミリ、幅約一〇六ミリ、高さ

図84　天井を架けるためと推定される痕跡（奈良文化財研究所所蔵）

図83　垂木を縛るためのエツリ穴（奈良文化財研究所所蔵）

図85　継手とみられる造り出し（奈良文化財研究所所蔵）

約一五〇ミリの材である（図87）。木の心を外した心去材《しんさりざい》で、両端部は、井桁を組むため、上面を相欠としている。さらに相欠部分に隅柱を立てるための枘穴をうがっている。こうした組み合わせの仕口《しぐち》は建築技術と共通するものである。

さて、これらが井戸を組むために不可欠な仕口であるのだが、井戸の構造には不要の仕口がいくつも見られる。一つは上面中央にあるもので、中央よりやや内側に間柱を立てるための枘穴をうがっている。そして下面には三ヵ所のエツリ穴（図83）が約七〇〇ミリ間隔で並ぶ。また上面・両側面には四ヵ所の欠込《かきこみ》（長さ約一四〇ミリ、幅・高さ約四〇ミリ、図84）が残り、約五九〇ミリ（二尺）間隔で並んでいる。また井桁の一方の端部には、継手の一部と見られる枘の造り出しが残り（図85）、転用前は長い材を構成する一部であったことがわかる。

これらの痕跡をもとに、転用前の部材について検討しよう。まず、井桁下面のエツリ穴の存在が部材の経歴を教えてくれる。エツリ穴とは桁と垂木を緊縛するために桁に設けられる穴で、法隆寺大講堂（正暦元年〈九九〇〉）などにも確認できる。すなわち、このエツリ穴の存在が、ある時期にはこの井桁が桁材であったことを語っているのである。この桁材という解釈は、長い材を構成するための継手の痕跡（図85）とも齟齬はなく、整合が取れる。

そして一定間隔で並ぶ欠込もかつての姿を示す痕跡の一つである（図84）。まず、エツリ穴と欠込が同時期の痕跡であるのか、別時期のものであるのかが問題となる。両者が別時期のもので、欠込は垂木を架けるための垂木掛の痕跡と考えると、棟木の可能性も考えられる（図86）。ただし、この場合には、この材の断面が縦長ではなく、横長（五平の横使いという）となり、構造的には不利な使用方法であるため、この可能性は考えにくい。むしろ欠込とエツリ穴は同じ時期に用いられた痕跡で、桁材に伴う痕跡と考えたほうが妥当であろう。

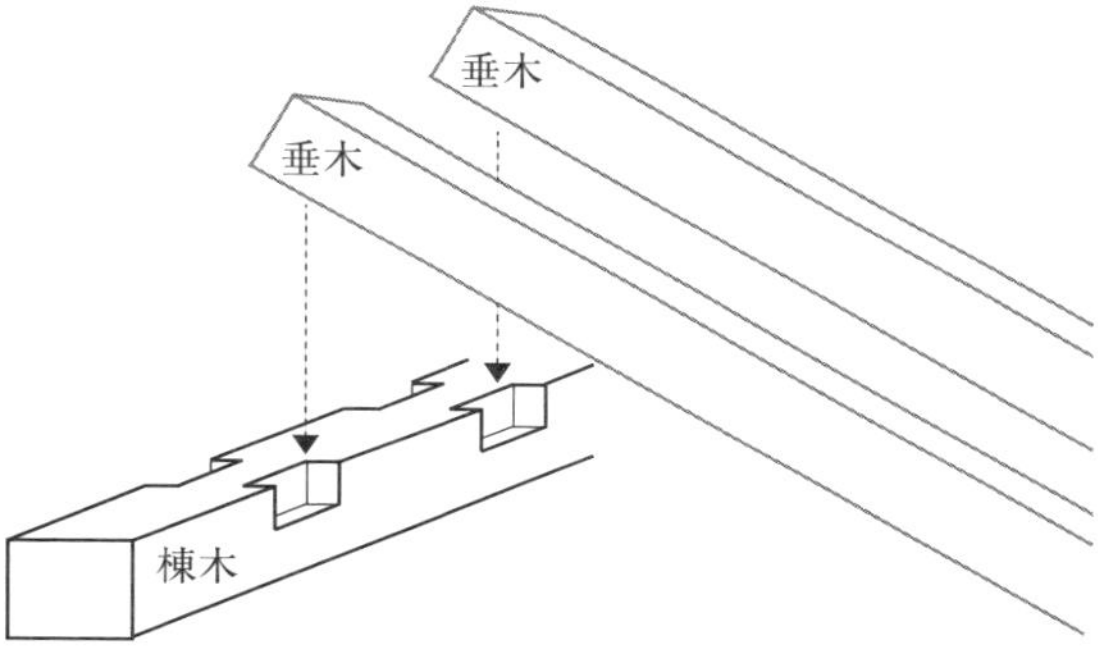

図86　棟木と垂木掛けの欠込

さて、桁材と見て、上面の両側に残る欠込をエツリ穴と同時期の痕跡とすると、この欠込を桁材に伴う天井の痕跡の可能性が浮かんでくる（図84・88）。すなわち、この部材が桁材で、この欠込部分に天井桁を架けると推定できるのである。ただ、桁であるとすると、両側に欠込が施されるのが不可解で、建物の外側にも天井が張られる点は不可解である（図84・87）。この点については、材の表裏を裏返し、欠込を再度、反対側にも施して、使用したと解釈すれば、二ヵ所の欠込が存在するとしても、整合性がとれる。

こうした転用部材から、当時の建築技術を知ること

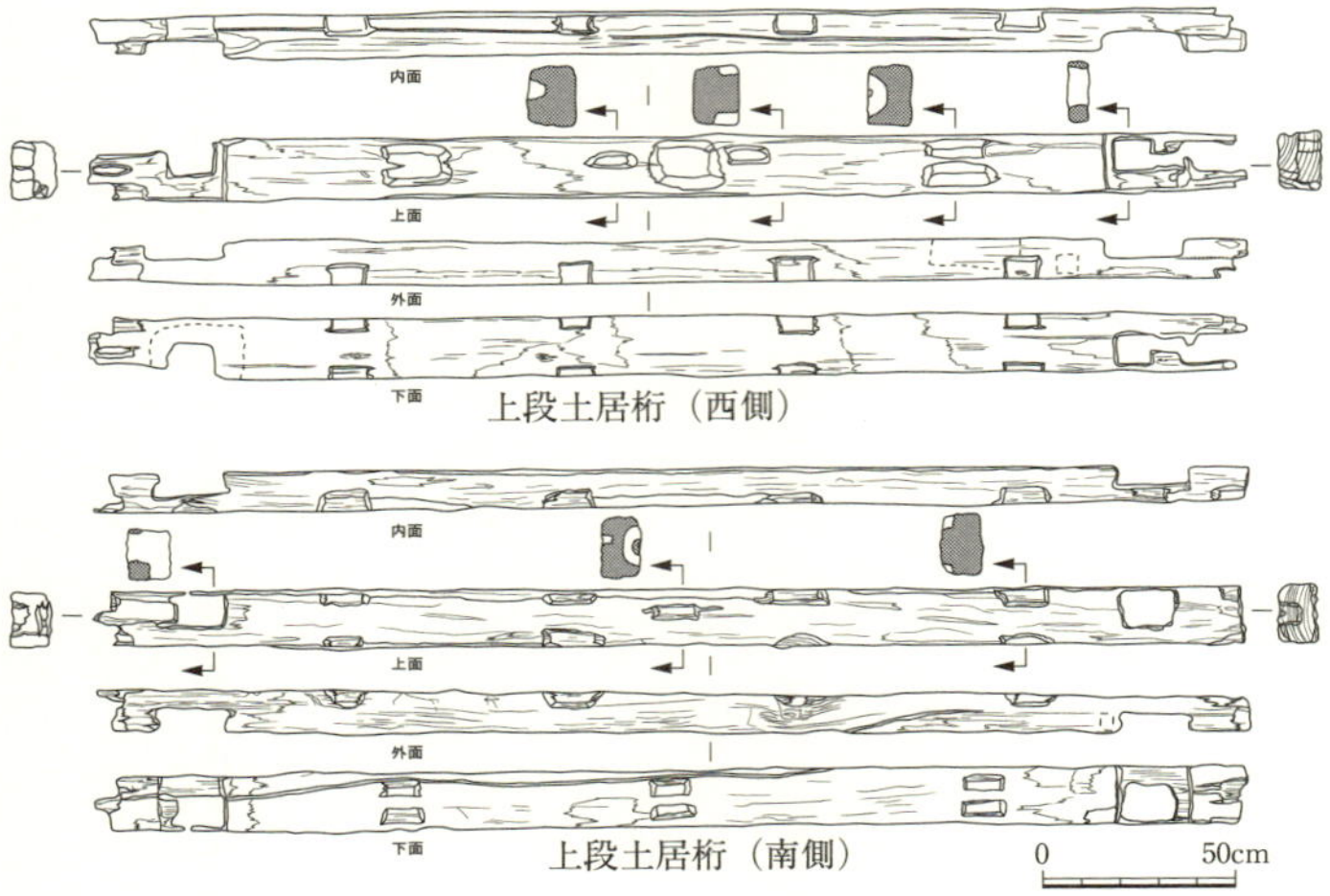

図87　上段土居桁実測図（『奈良文化財研究所紀要2013』）

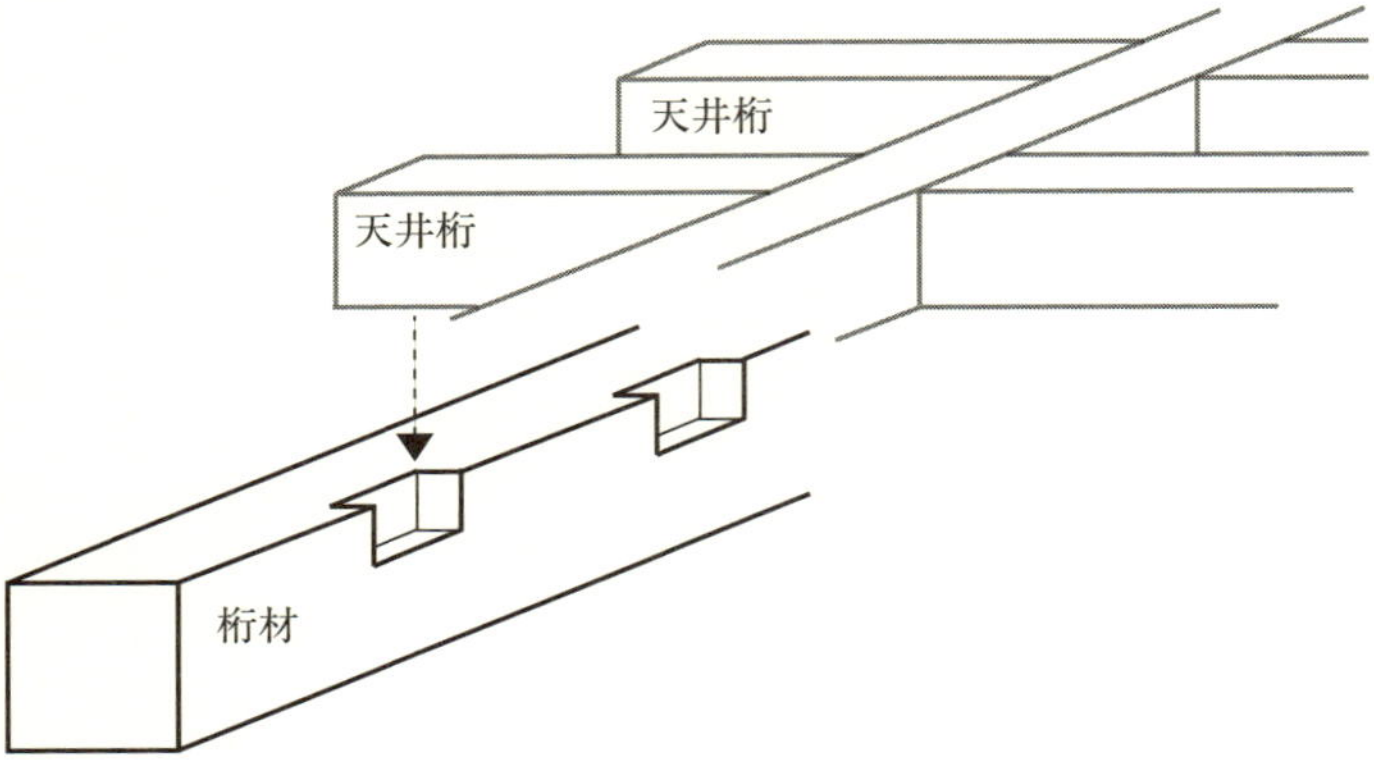

図88　桁の欠込と天井桁の構造模式図

ができるだけではなく、社会状況もうかがえる。木材のリサイクルという行為は活発な都市活動や材料の貴重さを示しており、当時の社会背景も透けて見える。このように、たった一本の木材から、平城京左京三条一坊一坪の性格、かつての建築技術や建物の様子、さらには社会背景までうかがうことができるのである。

図89　平城宮第一次大極殿院出土の木樋

次に木樋に転用された例を見てみよう。これは平城宮第一次大極殿《だいごくでん》院で木樋として再利用されていたものである（図89）。

平城宮第一次大極殿院は東西約一八〇メートル、南北約三二〇メートルの広大な空間で、この空間を築地回廊で囲んでいる（図104）。回廊などの遮蔽施設で空間を囲んだ場合、区画内部の水を区画外へ排水するために、遮蔽施設の地下に排水路を設ける必要がある。この水道管に用いる木の管が木樋である。

さてこの平城宮第一次大極殿院の木樋、本来の機能である水を通すための管には不要の痕跡がいくつか見られ、よくよく見ると、木肌に風食差が

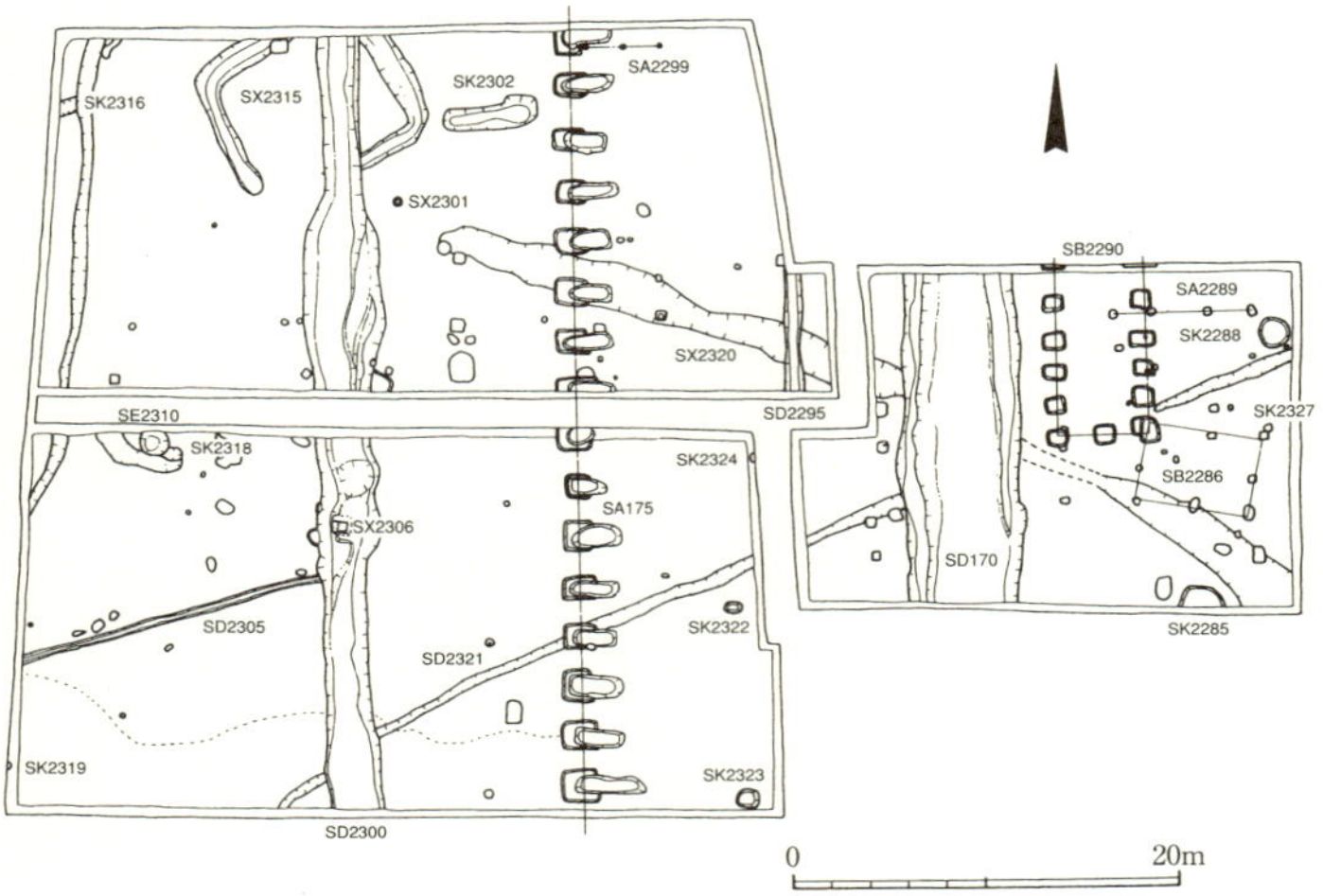

図90　藤原宮大垣の発掘遺構平面図（奈良文化財研究所『飛鳥・藤原宮発掘調査概報９』1979年）

あることがわかる。この風食差は、風食の少ない部分が地中に埋まっていた部分、風食の大きい部分が地上に露出した部分の違いである。すなわち、出土した時には水平方向に用いられていた木樋であるが、その前には、掘立柱として垂直に立っていたと推測できるのである。

　これをもとに、他の痕跡を見ると、上方の柱頂部近くに二方の仕口があり、これは屋根を支えるために柱から延ばした腕木のためのものと考えられる。通常の建物では二方に腕木を延ばす必要はない。この一本の柱の上で屋根は完結するのである。すなわち、掘立柱の塀の柱であったのである。

さて、掘立柱塀そのものは、発掘遺構に多く確認でき、驚くようなものではないが、この出土した木樋は長さ七メートルを超えるものもある非常に長大な部材である。これほど長大な柱を抜き取るには、通常より抜取穴が大きくなる。また、そこまで高い塀を造る場所は特別であろう。

この大きな抜取穴という特徴と合致する発掘遺構が藤原宮で発見されたのである。図90がその発掘遺構の平面図で、柱の抜取穴が柱掘方を壊して外にまで大きく延びている。この発掘遺構の特徴から、長大な柱を用いた、高い塀であったことがわかった。この掘立柱塀は藤原宮の外周を囲む大垣で、防御面に加え、宮殿の威厳を示すため、通常よりも高い塀を造ったのであろう。ともあれ、この遺構と出土した木樋の特徴は共通する点が多く、木樋の転用前は藤原宮の大垣の掘立柱

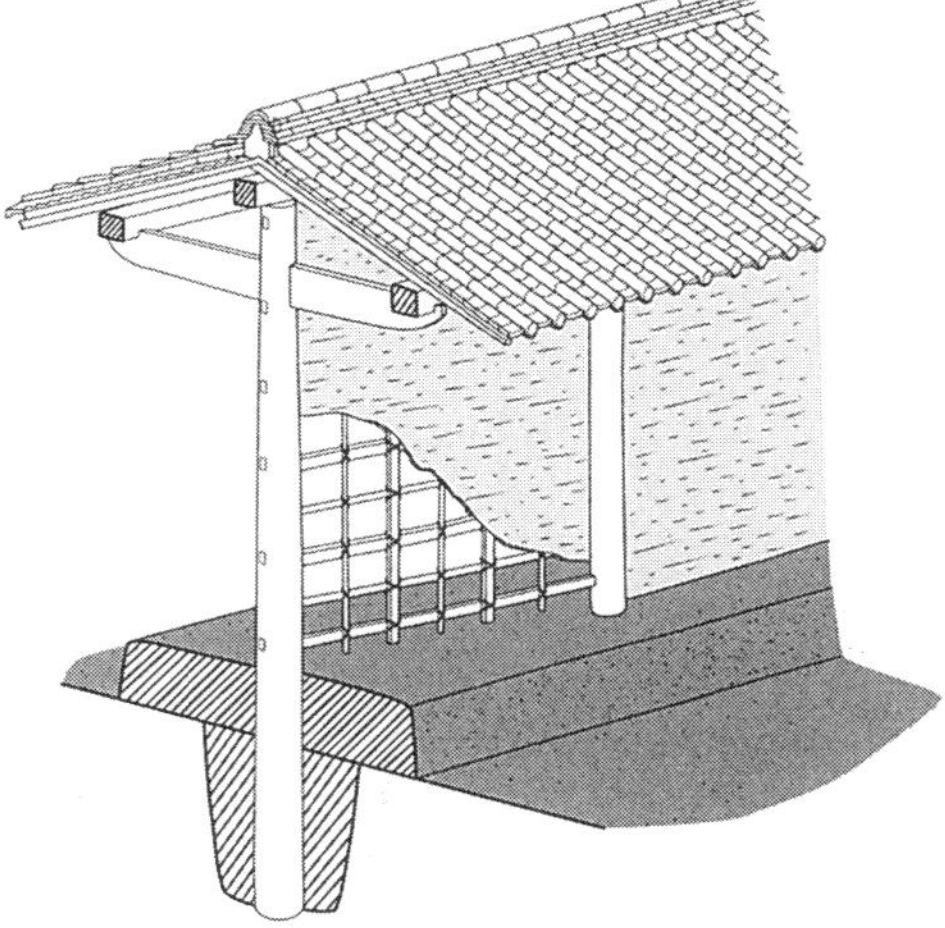

図91　推定される藤原宮大垣の構造（文化庁文化財部記念物課編『発掘調査のてびき』各種遺跡調査編，2013年）

塀の柱であったと推定できるのである。これらの復元考察より、導かれた掘立柱塀の構造が図91である。

この部材の転用は、さまざまなことを教えてくれる。当時の掘立柱塀の建築技術を示す点であることはいうまでもない。これと同等以上に、重要な点がある。すなわち藤原宮から平城宮へ移る際に、建築部材の引っ越しが行われたということである。もちろん、藤原宮の掘立柱塀がそのまま塀として移築されたわけではないが、持統天皇八年（六九四）に藤原の地に都が置かれてわずか一六年で平城京へと遷都するにあたって、建築資材をすべて新規調達するのではなく、藤原宮のものを再利用していたのである。これは造都という一大建設事業に伴って、多くの木材が消費され、再利用できるものは再利用するといった社会の状況を示している。後ほど詳しく述べるが、実は平城宮第一次大極殿も藤原宮大極殿を移築したものと考えられており、宮殿の中枢中の中枢である平城宮第一次大極殿院の完成を急いでいた当時のひっ迫した様子も伝わってくる。

このように、建築部材のリサイクルを通して、当時の建築技術のみならず、その社会背景の一端まで、垣間見えてくるのである。物に溢れ、新品の使用や物の廃棄が当たり前の現代とは全く異なる世界が奈良時代には広がっていたのである。

さて古建築というと、瓦葺の建物を思い浮かべる方も多かろう。これは半分正解である。確かに奈良時代の現存建築を見ると、ほぼすべてが瓦葺の建物である。ただし、奈良時代に存在した建物の多くが瓦葺であったかというと、語弊がある。

瓦と瓦の葺き方

『続日本紀《しょくにほんぎ》』神亀元年（七二四）十一月甲子（八日）条によると、貴族や庶民の家に対して、瓦を葺き、柱に丹《に》（赤色）を塗ることが奨励された。この奨励は意外な都の様子を示している。つまり瓦葺・赤色塗装でなかったからこそこうした奨励が出されたのであり、平城京の多くの建物は非瓦葺であったことを裏付けている。平城京といえば、中国式の都《と》城《じょう》で、朱塗り・瓦葺の壮麗な建物が立ち並んでいたと想像する方も少なくないだろう。しかし実際には基本的に貴族邸宅であっても非瓦葺の建物も多かったのである。その葺材は板葺・檜皮葺《ひわだぶき》・草葺など、さまざまな植物性の葺材である。実際に「西大寺資財流記《さいだいじしざいるき》帳《ちょう》」などの寺院の資財帳にも、これらの葺材の建物が多く確認できる。そのため、これを瓦葺・朱塗りという宮殿や寺院と同じような建物とすることで、都の景観を整えようとしたのであろう。

さて、こう書くと、奈良時代には瓦葺の建物は特別で、この葺き方を知っても仕方ないと思われるかもしれない。しかしながら、檜皮葺や草葺などの手がかりを発掘から得るこ

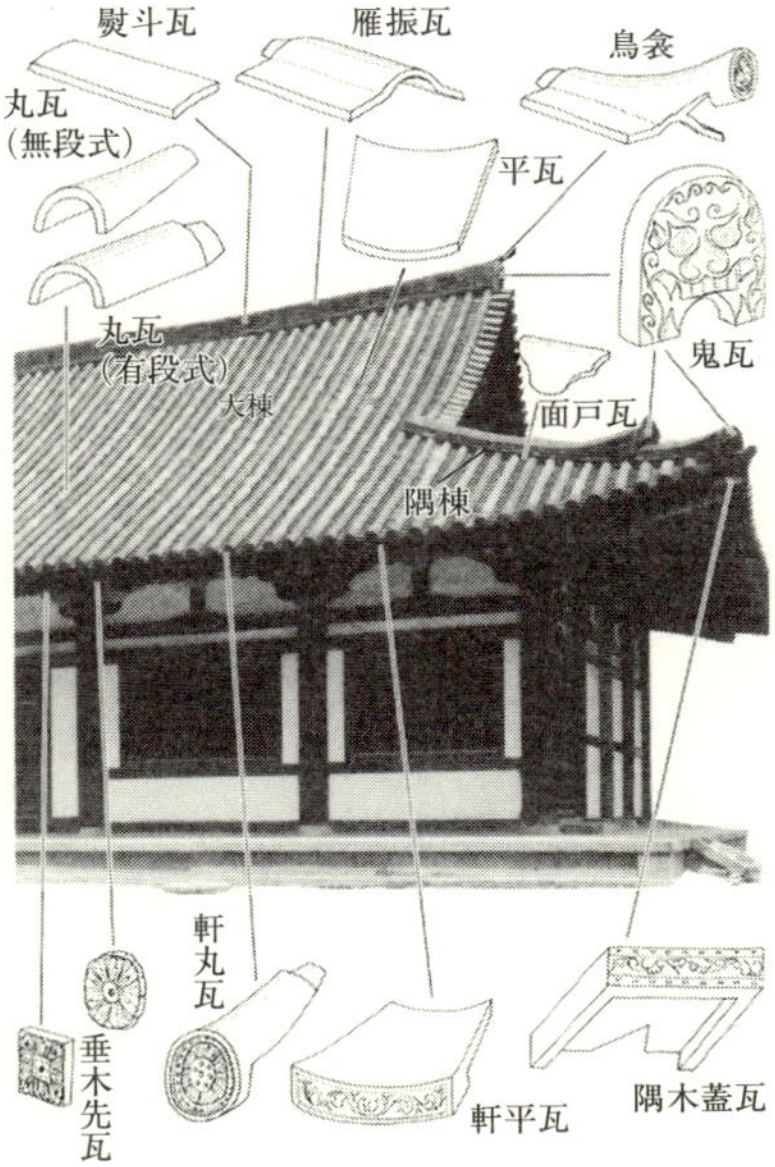

図92　瓦の種類と使用位置（文化庁文化財部記念物課編『発掘調査のてびき』各種遺跡調査編，2013年）

とは困難であるのに対して、寺院や宮殿の発掘調査では瓦が数多く出土し、その屋根の様子を我々に語りかけてくれる。また、現代に復元される建物は、その時代・地域でも特別な建物であることが多く、瓦葺建物が多い。そこで瓦の葺き方を通して、屋根の形を推定する手がかりとなる瓦について見ていきたい（図92）。

基本の瓦の葺き方は丸瓦と平瓦による本瓦葺という葺き方で、出土する瓦も圧倒的にこれらが多い。丸瓦は円筒を半裁した形状で、平瓦は緩い曲率の板状の瓦である。まずは凹面を上にして平瓦を葺き、平瓦同士の隙間を埋めるように、丸瓦を被せるように葺く。そして軒先には文様を付けた軒丸瓦・軒平瓦を使用することが多い。この文様や製作技法は時代によって変化し、その特徴をよく示すため、遺構の年代を知る重要な資料となる。この文様は木製の范型（瓦范《がはん》）をスタンプのように押して造られる。

図93　軒瓦の文様の変遷（文化庁文化財部記念物課編『発掘調査のてびき』各種遺跡調査編，2013年）
1，斑鳩寺・2，山田寺・3，川原寺・4，法隆寺西院伽藍・5，薬師寺・6，東大寺

時代が下るにしたがって、素弁蓮華文《そべんれんげもん》から山田寺式の単弁蓮華文、川原寺式《かわらでら》・法隆寺式の複弁蓮華文など、特徴的なものも出てくる（図93）。そして平安時代後期以降は巴紋《ともえもん》が主流になる。

また軒平瓦は塗装を知る手がかりとなることもある。軒平瓦の下面に赤色塗料が残っていることがあるのである。なぜ、こうした事態になるかというと、木部の塗装は屋根を葺き終わった後に行われるため、瓦を置く瓦座や茅負を塗装する際に、瓦の下面にも塗料が付着してしまうことがあるのである。これらの軒平瓦に付着した塗料から、建物が塗装されていたことがわかるだけではなく、瓦座や茅負といった木部の先端から瓦の先端までの距離がわかる。

さて、この丸瓦・平瓦が屋根の大部分を占める瓦である。大量のこれらの瓦に混じって、屋根の特徴的な部分を葺くための瓦が見つかることがある。次にこれらの瓦を見ていきたい（図92）。

まずは熨斗瓦《のしがわら》・雁振瓦《がんぶりがわら》などで、これらは主に棟に関わる瓦である。熨斗瓦は棟（大棟・降棟《くだりむね》・隅棟《すみむね》）の雨仕舞《あまじまい》に用いる瓦である（図92・94）。特に大棟の熨斗瓦が特徴的で、何枚も瓦を積んで、棟を高くしているのを見たことがあろう。この何段か積んだ瓦が熨斗瓦である。平瓦を半分に割って使うことが多いが、初めから熨斗瓦として製作されたもの

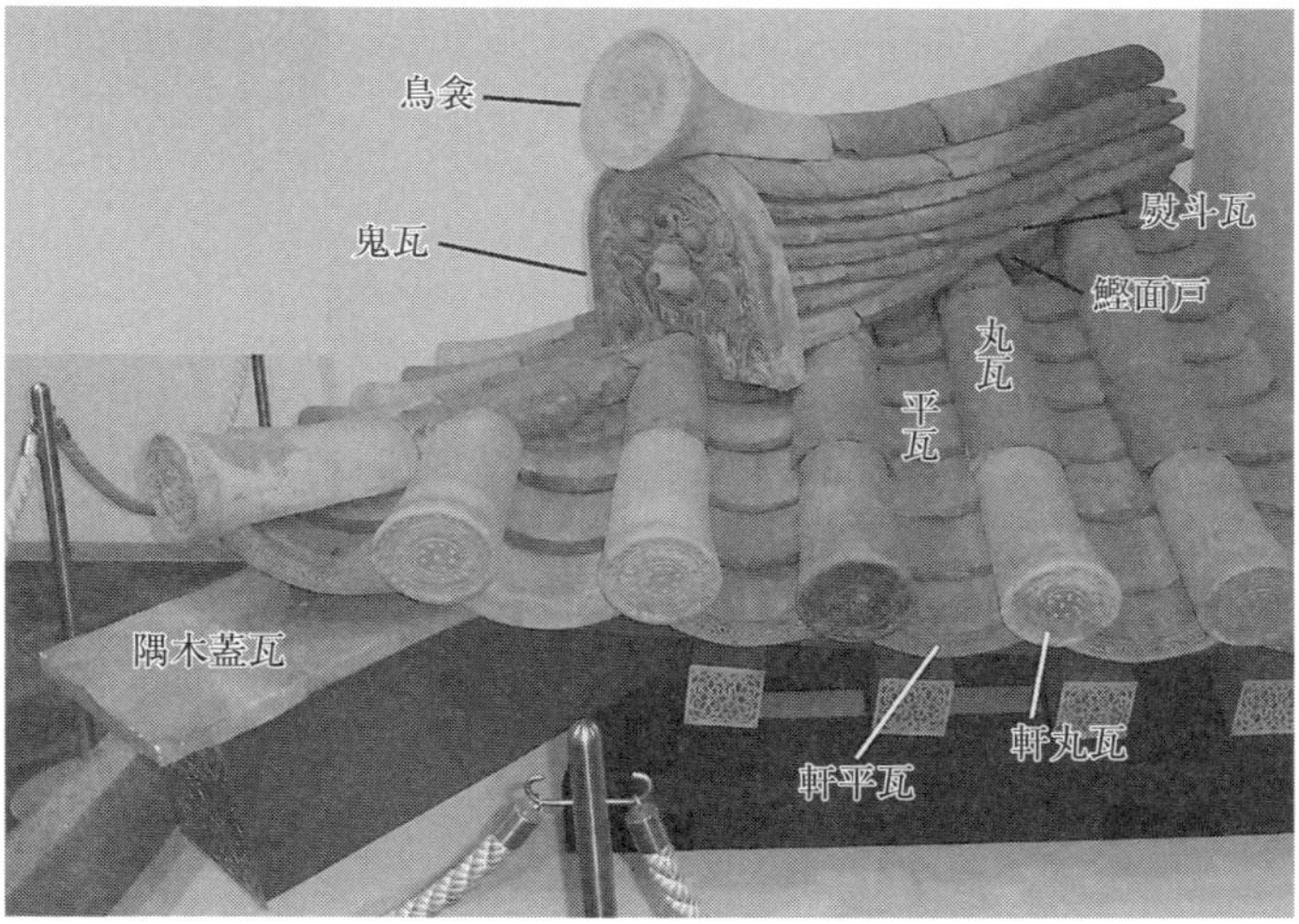

図94　隅の瓦の葺き方（平城宮第二次大極殿隅分復元）

もある。そして、棟の両脇に積んだ熨斗瓦の頂部を覆う瓦が雁振瓦である（図92）。中世以降は専用の瓦を製作されるようになるが、熨斗瓦の間を塞ぐことを目的としているため、古代には丸瓦や平瓦を並べて置く程度であった。

もう一つが面戸《めんど》瓦《がわら》である。前に述べたように、平瓦を下に葺き、その上に丸瓦を葺くため、両者には高さの差が生じる。そのため棟に熨斗瓦を積もうとすると、熨斗瓦とそれよりも低い位置にある平瓦と間に隙間ができてしまう。これを塞ぐ瓦が面戸瓦である。特に大棟に用いる面戸瓦を蟹面戸《かにめんど》といい、ほぼ左右対称の形をしている。これに対して、隅棟に用いるものは左右非対称で、隅面戸や

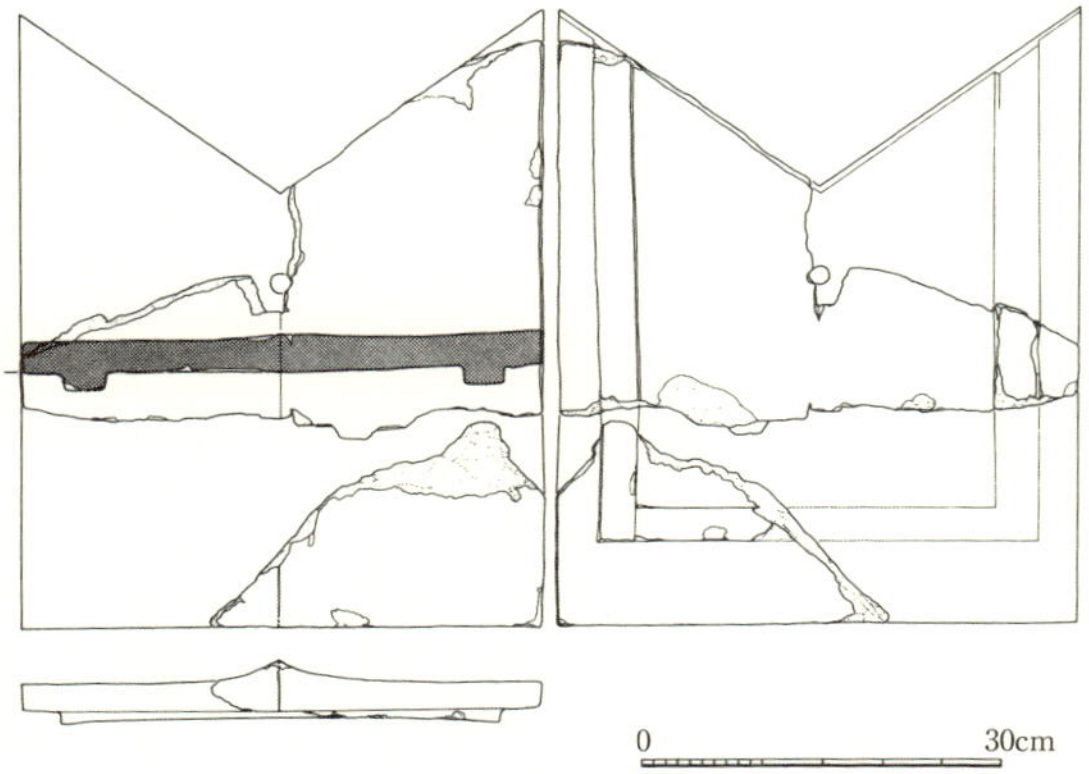

図95　隅木蓋瓦（平城宮第一次大極殿院，奈良文化財研究所『平城宮発掘調査報告14』1993年）

鰹面戸《かつおめんど》という（図94）。丸瓦の製作途中に加工して作ることが多いが、丸瓦を割って面戸瓦とすることもある。この鰹面戸は隅棟に用いられるため、入母屋《いりもや》造《づくり》や寄棟造《よせむねづくり》の屋根を考える一つの材料になる。

さて次に屋根の形状の手がかりとなる特徴的な瓦を見ていこう。まずは隅切瓦《すみきりがわら》である。これは丸瓦や平瓦の隅を切り欠いたもので、基本的に大棟や降棟から斜めに降る隅棟に用いられる。隅棟は入母屋造や寄棟造に用いられるものであるから、屋根形状を知る重要な手がかりとなる。ただし、人為的に割ったものであるのか、廃絶時に割れたものであるのか、慎重な判断が必要であり、研究者の頭を悩ますのである。

そして屋根の形状を直接的に示す瓦は何といっても隅木蓋瓦《すみぎふたがわら》である。隅木蓋瓦は字のごとく、隅木に蓋をして、雨水から隅木を保護するための瓦である（図94・95）。隅木は入母屋造・寄棟造に用いられる部材であるから、屋根形状の推定に直結する重要な資料である。軒平瓦や平瓦を転用することもあり、この場合は、茅負の形状に合わせるために後の部分を三角形に切り欠く。

このほか、棟の端部に飾りを置くこともある。ただし、名古屋城天守のような金のしゃちほこではない。同じく魚を模した鴟尾《しび》である（図96）。鴟尾は沓に似ていることから、沓形《くつがた》ともいう。魚が水面から飛び上がり、尾を水面上に飛び出した姿をしており、水に関連する鴟尾を置くことで、火災を避けるまじないともいわれる。

図96　鳥坂寺（大阪府）の鴟尾（東京国立博物館所蔵）

また鴟尾ではなく、鬼瓦を置くこともある。こちらの方が、目にしたことのある方も多かろう。主に雨仕舞と飾りを兼ねた瓦で、鬼側の上には鳥衾《とりぶすま》がのる。一般的になじみのある立体的な般若面の鬼瓦は室町時代以降に成立したものである。奈良時代には范型による鬼面が出現し、平安時代後期までには鬼面を手作りとするものが現れた。この鬼瓦や鴟尾が棟の端部を飾る瓦である。

このように、多様な瓦があるのであるが、実際に出土するほとんどの瓦は平瓦・丸瓦で、屋根の形状をうかがい知る材料となることは少ない。しかし、膨大な数の瓦の中から、こうした特徴的な瓦を拾い出すことが、当時の建物を解明する第一歩となる。まさに瓦礫の中から一片の宝を見つけ出すような作業である。こうした発掘調査に携わる人々の地道な作業のおかげで、屋根の形状や細部が解き明かされているのである。

発掘遺構と建物をつなぐ

復元のフロー

復元の作業に、まず何が重要かというと、前提条件である。現代の新築の設計でも、建物の敷地・使い方など、前提条件が異なれば、出来上がる建物の形も大きく変わってくる。復元も同じで、前提条件によって、大きく結果は変わってくる。また同じ前提条件であっても、何を重視するかによって、その過程にはさまざまな枝分かれがある。

復元の前段階

発掘遺構を見て、単に誰かの頭の中に浮かんだイメージを描くだけでは、復元とはいえず、出来上がった復元建物に対して、学術的な裏付けもない。もちろん、専門家の頭の中には、発掘遺構を見たときに、ある程度のイメージが浮かんでくるのであるが、そのイメージに至るまでの過程や根拠を十分に説明する必要がある。それがなければ、単なる妄想に過ぎない。すなわち何をもとに、どのように復元建物の形を考えたかということが大切なのである。そのためにも、復元を始めるには、何よりもまず、前提条件の整理が求められる。重ねて述べるが、前提条件が変われば、導かれる復元建物の形も変わってくるからである。この前提条件をもとに、発掘遺構の解釈、建物の骨格・細部の検討を経て、ようやく、復元案の完成に辿り着く。これをフローチャートで示したものが図97である。

前提条件

さて、この前提条件の中でも、最も重視すべきは発掘調査によって得られる情報である。なぜならば発掘調査によって得られた情報は、当時の建物が残した生の情報であるからである。そのため、発掘による情報と復元の結果に齟齬があると、矛盾を抱えた復元建物となってしまう。

もちろん、復元していくうえで、現存建築も参考になろうが、これらの建物は当時、存在した無数の建物のうち、ごくわずか、偶然、残ってきたものであり、そこからわかることは限定的である。胡桃館《くるみだて》遺跡や山田寺《やまだでら》の事例で示したように、現存建築には見られない、我々の知らない建物があった可能性も忘れてはならない。何せ古代の建物の大多数を占めた掘立柱《ほったてばしら》建物は一棟も現存しないのだから。

そうであるからこそ、何を根拠に復元したか、すなわち前提条件の整理こそが、復元の過程そのものと同じかそれ以上に大切なのである。この前提条件がしっかりしていなければ

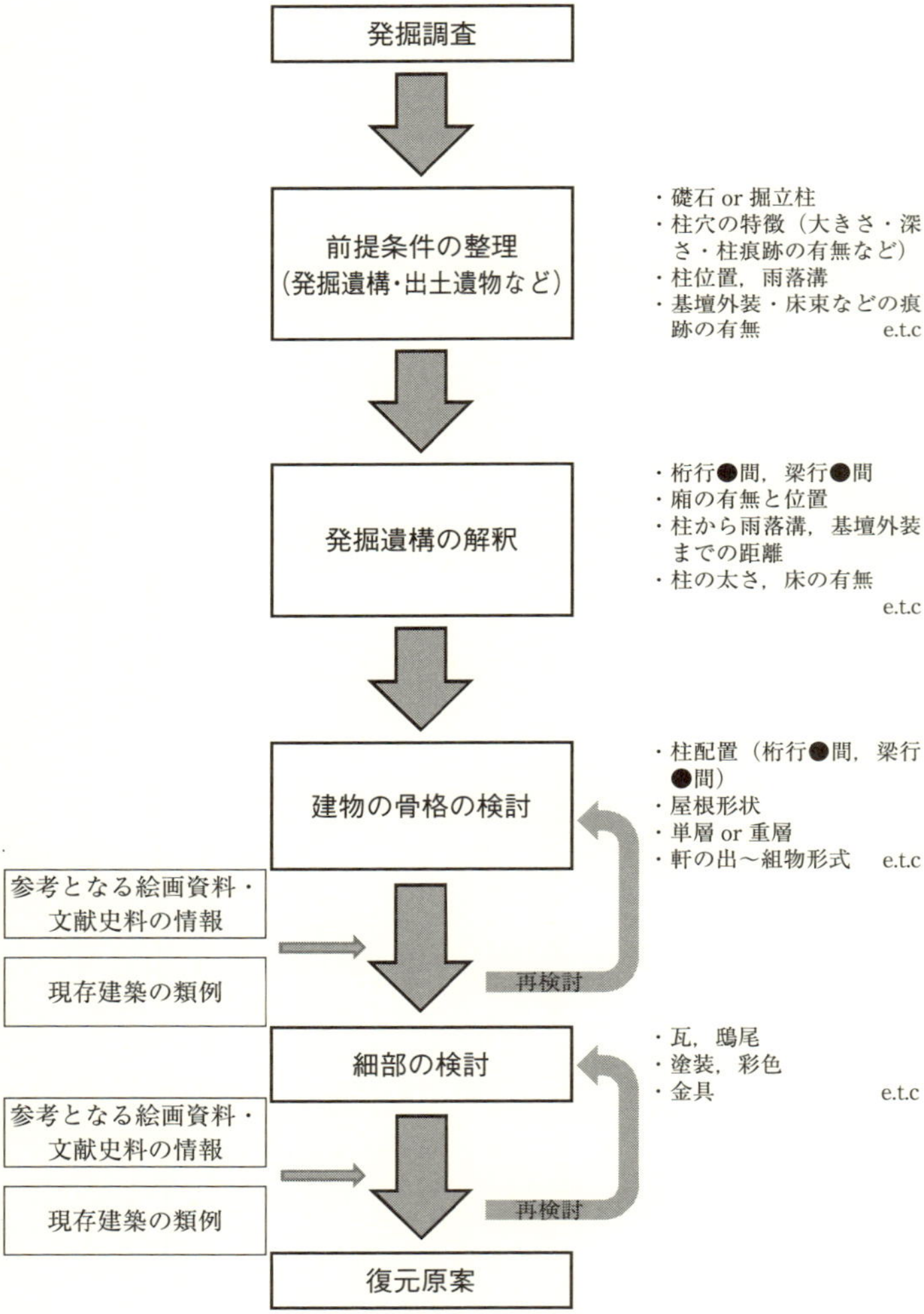

図97　復元過程の概略フローチャート

ば、そのうえに展開した復元も砂上の楼閣となってしまう。

前提条件と同様に、復元の過程を示しておくことも重要である。復元の過程とは、どのように考え、復元案に辿り着いたのかという経緯のことである。後ほど、実例を示すときにも触れるが、発掘遺構から上部の構造を一〇〇％復元することは不可能である。たとえ、山田寺東面回廊のように、倒壊した部材が出てきたとしても、である。個々の部材のプロポーション（木割《きわり》）、軒の反り上がり、木材・瓦の個々の寸法のばらつきなど、建てるときの施工誤差まで復元することが困難であることは想像に難くないであろう。そうであるからこそ、前提条件と復元過程を示し、どの程度まで確からしいかということが重要なのである。

検出遺構・出土遺物の情報整理

前提条件の中でも、建物そのものが残した痕跡、すなわち発掘遺構の情報の整理は最重要である。これらの建物全体の規模や柱配置、柱《はしら》間寸法《ますんぽう》などの建物の平面に関する情報は復元するために不可欠である。

建物の形を考えるうえで、柱の位置は建物の基本中の基本である。掘立柱の場合、抜取《ぬきとり》穴《あな》や柱痕跡の断面の観察や柱根《ちゅうこん》から柱の太さがわかる。礎石の場合も、柱ののる部分を高くした造り出しのある場合はもちろん、礎石の上面に柱が接していた痕跡（アタリ痕跡）が残っていることがあり、ここから柱の太さがわかる。また、基壇《きだん》の大きさや雨落溝《あまおちみぞ》の位置なども上部構造を考える重要なパーツである。こうした発掘遺構の平面的な情報だけでなく、地盤改良である地業《じぎょう》などの情報も建物の性格や構造を考えるのに役立つ。

発掘遺構だけではなく、出土遺物も過去の建物の一部であるから、もちろん、これらの情報を確実に押さえておく必要がある。例えば瓦が出土すれば、屋根が瓦葺であることがわかるし、檜皮《ひわだ》や葺板が出土することもあろう。これらは単に建物の屋根の葺材《ふきざい》を示すだけではない。草葺であれば、瓦葺や檜皮葺よりも勾配の急な屋根とする必要があり、屋根の形にも影響してくる。さらに瓦に関しては、前に述べたように、隅切瓦《すみきりがわら》・鰹面戸《かつおめんど》・隅《すみ》木蓋瓦《ぎふたがわら》などが出土すると、隅のある屋根形状（入母屋造《いりもやづくり》もしくは寄棟造《よせむねづくり》）が想定できる。

また、隅木先金具や垂木《たるき》先金具などが出土すれば、その大きさから部材の断面寸法がわかり、相輪《そうりん》が出土すれば、五重塔などの層塔の存在をうかがい知ることができる。このほか建築部材が出土することで、上部構造の具体的な構造を推定することも可能になろう。

こうした発掘遺構・出土遺物は建物と直接つながる痕跡で、復元の前提条件として、最重要かつ、最大限に尊重する必要のある情報である。そのため、復元される建物は、この前提条件を満たしていることが必須であり、こうした意味でも、前提条件の整理が復元の出発点なのである。

さて、図97に示した復元フローであるが、実際には、すんなりと復元の最終案に至ることはほとんどなく、一筋縄でいくものではない。もちろん、すべての条件が合致するような復元案が順調に完成することもあろうが、多くの場合、紆余曲折を経ている。そして、そこには研究者や技術者の汗と涙が詰まっている。

トライ&エラー

例えば、礎石建物の場合、礎石の痕跡が失われ、礎石建物に伴う基壇の大きさのみ、わかっていることも多く、柱の位置ですら、前提条件とならないこともある。そのため、復元していく過程で、当初想定した柱位置をもとに考察していくと、組物や軒《のき》の出《で》の観点から、齟齬が生じることもある。こうした場合、柱位置の検討まで立ち戻って、考え直す必要があるのである。

さらに、時には、発掘遺構を再解釈することや復元資料を得るために、再度、発掘調査を行うこともある。この発掘調査の際には、ある程度、具体的に上部構造を考えており、明確な目的とある程度の確度の高い推定をもって、調査に臨めるため、精度の高い学術成果が期待でき、得られる情報も多い。

また設計段階で、図面を描くには問題がないが、実際に建てるために、構造計算をすると、建物として成立しえないものであった、ということもある。そのたびに、前提条件を踏まえつつ、設計作業を何度も何度も繰り返すのである。

このように、まさに、実験室で、試行錯誤を繰り返すように、トライ&エラーを繰り返しながら、少しずつ、復元建物の完成に近づいていくのである。

さて、復元のフロー、すなわち、前提条件の整理と考察の過程の提示、結論（復元された姿）というプロセスは、高度な思考・検討であり、学問の手順そのものである。それゆえ、この一連の復元の過程は、単なるプロジェクトの検討過程に留まるものではなく、いわば「復元学」ともいうべきものである。

学問としての復元

もちろん、これまでも、建物を復元する過程で、副産物として多くの学術的な成果が生まれてきたが、あくまで主体は建物を復元すること、それ自体が目的であった。また、事例紹介するように、昭和初期までの復元では、復元の手法の確立もままならない中での作業であった。いうなれば、建てることが復元の主目的であり、復元を真正面から学問としては捉えてこなかったのである。もちろん、復元には遺跡を視覚化するという目的があり、これ自体を否定も肯定もするつもりはない。しかし、復元過程における建物の上部構造を考える行為は、それ以上の可能性を秘めているのである。

その中でも復元の前提条件・考察過程・導かれた形を示すことは、特に学術的な意義が大きく、これが「復元学」の具体的な一連の手続きといえよう。この「復元学」という学問は、各地で復元が行われ、前提条件・考察過程・導かれた形という一連のプロセスが蓄積してきた今だからこそできるものである。そして、この一連の過程は、必ずしも、実地に建てなくてもできるもので、極端な話をすれば、紙と鉛筆があれば、基礎的な作業は可能である。

さて復元を学問として捉える「復元学」の大前提をここでは述べたが、現在のところ、この復元のプロセスが十分に確認できることは多いとはいえない。ましてや一般の方々の目に触れることはほとんどなかろう。しかし、前提条件や復元考察の過程を明示しておけば、第三者、あるいは後世の人が復元を検証することも可能である。これは学問として最低限、必要なことで、やはり密室の実験室の作業は不適切なのである。そして、復元建物を目にする時にも、発掘遺構と結び付けて考える手がかりとして、復元過程があることで、より遺跡に対する理解も深まろう。

復元をサポートする資料

さて、復元には発掘遺構や出土遺物の情報が最重要であることは、おわかりいただけたと思うが、これだけでは不十分である。なぜならば、発掘遺構や出土遺物は、かつての建物のほんの一部分を示す情報に過ぎないからである。そのため、具体的に復元していくには、さまざまな参考資料の助けがいる。その参考資料の一部をここでは紹介したい。

復元の参考資料

まず何といっても、参考となるのは現存する古建築である。世界的に見ても、古代の木造建築がこれほど多く残っている地域は日本を置いて他にはない。これは復元において非常に有利な条件である。中国であっても、唐代の木造の建物は南禅寺仏殿（七八二年）・仏光寺東大殿（八五七年）・広仁王廟《こうにんおうびょう》大殿（八三一年）など、数棟に限られるし、韓国では、修徳寺大雄殿・浮石寺無量寿殿などが残るが、最古の鳳停寺極楽殿でも、一二世紀頃のものとされている。このように、日本は現存する古建築の事例の豊富さが際立っており、これを利用しない手はないのである。ただし、現存建築が偶然の産物として、現代まで残ってきたという、歴史のいたずらの結果であることは忘れてはならないのであるが。

現存建築だけではなく、類似する発掘遺構も、建物の平面情報、構築方法、建物の性格の観点から、重要な参考資料となることがある。例えば、倉庫群の建ち並ぶ一画の形成、門の位置や規模などである。もちろん、現存建築に比べると、上部構造に直結する情報ではないが、歴史の潮流の中で失われた多くの古建築の情報を伝える貴重な資料である。古代の現存建築が増加することはなかろうが、発掘による情報は日々増えるのであるから、これは看過すべきものではない。

このほか、文字で建物の情報が記されることや、描かれた建物、建築を象った小建築など、多くのものが復元の参考になる。日本には、古代の寺院の財産を記した資財帳などを筆頭に、近世の大工技術書など、特に多くの文献が残っている。同じく、絵巻物・参詣曼《さんけいまん》荼羅《だら》などの絵画資料、海龍王寺《かいりゅうおうじ》五重小塔などの小建築など、多くのものが参考になる。これらについては、現存建築とは異なり、日本に限らず、中国にも豊富な資料があり、北宋時代に編纂された建築の技術書である『営造法式《えいぞうほうしき》』（一一〇三年）、敦煌莫高窟《とんこうばっこうくつ》の壁画などが有名である。ここでは、古代日本の事例の一部を紹介したい。

現存建築・発掘遺構　まずは、復元対象と同時代の現存建築についての情報を整理しておく必要がある。発掘遺構は建物の痕跡であるから、現存するものがあれば、これが参考になるのはいうまでもなかろう。

例えば、塔であれば法隆寺五重塔や薬師寺東塔など、倉庫建築であれば現存する校倉《あぜくら》や古式を残すと考えられる伊勢神宮の板倉など、二重の建物であれば法隆寺金堂や中門、平屋の三間門（八脚門）であれば法隆寺東大門や東大寺転害門《てがいもん》（図98）など、同じ建築形式の建物が非常によい参考となる。ただし、発掘遺構の位置・規模・特徴や遺物などの条件が完全に現存建築と一致することはほとんどなく、建物の大枠を示すに留まらざるをえない。さらに山田寺東面回廊や胡桃舘遺跡のような、現存建築にはない建物の可能性も頭の隅に置いておかねばならない。

現存建築を参考にする際には、社会的な位置付けの似た事例が参考となる。なぜならば、同じ時代であっても、建築を造る社会背景が異なれば、その規模や荘厳方法は大きく変わるからである。加えて、地域ごとに独自の技術を用いることも少なくない。ゆえに、社会的な位置付けや地域性も考慮すべき、重要な要素なのである。貴族邸宅を復元する参考に、庶民の民家を用いるとしたら、やはり違和感を覚えるであろう。

奈良時代の復元となると、奈良に残る建物を参照せざるをえないが、時代が下れば、各地に建物が残っており、これらが参考となるのである。一例としては、使用されている樹種などは、部材ごとの樹種の使い分け、時代性のほか、植生の範囲による制限から、地域性も確認できる。部材ごとの使い分けとしては、現存する古代建築の解体修理と発掘調査により、現存建築には柱をはじめとする多くの部材にヒノキが多く用いられているが、掘立柱の柱根にはコウヤマキが多用されていることが発掘調査からわかっている。また同じ建物でも、薬師寺東塔では、基本的にはヒノキを使用するが、荷重の大きくかかる大斗《だいと》・隅の肘木《ひじき》は硬いケヤキ材である（図99）。時代性でいえば、古代にはヒノキが多く、中世にはマツやスギなどの使用も増加し、近世にはケヤキが好んで用いられるといった傾向がある。これらは人間活動が活発化したことによる山林資源の変化や道具の発達

図98　東大寺転害門

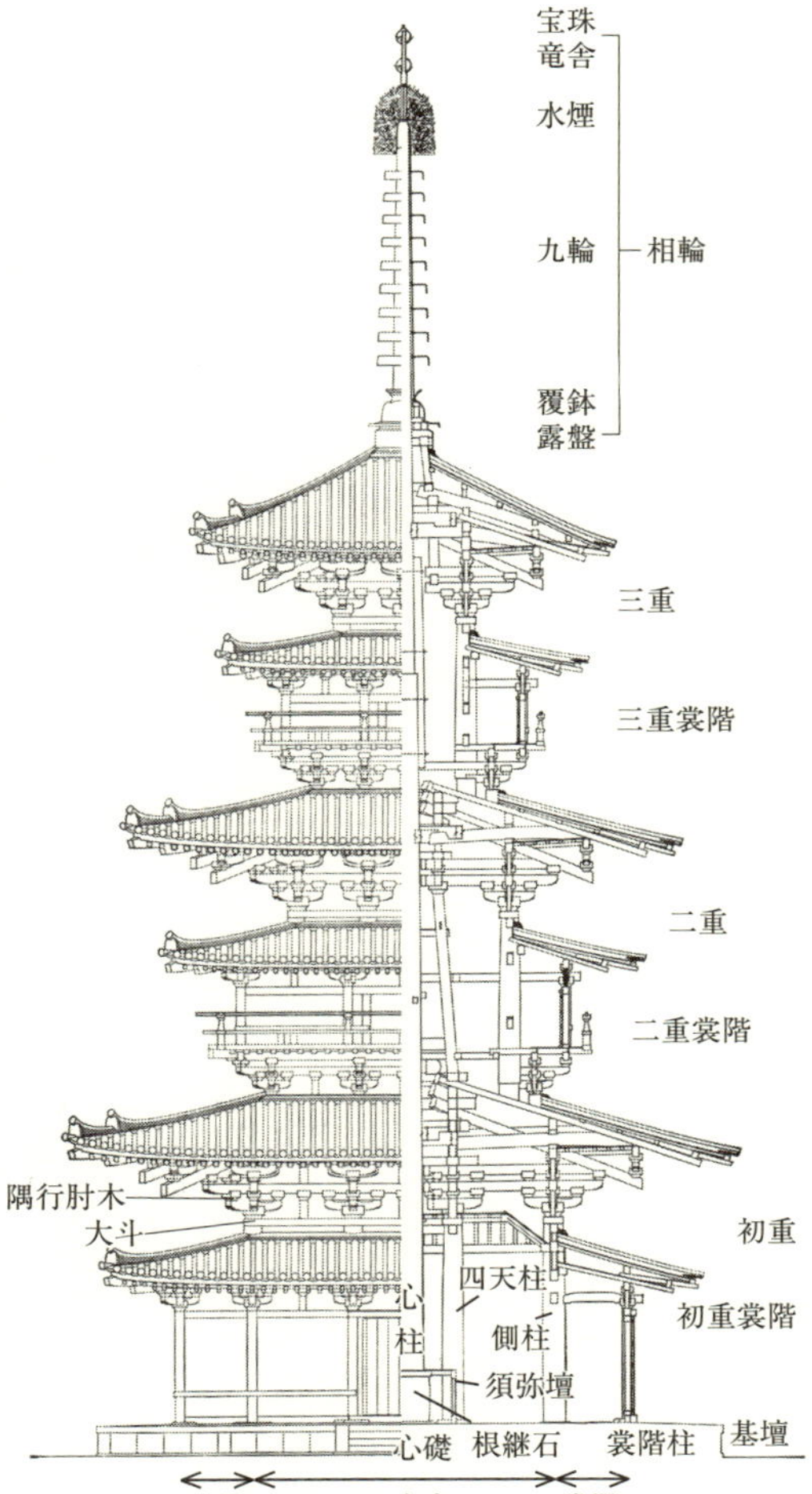

図99　薬師寺東塔に使われるケヤキ（奈良文化財研究所『国宝薬師寺東塔基壇 国宝薬師寺東塔保存修理事業にともなう発掘調査概報』2016年を一部改変）

など、各時代の周辺環境が大きく影響している。植生の制限の例としては、ヒノキなどは、福島県付近が植生限界とされ、それ以北ではヒバが多くなっており、こうした傾向は現存建築の使用樹種にもうかがえる。こうした現存建築の特徴は復元において、参考になろう。

現存建築と同じく、発掘遺構が参考となることもある。例えば、寺院の金堂などの場合、礎石の痕跡が失われ、柱位置がわからないことも多いが、他の金堂の発掘遺構が柱間の大きさや建物規模、隅の柱から基壇の端までの距離など、ある程度、参考になることもある。

このように、建物に直接、関わる痕跡である発掘遺構や現存する建築は、復元する際には強力な武器となる。一方で、失われた建物、例えば、奈良時代の宮殿や神社などは現存しないから、現存建築以外から情報を集めてくる必要があるのである。

記された建物

建築情報の記される建物は主に中央の大寺院などに限られるが、その情報量は少なくない。日本の現存建築の残存状況は良好であるとはいえ、長い歴史の中で失われてしまった建物の方がはるかに多いのであるから、こうした記述から得られるものは多い。

寺院の財産を記した資財帳がその筆頭で、ここにある建築に関する情報は豊富である。寺院の縁起などとともに、屋根の葺材をはじめ、寸法や屋根が二重であるかどうかまで、記されることもある。これらの情報が発掘調査の成果とピッタリと一致する例も多く、古代建築の実情を知る重要な資料である。

例えば、「西大寺資財流記帳《さいだいじしざいるきちょう》」には、それぞれの寺院の区画が記され、その内側の建物について、葺材・建築形式・寸法まで、詳細に記されている。「薬師金堂一宇」など、建物名が記されることもあるが、「瓦葺甲双倉」「西檜皮厨《くりや》」「草葺板倉」など、多くの建物

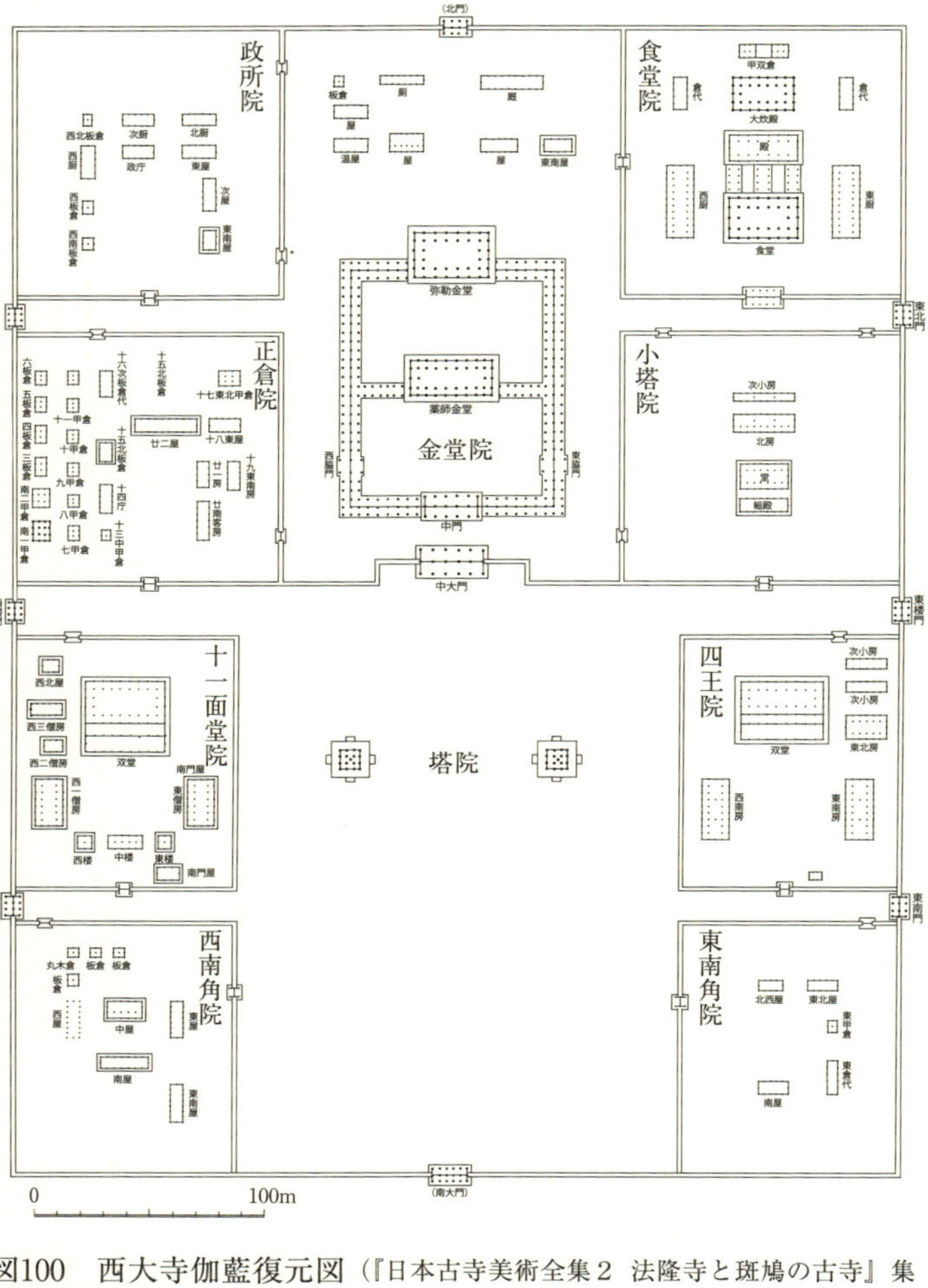

図100　西大寺伽藍復元図（『日本古寺美術全集２　法隆寺と斑鳩の古寺』集英社，1979年）

は葺材＋建物形式といった具合に記される。これらの記載から、伽藍《がらん》配置を詳細に復元することもできるのである（図100）。

同様の性格の資料に、各国の国府《こくふ》に赴任した国司の引継文書である交替実録帳がある。特に有名なのが「上野国交替実録帳《こうずけのくにこうたいじつろくちょう》」（長元三年〈一〇三〇〉頃）である。この文書では、国司の交替の際に、上野国（現在の群馬県）の各郡の資産を、品目ごとに名称・員数・法量を掲げて前回の交替時の検査と現況を比較して記している。そして項目ごとに、破損の状況およびその理由を掲げ、すでに無くなってしまったものについては、前回に作成された記録を引用して、「無実」と記して、現状と比較する形式で書かれている。前回と同じ場合には「今検同前」と記している。このようにして、国司交替の際に、資産の引継ぎのチェックを行っていたのである。

この中に各郡の建物の様子も記されているが、近年、発掘によって、この文書と合致するような発掘成果が得られている。

まず一つ目は、佐位《さい》郡の建物で、ここには「八面甲倉」という記載がある。甲倉は校倉のこととみられ、八面は八角形の平面を示すものと推定されていた。これが三軒屋《さんげんや》遺跡（伊勢崎市）で、まさにそのままの平面の遺構が検出されたのである（図101）。

同じく、新田郡については、郡庁《ぐんちょう》の建物群が以下のように、記されている。

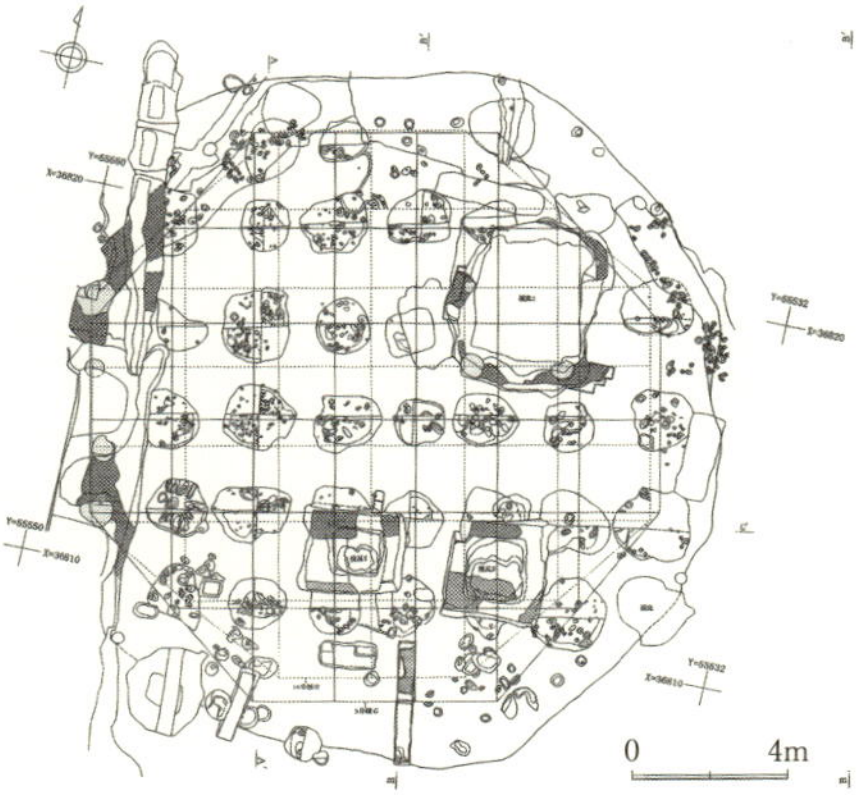

図101　佐位郡八面甲倉の遺構平面図（伊勢崎市教育委員会『伊勢崎市文化財調査報告書第106集　三軒屋遺跡―総括編―上野国佐位郡衙正倉院発掘調査報告書』2013年）

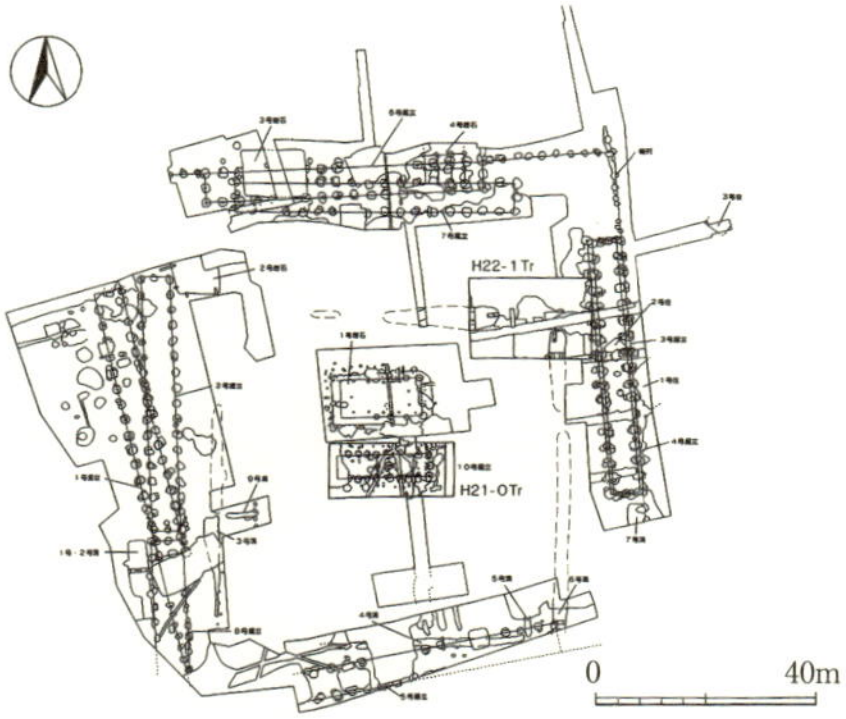

図102　新田郡庁遺構平面図（太田市教育委員会『天良七堂遺跡３　平成21～23年度新田郡庁の確認調査報告書』2012年）

新田郡（中略）

郡庁

東□屋一宇　西長屋一宇　南長屋一宇

□□屋一宇　公文屋一宇　厨一宇（後略）

この記述から、郡庁の東西南北の四面に「長屋」が廻り、またその内部には公文屋という建物が存在したと推察されていた。三軒屋遺跡と同じく、やはり上野国新田郡庁跡（太田市）で、この記述と一致するような建物配置が、発掘によって確認されたのである（図102）。まさに四方を長屋で囲んだ空間を構成していたのである。

もちろん、こうした事例は少なく、文献の記述が残っていないところも多い。しかし、発掘成果と文献の記述が一致することで、文献の情報が信用できるものとわかり、これが過去の建物群の様相に迫る強力な武器として、使えることがわかったのである。

こうした財産や資産に関する文献だけではなく、日記に建物のことが記されることもある。もちろん、日常のことを記した日記にも、建物のことが記されることもあるが、ここで紹介する南都七大寺に関する日記は、少し特殊なものである。

周知のように、平安時代以降、都は平安京に遷り奈良の地を離れたが、東大寺・興福寺をはじめとする諸大寺は奈良に留まり、南都は仏教の地として存続した。この南都の七大寺を平安時代後期に大江親道《おおえのちかみち》が巡礼した時の記録が『七大寺《しちだいじ》巡礼《じゅんれい》私記《しき》』である。この時に奈良の寺々の様子を記しており、ここに建物の記述もある。これがやはり発掘成果と一致することが多く、建物の形を考えるのに一役を買っているのである。

例えば、薬師寺の金堂について、「重閣各有二裳層一、仍其造様四蓋也」とある。もちろん、これだけでは、何のことかさっぱりわからないが、同じく東塔について、「毎レ層皆有二裳層一」と記されており、現存する薬師寺東塔の姿と比べると（図99）、この表現は各層に裳《も》

図103　復元された薬師寺金堂

階《こし》（裳層）が付く姿を意味していることがわかる。この記述と現存建築の比較から、薬師寺金堂の「重閣各有二裳層一仍其造様四蓋也」は、重層で、各層に裳階があり、まるで四重の屋根のようであるということを表現したものと解釈できる。これらと発掘成果を踏まえて、現在、薬師寺金堂は二重で各層に裳階の付いた形に復元されている（図103）。

また木簡に建物名や部材名が記されることもある。平城宮中央区東側で検出した南北基幹排水溝SD3715の堰《せき》SX8411から出土した木簡（神亀～天平）に「東高殿」「西高殿」「作高殿料」「枚桁」などの記述がある。「高殿」はもちろん、楼閣を示しており、枚桁は平桁のことで、楼閣の上層に用いられる高欄《こうらん》の横材の名前で、この基幹排水溝の周辺に楼閣が存在したことを示唆している。この楼閣は平城宮第一次大極殿《だいごくでん》院の南面の東西楼と推定されている（図104）。

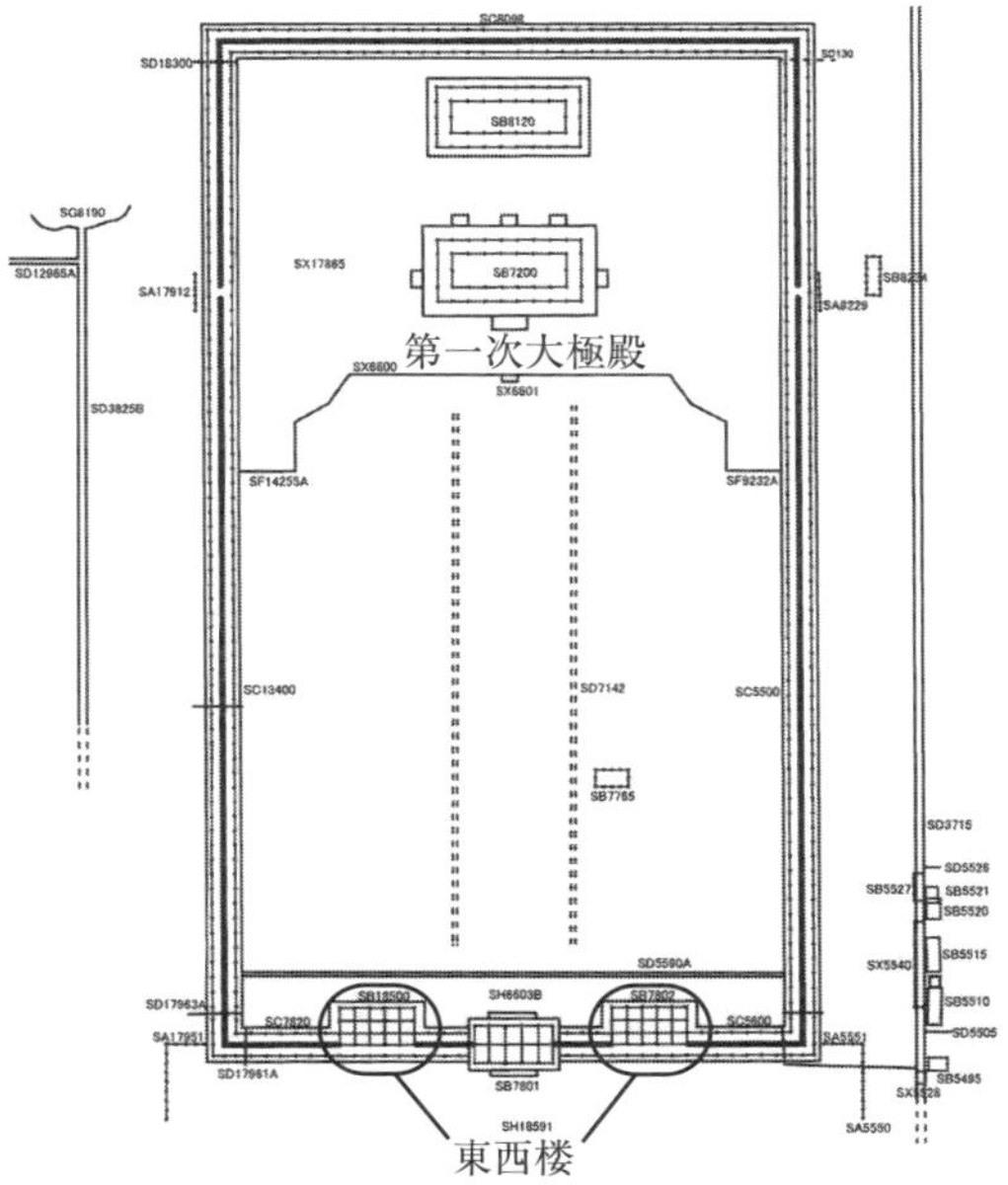

図104　平城宮第一次大極殿院の東西楼（奈良文化財研究所『平城宮発掘調査報告17』2011年に加筆）

描かれた建物

絵画資料にも多くの建物が描かれており、これらも復元の貴重な材料となる。この絵画資料には絵巻物・仏教絵画・木簡・線刻画など、さまざまな種類のものがある。順に見ていきたい。

絵巻物は物語や説話などを題材として作成されたもので、建物の姿そのものを描くことを目的としたものではないが、多くの情報が詰まっている。特に現存しない建築形式や種別などは、絵巻物の描写がより、重要なのである。

例えば宮殿。日本には古代宮殿の系譜を結ぐ建物はそのままの形では現存しない。それゆえ、『年中行事《ねんじゅうぎょうじ》絵巻《えまき》』『伴大納言《ばんだいなごん》絵詞《えことば》』（図105）などに描かれる、平安宮の描写が非常に有効である。現存す

図105　『伴大納言絵詞』に描かれた平安宮会昌門

る建物がないからこそ、こうした建築の描写が、古代の宮殿の様子を知る貴重な手がかりとなるのである。同じく、寝殿造《しんでんづくり》も現存しないため、貴族邸宅を描いた『源氏物語絵巻』『紫式部日記絵巻』『枕草子絵巻』などは、貴族の日記とともに、建物の様子を知る手がかりとなる。また『一遍上人《いっぺんしょうにん》絵伝《えでん》』や『法然上《ほうねんしょう》人《にん》絵伝《えでん》』などの絵巻も、現存建築がない地方の庶民の建物を描写した貴重な情報源である。

次に仏教関連の絵図を見ていきたい。仏教絵画というと、曼荼羅を思い浮かべる方も多かろう。もちろん、曼荼羅も仏教絵画の代表的な存在であるが、仏教絵画は仏教を題材としたものを指すため、これ以外にも、さまざまなものがある。法隆寺金堂壁画や中国敦煌莫高窟の壁画などがその一例である。

まず、曼荼羅を見ていこう。曼荼羅は特に密教における仏の悟りの境地や世界観を視覚的、象徴的に記したものである。

　その一つである「法華堂根本曼荼羅《ほっけどうこんぽんまんだら》」には建物が描かれている（図106）。二階建の楼閣が三棟描かれており、中心の建物は寄棟造、その両脇は入母屋造である。現存する古代建築に寄棟造の楼閣は存在しないが、この描写はかつて、こうした建物が存在した可能性を示している。中国の墳墓壁画や敦煌莫高窟壁画などにも、寄棟造の楼閣が描かれており、一定の信頼は置けよう。また寄棟造と入母屋造を描き分けていることから、中心建物の屋根形状である寄棟造の優位性がうかがえる。

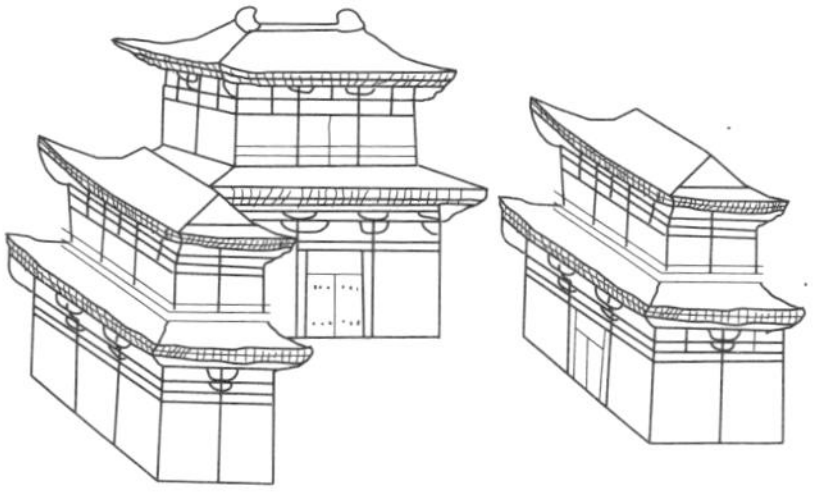

図106　「法華堂根本曼荼羅」（奈良時代）の楼閣群（『奈良文化財研究所紀要2016』）

　このほか、参詣曼荼羅にも多くの建物が描かれる。参詣曼荼羅は参詣者の勧誘や霊場案内を目的としたもので、神社・寺院の様子を描く。鎌倉時代のものであるが、「春日《かすが》宮曼荼羅《みやまんだら》」は、描写が細かく、情報に満ち溢れている（図107）。

　春日大社の一ノ鳥居から本殿までの参道を中心に、瓦葺の五重塔や檜皮葺の諸施設群などの建物が描かれる。左下に二つの五重塔が描かれ、このうち、春日西塔（「殿下御塔」ともいう）は永久四年（一一一六）に関白藤原忠実《ただざね》の

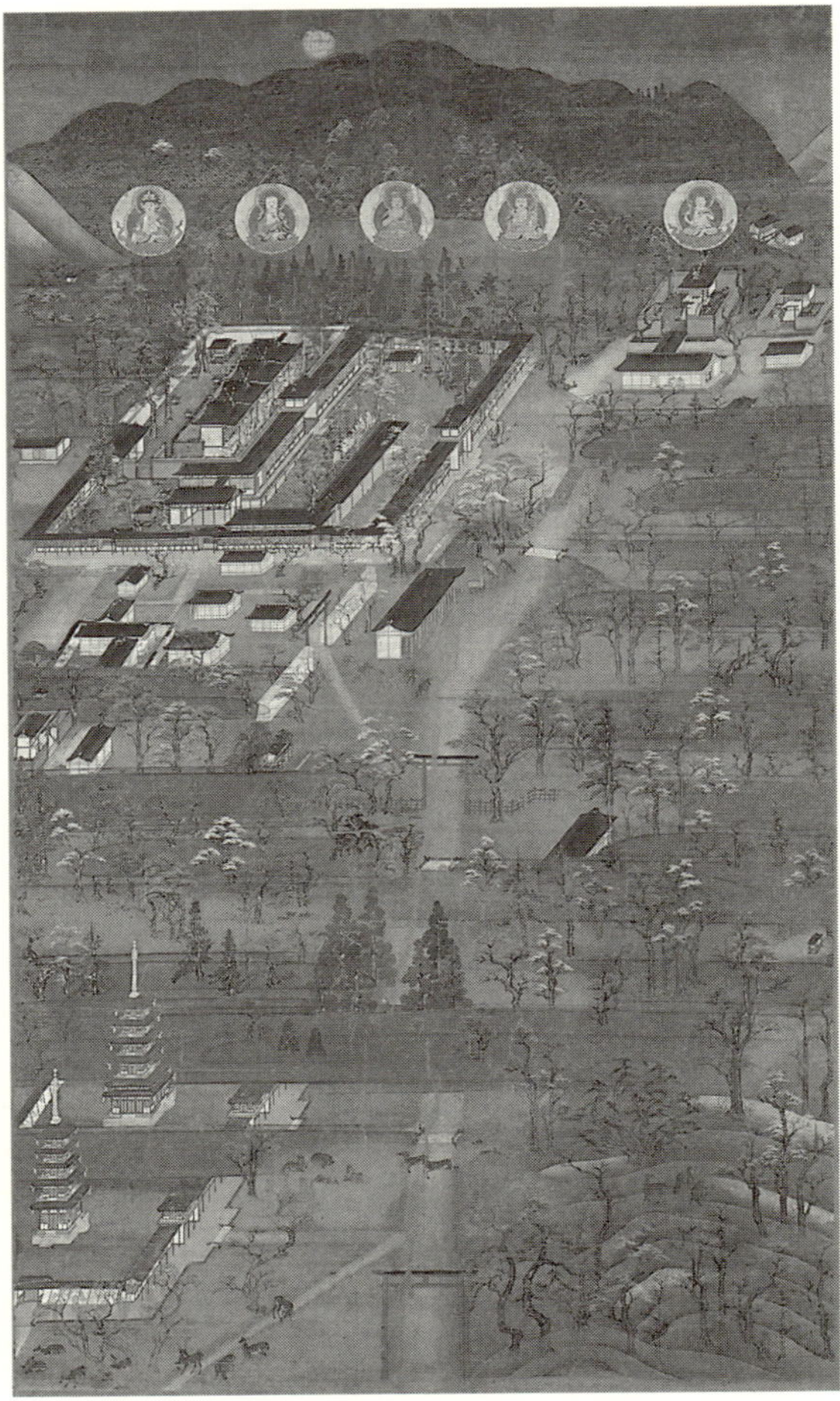

図107　「春日宮曼荼羅」（奈良市南市町自治会所蔵，奈良国立博物館提供）

発願によって建立され、春日東塔（「院御塔」ともいう）は保延六年（一一四〇）に鳥羽上皇の発願によって建立されたことが知られる。図108のように、鳥羽上皇の発願である東塔には裳階が付く姿で描かれているが、発掘成果においても、裳階の礎石が確認されている。

また建物だけではなく、神の使いである鹿の姿が描かれている演出も、心憎い。

あまり知られていないかもしれないが、東大寺の大仏の蓮弁《れんべん》にも多くの建物が線刻されている（図109）。大仏の蓮弁に近寄ることはできないが、現在、東大寺ミュージアムに蓮

図108　「春日宮曼荼羅」塔の部分（奈良市南市町自治会所蔵，奈良国立博物館提供）

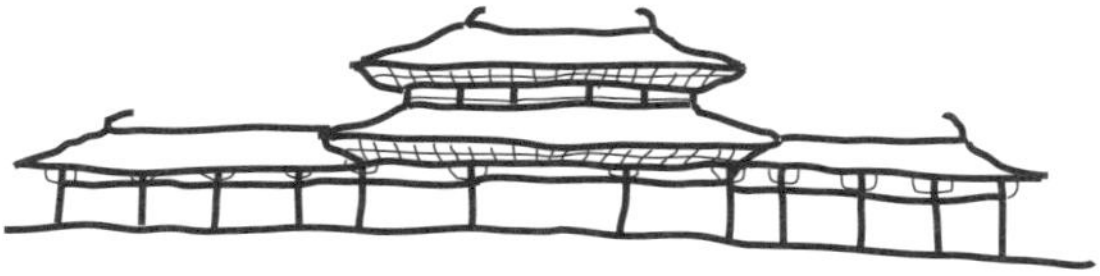

図109　東大寺大仏蓮弁に描かれた仏殿（『奈良文化財研究所紀要2016』）

図110　「楼閣山水図」（奈良文化財研究所所蔵）

弁のレプリカが置かれており、間近で見ることができる。中心建物は二重、寄棟造の屋根で、軒を見ると、二軒で描かれている。そしてその両脇に回廊と見られる建物がつながっている。両建物ともに、大棟《おおむね》の端部には鴟尾《しび》が置かれる。そして簡略化されているが、三《みっ》斗《ど》とみられる組物の表現がなされており、まさに巨大寺院の様相を思わせる描写である。

このほか、地下から絵が見つかることもある。そう、出土品に建物の絵が描かれることもあるのである。件の絵は平城京二条大路北側の東西溝SD5300より出土した折敷の底板に描かれている。建築群・築地塀・池・山が描かれることから、これは「楼閣山水図」と称されている（図110・111）。建物は楼閣を中心に、両脇に各二棟の建物や二棟の門の計七棟が描かれる。建物を斜め上方から見下ろす描写は先進的である。

さらに詳しく中心の建物を見ていくと、「法華堂根本曼荼羅」と同じく、楼閣の屋根は寄棟造で描かれている。楼閣の後方には、妻部分を強調した切妻造《きりづまづくり》の単層門が描かれていることから、屋根の形状の描き分けがなされていることがわかる。

図111　「楼閣山水図」の楼閣（奈良文化財研究所『平城京左京二条二坊・三条二坊発掘調査報告 長屋王邸・藤原麻呂邸の調査』図版編，1995年）

このように、絵画資料の建築の描写は復元に大変有効な資料であり、ここから得られる建物情報は計り知れない。それは確かなのだが、気を付けなければならない点もある。その一つは、描き手の問題である。すなわち、絵師に建築の知識がない場合、その描写は必ずしも正確ではなくなる。そのため、建築構造上、成り立たないような描写も一部には見られる。また『信貴山縁起《しぎさんえんぎ》絵巻《えまき》』の飛倉《とびくら》のように、校倉の形がすべて同じで、型紙を使って写した可能性も考えなくてはならない。

図112　「東大寺山堺四至図」の大仏殿（『奈良文化財研究所紀要2016』）

もう一つは、デフォルメの問題である。もちろん、ある程度、正確に建物を描くものもあるが、まるで子どもの絵のように、かなり簡素化して描くものもある。これらについては、屋根の形状など、建物の描き分けがなされているか、どの程度、建物の細部まで描いているかなど、描き手の表現方法、すなわち絵師のことにも思いを馳せたうえで、描かれた建物の形を捉えていく必要がある。ただし、このデフォルメの過程には、当時の人々が何に着目して建物を描いていたかという判断が詰まっており、当時の建築観が表れているのであり、それはそれで貴重である。

直接的に絵画資料の有用性が際立った例については、東大寺大仏殿の屋根形状の推察があげられる。現在の大仏殿は江戸時代に建てられたもので、屋根は寄棟造であるが、奈良時代の大仏殿の屋根形状については、研究史の中で、入母屋造と考えられていたこともあった。この奈良時代の大仏殿の屋根形状を推察するうえで、絵画資料が重要な役割を果たしたのである。

その絵画資料が「東大寺《とうだいじ》山堺《さんかい》四至図《ししず》」である。この図は天平勝宝八歳（七五六）六月九日に作成された東大寺の寺域を示す図で、麻布に描かれている。朱線がグリッド状に引かれ、大仏殿・羂索堂《けんさくどう》などの建物が描かれる一方で、戒壇院《かいだんいん》・東塔院・西塔院などは区画のみが描かれる。ここに大仏殿が二重、寄棟造の形で描かれているのである（図112）。二重であることは、『七大寺巡礼私記』など、他の文献や発掘調査の成果からもうかがわれるので、一定の信頼のおける描写である。もちろん、描写がデフォルメされており、屋根形状を正確に描いていない可能性もあるが、これが有力な根拠の一つとなって、奈良時代の大仏殿の屋根形状は寄棟造と推定復元されている。

造られた小建築

さて、これまでにあげてきたものは、平面的なもの、すなわち二次元の資料である。建築はもちろん、立体であるから、三次元の情報は貴重である。こうした情報を備えたものとして、小建築がある。ここではこれらについて、触れたい。

まずは木造小塔について、紹介したい。奈良時代の五重小塔は海龍王寺と元興寺《がんごうじ》に残っているが、両者を比較すると、元興寺のものが塔の内部まで作るのに対して、海龍王寺の塔の内部はガランドウである（図113）。とはいえ、両者ともに三手先《みてさき》の組物の細部まで作っており、奈良時代の意匠を知るうえで、現存建築と同等の価値がある。

加えて、これらの小塔は持ち運びも想定されるから、地域を超えて技術を伝える材料と

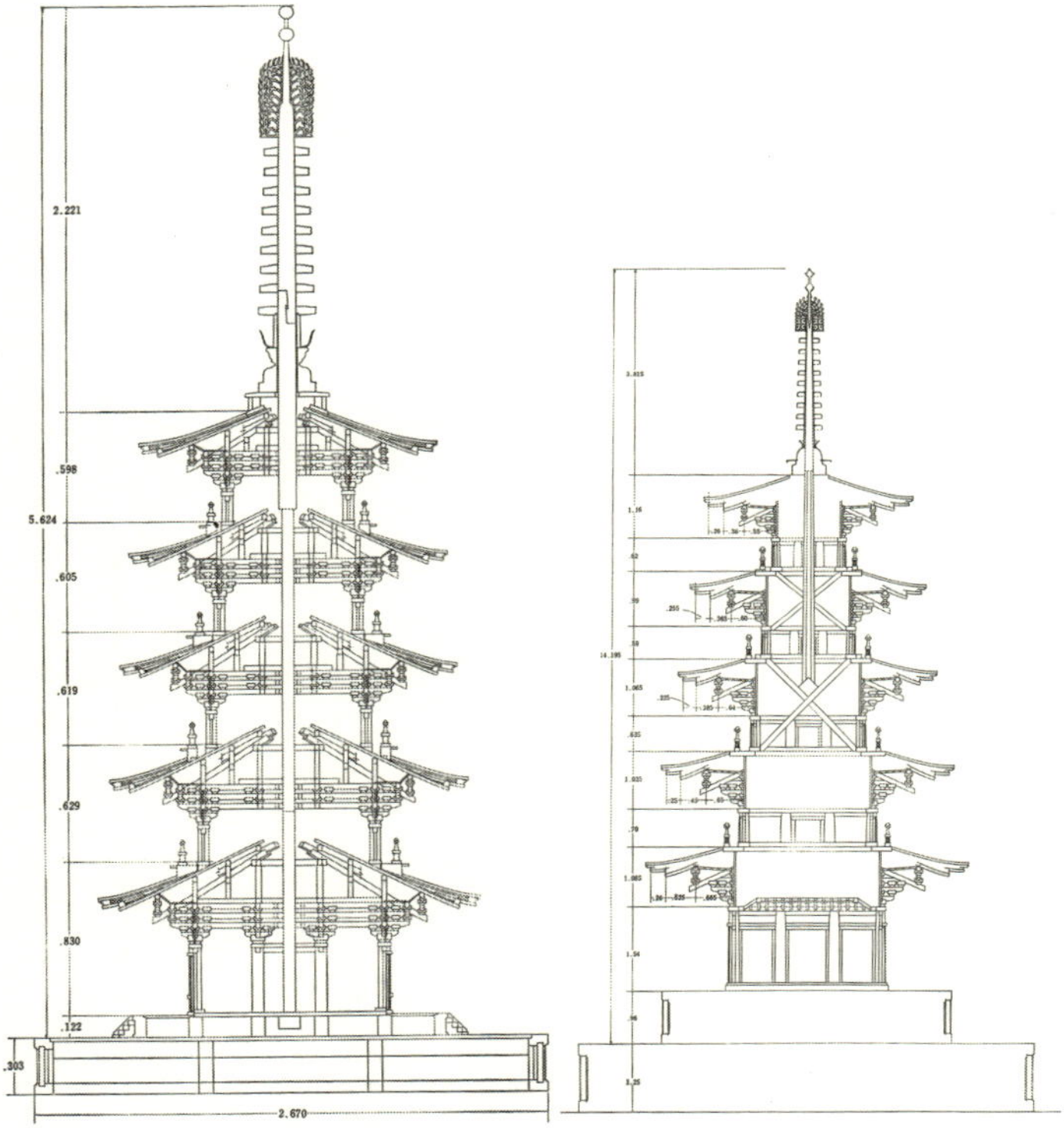

元興寺五重小塔　　海龍王寺五重小塔

図113　２つの五重小塔の比較（『日本建築史基礎資料集成』塔婆１，中央公論美術出版，1999年）

しても、別の価値がある。例えば元興寺五重小塔は明治四十年（一九〇七）から昭和四十年（一九六五）までは奈良国立博物館に、同五十一年には京都国立博物館の「日本国宝展」に出品されていた。そして、二〇一四年には東京国立博物館にも出張している。この時の解体を見学するチャンスがあったが、頭では理解しつつも、国宝の建造物が移動するというのは、奇妙な光景であった。

またミニチュアとしては、瓦塔《がとう》も忘れてはならない。瓦塔は字のごとく、瓦製の塔で、東京都東村山市出土のものが有名である（図114）。これは五重の瓦塔で、木製の塔を模して、屋根・柱・組物に精緻な表現がなされている。

図114　瓦塔（東京都東村山市出土，東京国立博物館所蔵）

細かく造形表現を見ていくと、塔の特徴である柱上の台輪《だいわ》の表現が各層ともなされ、その上に手先の出た組物が置かれる。組物は手先で三斗に広がっており、組物細部まで表現しようとする意図が見える。屋根では、瓦葺を表現するために、線が引かれ、降棟《くだりむね》を一段高くすることで、熨斗瓦《のしがわら》を積んだ様子を表現している。初層は各面に開口部が設けられ、柱のほか、開口部上に長押《なげし》状に横材が表現されている。このように、瓦塔は木製の小塔に比べると、製作上の制約もあり、表現のデフォルメがなされているが、細部にまでこだわって作られている。

なお東山《ひがしやま》遺跡（埼玉県美里町、平安時代）のように、五重の瓦塔とともに、入母屋造の重層の「瓦堂」が出土することもある。これも木造建築を別の形で表現したものとして、復元の参考資料となる。

同じく建物を象った出土品として、古墳時代の家型埴輪がある。家型埴輪は住居や高床倉庫などの形態を模した埴輪で、古墳時代以前の建物の様相を知る重要なカギである。現存建築のない時代だからこそ、その重要度はより高い。

例えば、赤堀茶臼山《あかぼりちゃうすやま》古墳（群馬県・古墳時代）から出土した家型埴輪は竪穴建物などを模したもので、八個出土している。屋根は切妻造で、その上に鰹木《かつおぎ》を置いた主屋と鰹木のないもの、寄棟造の屋根のものなど、多様な建築形式のものが出土している（図115）。

有力豪族の居館の様子を示すと考えられ、古墳時代の建物にはバリエーションに富んだデザインがあったことをうかがわせる。

また、ここでは触れなかったが、もちろん、中国にも数多くの絵画資料や小建築が多く残っており、七世紀以前の木造建築が現存しない中国において、日本以上に、その重要性は高い。また登呂《とろ》遺跡の復元事例の紹介で述べるが、銅鏡に線刻画として建物が描かれていることもある。こうした建物は、失われた多くの建物の様子を我々に語りかけてくれる貴重な古代人のささやきなのである。

図115　家型埴輪（赤堀茶臼山古墳出土，東京国立博物館所蔵）

以上のような建築に関する情報が得られる事例は中央の大寺院や宮殿、有力豪族の居館など、ごく一部に限られるが、建物の全体の情報はともかくとして、細部に関する記述や絵画の描写、造形表現は、現存建築と同じく、多くの建築情報を我々に与えてくれているのである。

発掘遺構から復元建物へ

建物の骨格の検討

建物の骨格を復元するうえで、最も重要なのは平面である。中でも、柱の位置は建物の上部構造を考える基本中の基本である。まずは、この柱位置を決めることが復元の第一歩となる。

掘立柱の場合、発掘により柱穴の位置が明らかであることが多いが、それでも柱の心の位置を定め、柱間を吟味する必要がある。また柱痕跡や柱根が残っていれば、柱の太さもわかろうが、これらの痕跡が残っていない場合にも、柱穴の大きさから推定していく。同じく、柱穴の深さから、柱の長さを考えていく。この時には、現在、残っている柱穴の深さのみを見ていたのではダメで、かつての地表面を復元して、深さを考えていかなくてはならない。

礎石建物の場合は、掘立柱に比べて、その痕跡は失われやすく、柱位置の復元の段階から困難を伴うことも多い。特に基壇をもつ礎石建物の場合、基壇の上に礎石が置かれるため、痕跡が削平されやすく、残らないことも多い。こうした場合、柱位置の推定には困難を伴うが、先述のように、階段の幅から柱位置を復元できることもある（図67）。

ともあれ、建物を復元するにも、柱位置を決めなくては、何も始まらないのである。

建物の性格

建物の性格も上部構造を推定する重要な手がかりとなる。例えば、敷地の境界に位置し、両脇に塀などの遮蔽物が取り付いていれば、門を想定することができるであろうし、四面廂《しめんびさし》の建物で、その区画内でも規模が大きく、周辺に建物がないのであれば、やはり中心的な建物と推定できる。あるいは、焼米が出土して、碁盤の目状に柱が並んでいたら、米を収めるための倉庫、といった具合である。こうした立地は建物の性格を知る手がかりとなる。さらにいえば、文献や口伝、字名などから、その一帯が寺院や役所の跡であることが知られることもあり、こうした場合には、建物の性格をさらに絞り込みやすい。

平城京の寺院の場合、伽藍は北を上とした正方位であることがほとんどである（図49）。正門である南大門が南面に建ち、その北に中門が置かれる。これらの伽藍中軸線上の門は比較的規模が大きい。一方で、東西面の門や伽藍背面の北門は、これらに比べると、規模が小さい。もちろん、これは一例に過ぎないが、遺跡における位置から、建物の性格がある程度、推察できるのである。

上部構造復元の手がかり

この柱位置の検討だけではなく、上部構造を検討する材料を発掘遺構から抽出しなくてはならない。例えば、大きな柱穴や深い柱穴であれば、太く、長い柱の痕跡である可能性が高い。大規模の建物や重層の建物が推定できるのである。同じく入念な地業などの地盤改良工事は、建物の荷重が大きいこと、すなわち瓦葺や重層の建物を想定する材料となる。一方で、貧弱な柱では、こうした建物は考えづらい。

また柱配置は屋根形状との関連性が高く、四面廂の柱配置であれば、隅木を用いた寄棟造や入母屋造の屋根が想定されるし、それ以外の柱配置では、切妻造の屋根が想定される。そして、古代日本では、切妻造の場合、妻側（側面）の組物の納まりが悪いことから、手先を出す組物を用いることを避けるため、組物の形式もある程度、絞って考えることができる。もちろん、組物を用いない可能性も十分に考えられる。逆に、四面廂の建物の場合、格式が高いと考えられるので、組物を用いたと考える一つの根拠にもなろう。

基壇がある場合は、その規模、階段の位置や大きさが重要な情報である。特に基壇規模は上部構造を想定する材料となる。また基壇と同じく、雨落溝も重要な痕跡である。雨落溝は建物の軒先から落ちた雨水のための溝であるから、この位置は、軒先と位置がほぼ一致する（図37）。また雨落溝をもたない場合でも、軒先は基壇の外側まで出るため、基壇端の位置が軒先付近と推定できる。これゆえ、柱から雨落溝や基壇端までの距離をもとに、軒の出を推定することができるのである。

現存建築を見比べていただければ、この軒の出と雨落溝や基壇の端との位置の深い関連性がわかっていただけると思う。そもそも軒の出とは、柱から軒先までの距離のことであるが、この軒の出は無尽蔵に大きくできるものではない。建物は三次元の構造物であるから、重力という自然の理《ことわり》に縛られる。そのため、軒の出を大きくするには、それなりに工夫が必要なのである。

軒の出を大きくするには、二つの方法がある。一つは垂木を二重にする方法である（二軒）。地垂木《じだるき》の上にさらに飛檐垂木《ひえんだるき》をのせることで、軒先をより遠くに出すことができる（図40）。もう一つは、組物を用いる方法である。垂木は桁で支えるから、この桁の位置を遠くに出せば、軒の出は大きくなる。そのために、組物の手先を出すのである。そして、両者を組み合わせることで、最も軒の出を大きくすることができる（図116）。この原理を知っておけば、発掘遺構の情報をもとに上部構造を推定できるのである。柱の位置から雨落溝、あるいは基壇の端までの距離が三《メートル》以上など大きければ、三手先など手先の出る組物を用いていたと考えられる。逆にこれが二・五メートル程度以下であったとすると、平三斗や大斗肘木などの手先の出ない組物であったと推察できる（図116）。

　こうした発掘遺構を「かつての建物の痕跡」として解釈していくことで、単なる穴や溝が、復元に向けた強力な手がかりへと変貌を遂げるのである。まさに発掘から得られる建物の情報を読み解くことで、発掘遺構から古建築へとつながるのである。

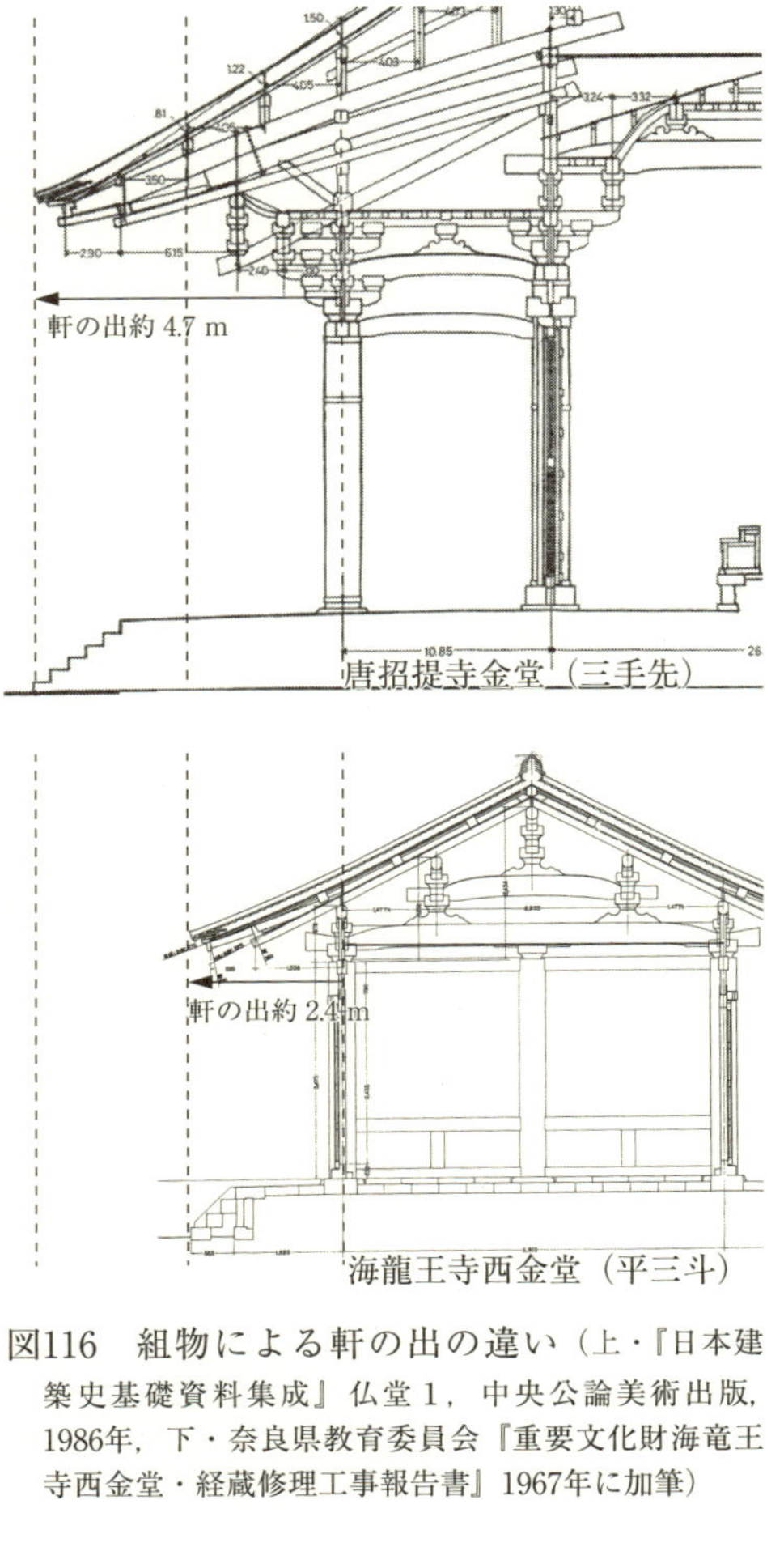

図116　組物による軒の出の違い（上・『日本建築史基礎資料集成』仏堂1，中央公論美術出版，1986年，下・奈良県教育委員会『重要文化財海竜王寺西金堂・経蔵修理工事報告書』1967年に加筆）

さて、こうして説明してきたが、実際にどのようにして考えていけばよいのか、なかなかイメージがつかみにくいかもしれない。そこで、比較的、考えやすいものを例に、その過程を見ていこう。図117は平城宮東朝集堂《ちょうしゅうどう》の発掘遺構である。この朝集堂の発掘調査では多くの瓦が出土した。

上部構造復元の一連のフロー

発掘遺構を見てわかるように、礎石の痕跡ですら、すべては検出できていない。そのため、第一にかすかに残る礎石の痕跡と基壇外装の位置から、平面を復元していく作業が求められる。

まず、基壇の痕跡を見ていくと、部分的ではあるが、四面ともに、基壇外装の抜き取りの痕跡が残っている。これをもとに、基壇は東西一七・八㍍、南北三八・六㍍の大きさに復元できる。そして、東西面とも、一ヵ所ずつ、階段の痕跡が残る。特に西面については、階段地覆石《じふくいし》の抜取溝も検出されており、基壇からの階段の出もわかっている。これらの痕跡をもとに基壇の平面を考えると、南北対称に折り返した位置にも階段があるであろうし、さらに中央の柱間に階段が想定され、各面に三つの階段が復元できる。以上が発掘調査から推定できる基壇の平面である。

柱位置については、幸いにして、基壇の中心部で一四基の礎石抜取穴が検出できており、これらが朝集堂の身舎《もや》の柱にあたる。棟通《むなどお》りの妻の礎石の痕跡は検出されていないが、こ

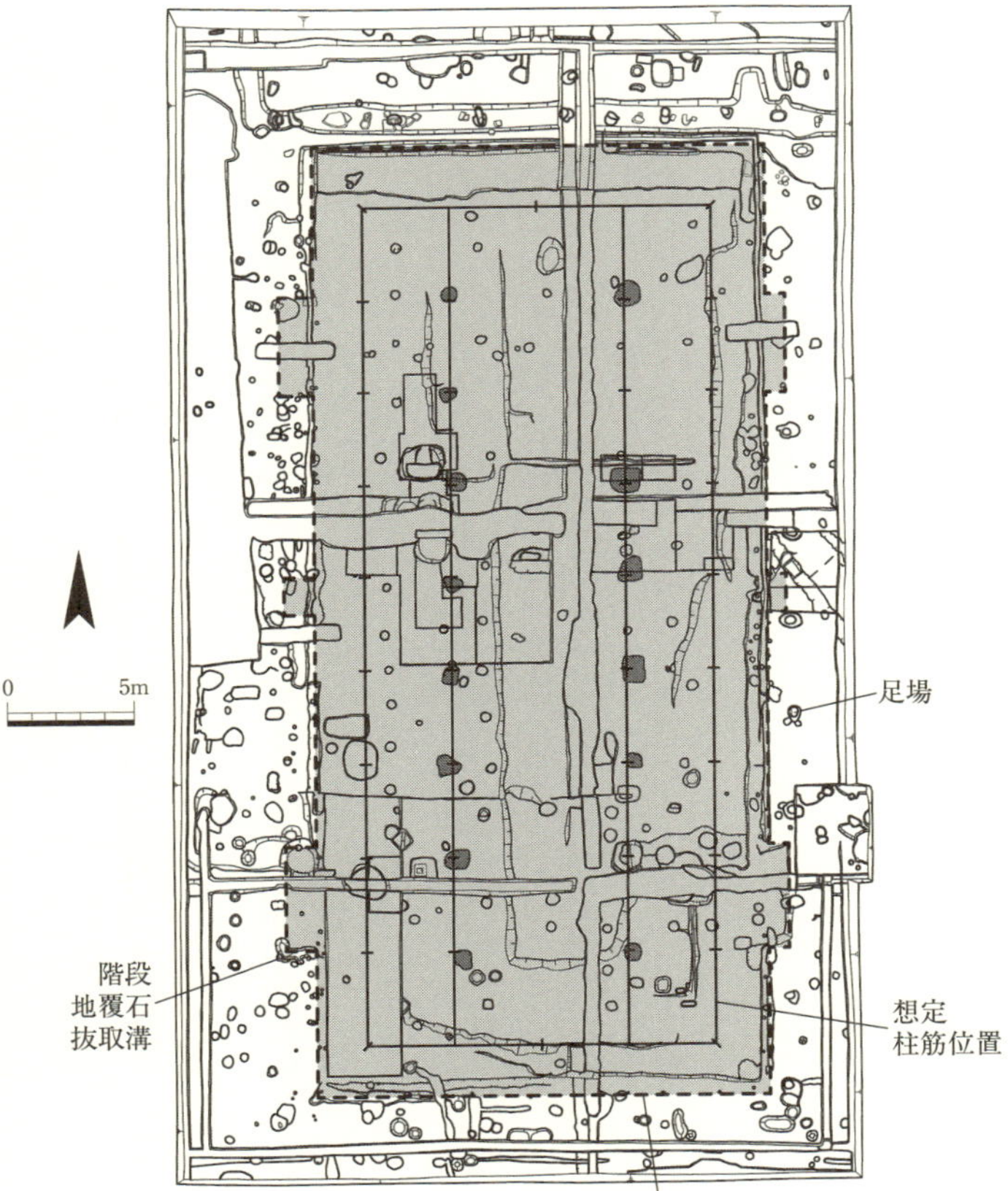

図117　平城宮東朝集堂の発掘遺構平面図と柱位置

こにも柱があると推察される。古代建築は基本的に中軸線で対称であるから、身舎は桁行九間、梁行二間と推察できる。その柱間は桁行三・九メートル（一三尺）、梁行三・四五メートル（一一・五尺）である。なお階段の位置・幅はこの柱筋《はしらすじ》とそろっている。

さて、身舎の柱位置は定まったが、次に東西方向の身舎柱から基壇の端までの距離を見ると、五・五メートルもあり、いかにも大きすぎる。そのため、この建物には東西に廂が付いていたと推察でき、身舎の梁行と同程度の廂の出が想定される。実際に、この廂柱の推定位置の付近には、建設に関わる小穴も確認できる。

発掘調査の成果を整理した前提条件は、以下にまとめられる。

基壇の規模と形式＝東西一七・八メートル（六〇尺）、南北三八・六メートル（一三〇尺）、東西面とも
　各三つの階段
柱位置＝桁行九間三・九メートル（一三尺）等間（総長三四・七メートル）、梁行二間三・四五メートル（一一・
　五尺）等間（総長六・九メートル）の身舎
　東西二面の廂（廂の出三・四五メートル）
基壇の出＝隅の柱から基壇の端までの距離は約二・〇メートル
出土遺物＝大量の瓦

これをもとに考えていくと、二面廂であるから、寄棟造や入母屋造ではなく、切妻造に

図118　唐招提寺講堂（奈良県・奈良時代）

復元できる。そして、雨落溝は検出されていないが、隅の柱から基壇の端までの距離を見ると、二・〇メートルと比較的小さい。また基壇の外側には軒先の足場と見られる小穴があり、この付近よりも内側に軒先があったと推定してよかろう。ここから考えられる柱から軒先までの距離がそれほど大きくないので、組物は手先の出ないものと推察される。その組物には大斗肘木と平三斗が考えられるが、朝集堂は東区朝堂院の南に位置し（図121）、平城宮の中心施設の一つであるから、建物の格を考えると、平三斗が適当であろう。

さて、このように発掘遺構から復元される形は、桁行九間、梁行四間、二面廂、切妻造、瓦葺で、平三斗に復元できる。

それでは、この復元の答え合わせをしてみよう。何をいうか、と思われるかもしれないが、実はこの平城宮の東朝集堂は、唐招提寺《とうしょうだいじ》に講堂として移築されたことが文献から知られ、現存している（図118）。もちろん、移築時や各時代の修理によって、改造され、現状の唐招提寺講堂は桁行九間、梁行四間、四面廂、入母屋造、瓦葺の建物となっているが、解体修理時に発見された痕跡をもとに、朝集堂の姿が復原されているのである。

この唐招提寺講堂より復原された東朝集堂が図119である。やはり復原された姿は桁行

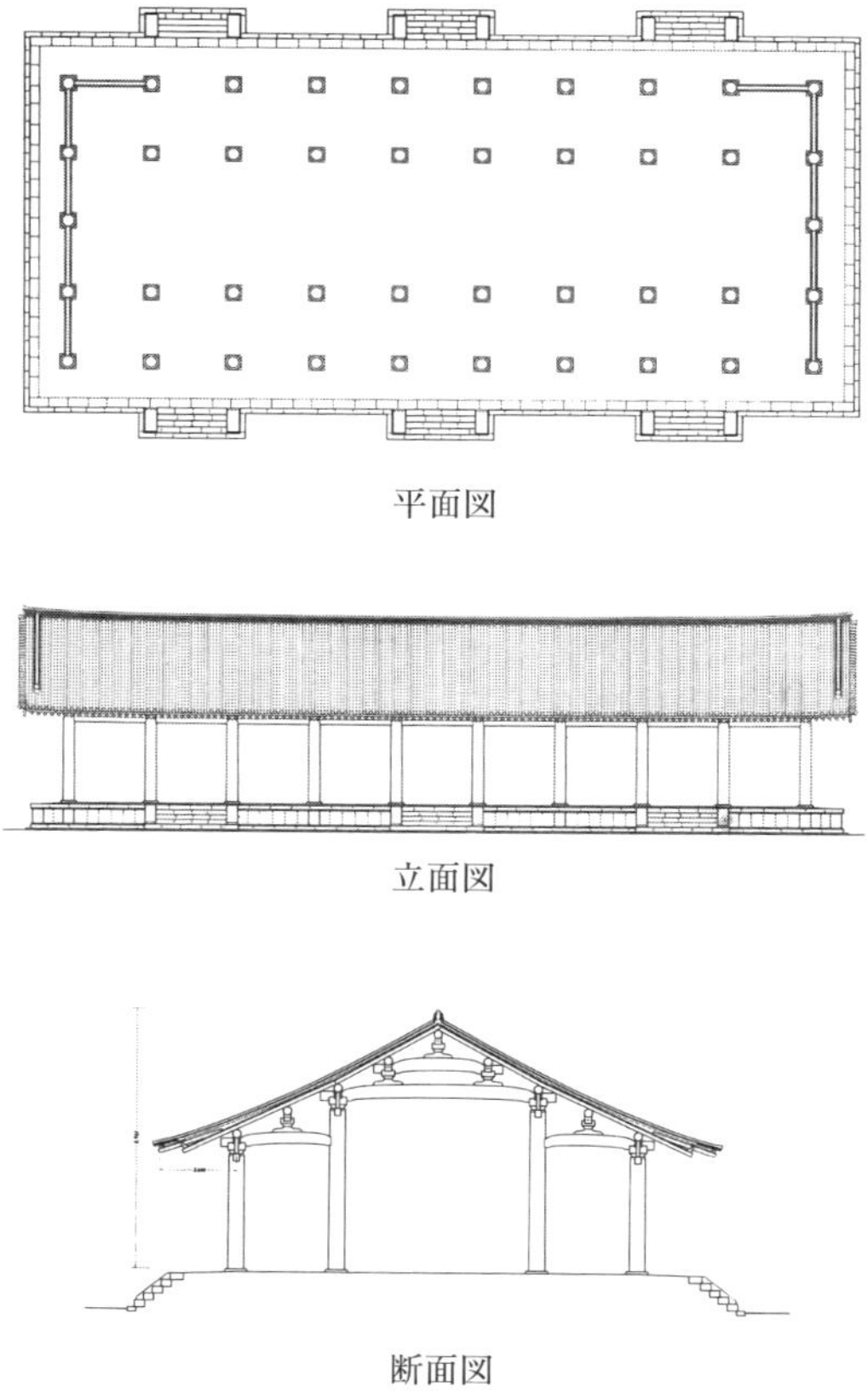

図119　唐招提寺講堂の解体修理から復原された平城宮東朝集堂（奈良県教育委員会『国宝唐招提寺講堂他二棟修理工事報告書』1972年）

九間、梁行四間、切妻造、瓦葺であり、発掘成果から導かれた形と一致している。もちろん、こんな事例は、ごくごく稀であるが、発掘調査をもとに、理論的に導かれた上部構造の復元が、ある程度、確からしいことがわかっていただけたのではなかろうか。

発掘遺構から復元建物をつなぐ方法を知ったところで、それでは実際に建てられた復元の世界に足を踏み込んでいこう。

復元の裏側をのぞく

宮殿を復元する――平城宮第一次大極殿・朱雀門

さて、奈良にある平城宮をご存知だろうか。この平城宮という言葉は少々耳慣れないかもしれない。平城京は「ナント（七一〇）見事な平城京」という語呂合わせで、年号を暗記した方も多いのではないだろうか。字のごとく、平城京は「京」、すなわち都という都市を指し、平城宮は「宮」すなわち宮殿を指している。ここでは、その奈良時代の宮殿、平城宮の復元の話をしよう。

平城宮

平城京の中軸にはメインストリートである朱雀大路《すざくおおじ》が通り、平城宮は平城京の北方に位置する約一キロ四方の区画である（図120）。平城宮の正門である朱雀門は朱雀大路の北端に位置し、朱雀門から平城宮の中に入り、そのまま北上していくと第一次大極殿《だいごくでん》に辿り着く。平城宮では主要な建物が復元されており、近鉄奈良線の車窓に第一次大極殿や朱雀門の姿

1　西大寺
2　西隆寺
3　菅原寺
4　唐招提寺
5　薬師寺
6　西市
7　観世音寺
8　法華寺
9　海龍王寺
10　長屋王邸
11　藤原仲麻呂邸
12　大安寺
13　東市
14　五徳池（越田池）
15　興福寺
16　元興寺
17　佐伯院
18　紀寺
19　東大寺

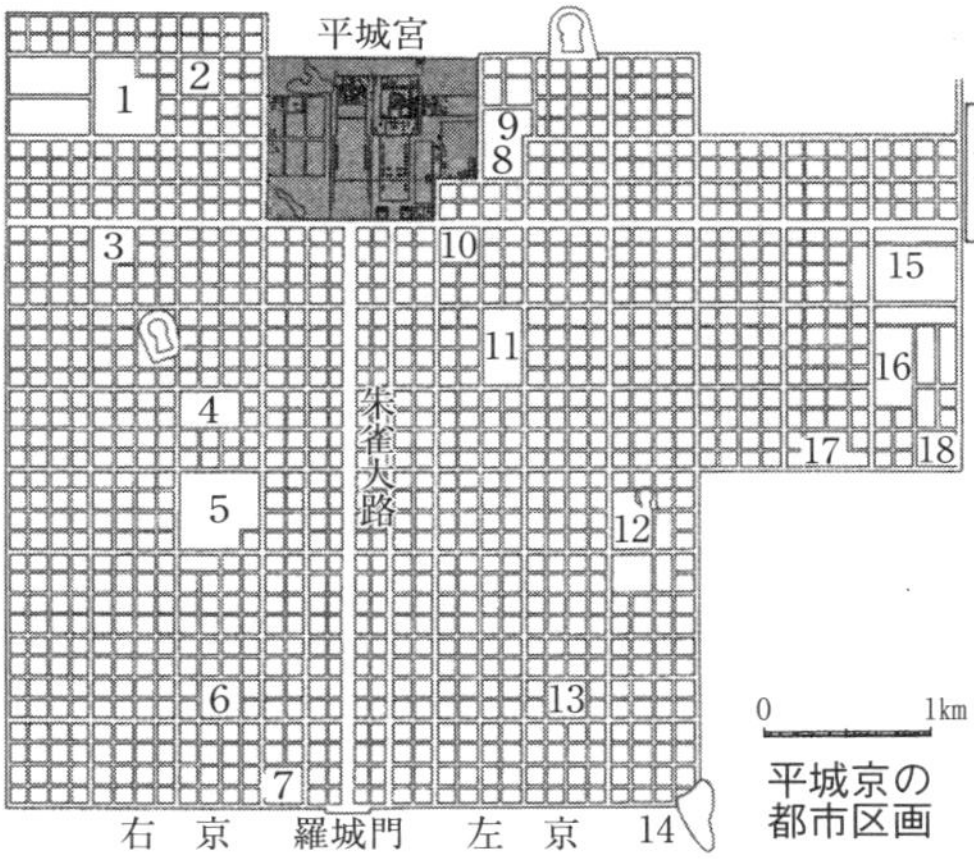

図120　平城京と平城宮の位置（奈良文化財研究所編『平城京事典』柊風舎，2010年）

を見ることができる。この第一次大極殿と朱雀門の復元の裏側をここでは紹介したい。

話の腰を折るが、復元の前に奈良時代の遷都の歴史について、簡単に述べておきたい。日本初の本格的な都城《とじょう》である藤原京は持統天皇八年（六九四）に造られ、その後、和銅三年（七一〇）には元明天皇により、都が平城京に遷された。天平十二年（七四〇）には聖武天皇が恭《く》仁京《にきょう》へ遷都し、その後、難波宮《なにわのみや》、紫《し》香《が》楽宮《らきのみや》と転々としたのち、天平十七年（七四五）にようやく平城京に還都し、以降、長岡京に遷る延暦三年（七八四）まで、ここに都が置かれた。これが奈良時代の遷都の歴史である。

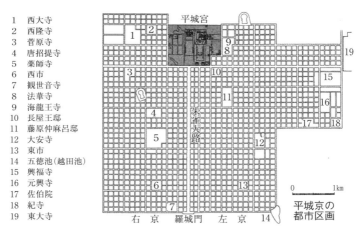

さて、大極殿と聞いて、ピンとくる方は多くないであろう。なにせ、安元三年（一一七七）の大火による焼失後、平安神宮の建設まで、日本では造られることのなかった施設であるから、それも致し方ない。大極殿は古代の都城・宮殿の中で、最も重要な建物の一つで、礎石や瓦葺など、中国的なデザインで造られた建物であった。奈良時代初めには、平城宮であっても礎石・瓦葺の建物はごく一部に限られた珍しいもので、ほとんどの建物は掘立柱《ほったてばしら》建物であった。天皇の居住空間である内裏《だいり》であっても、掘立柱、檜皮葺《ひわだ》であったといえば、その特殊性も想像していただけるのではなかろうか。

第一次大極殿

さて、この大極殿では即位式や元日朝賀《がんじつちょうが》など、重要な国家儀礼が執り行われた。特に元日朝賀では、大極殿に天皇が出御し、官人が大極殿院（大極殿を囲む一画）の前庭に列立し、前庭には三本足のカラス、日月・四神（青龍・白虎・朱雀・玄武）の七本の旗を並べ、大極殿院の空間を飾りたてていた。このように大極殿は天皇と臣下の服属を示す荘厳性に富んだ舞台装置で、まさに、律令国家の威厳を示す建物であったのである。

平城宮の大極殿の歴史には、興味深い点がある。前に述べたように、平城宮に遷都した時には、大極殿はピカピカの新築ではなく、藤原宮の大極殿を移築したとみられている。そして恭仁京へ遷都する際には、この大極殿も再び解体され、恭仁宮の大極殿として移築された。この恭仁宮の大極殿は天平十八年（七四六）に山背《やましろ》国の国分寺として施入（寄進）され、元慶六年（八八二）に焼失するまで、同寺の金堂として用いられた。まさに数奇な運命の建物である。

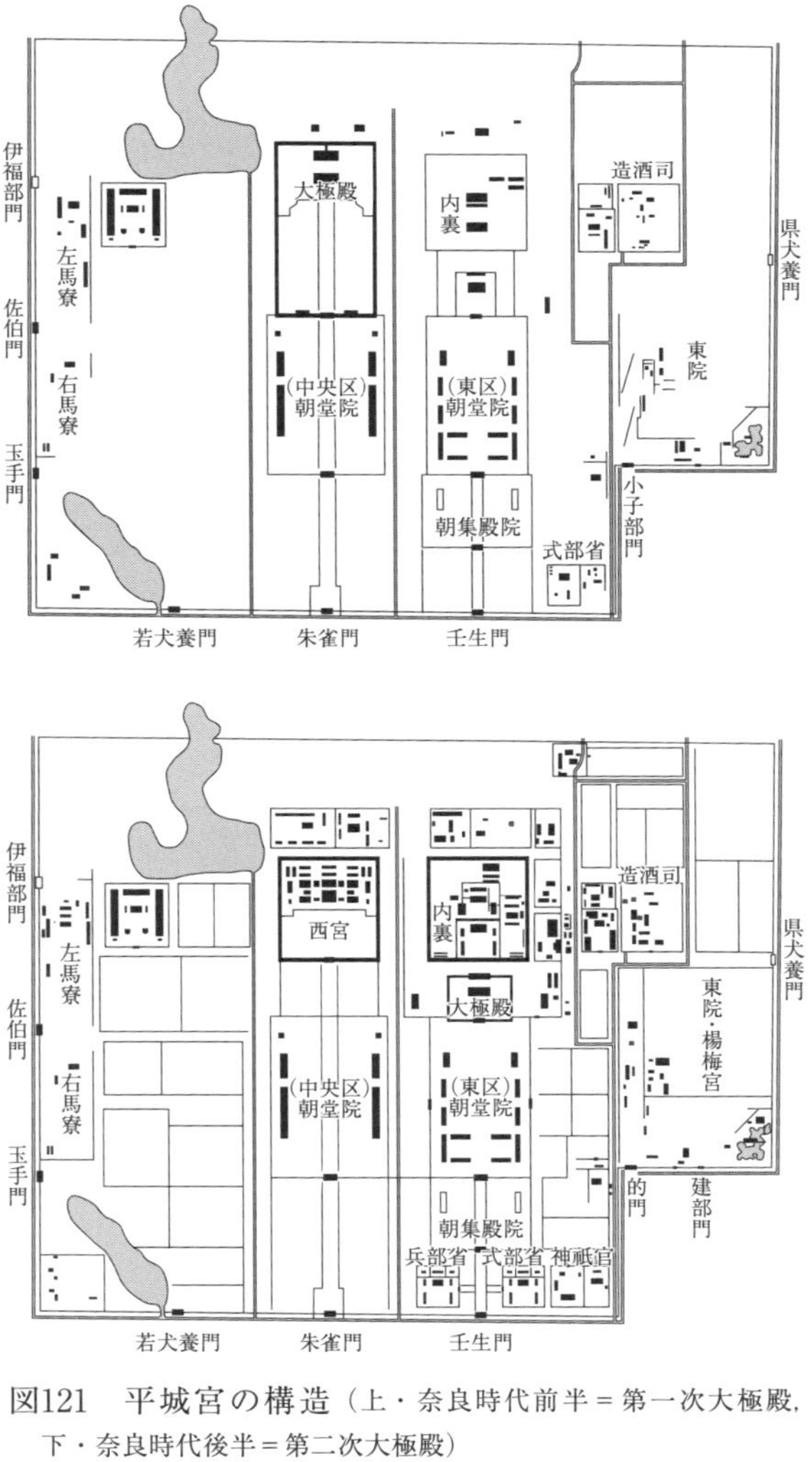

図121　平城宮の構造（上・奈良時代前半＝第一次大極殿，下・奈良時代後半＝第二次大極殿）

図122　発掘された第一次大極殿（人の位置が柱位置，東から）

一方で、恭仁宮には大極殿を残してきたため、天平十七年に平城京へ還都した際には、平城宮では新しく大極殿を建設する必要に迫られた。この時、大極殿は元の大極殿院の地には建てられず、東の区画に新たに建てられた。それゆえ、この還都後の大極殿を第二次大極殿と呼び、奈良時代前半の大極殿を第一次大極殿と呼んでいる（図121）。現在、復元されているものは、この第一次大極殿である。

第一次大極殿の発掘調査は、一九七〇・一九七一・一九九八年に行われたが、遺構の残り具合としては、復元するのによい条件とはいい難く、基壇《きだん》や礎石の痕跡は削平により、失われていた（図122）。ただし、幸いなことに、基壇外装に用いられた地覆石《じふくいし》の抜取痕跡が残っていた。この基壇外装の痕跡から、基壇の大きさが復元できたのである。その基壇規模は東西五三・二メートル（一八〇尺）、南

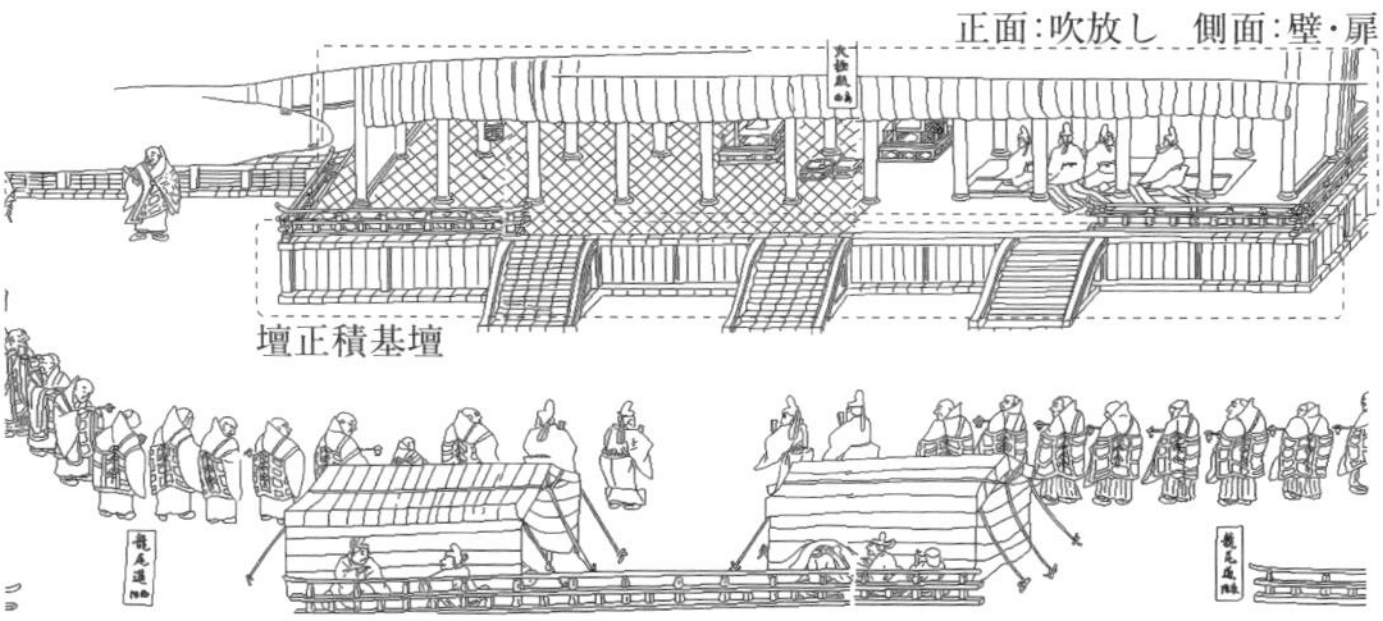

図123　『年中行事絵巻』に描かれた平安宮大極殿（正面）

北二八・七メートル（九七尺）で、古代建築の中でも破格の大きさであった。基壇の形式は凝灰岩《ぎょうかいがん》粉が残っていることから、地覆石を伴う切石積《きりいしづみ》、さらに第一次大極殿の建物の格を考慮して、最高級の形式である壇正積《だんじょうづみ》基壇と考えた（図24）。絵画資料として、平安時代の儀式の様子を描いた『年中行事絵巻《ねんじゅうぎょうじえまき》』を見ると、平安宮大極殿の様子がうかがえ、ここにも、やはり基壇は壇正積基壇で描かれている（図123）。

また基壇から突出して階段が取り付いていたことが発掘調査により明らかになった。この階段の基壇からの突出は約三・五メートルで、これが基壇の高さを想定する手がかりとなった。恭仁宮大極殿の階段遺構や平城宮第二次大極殿出土の階段羽目石《はめいし》を参考に、階段の勾配を約三二度と考えると、この勾配と階段の突出距離から基壇のおよその高さが推定できるのである。第一次大極殿の場合、約三・四メートル（一一・五尺）となる。この基壇の高さは、非

図124　復元された第一次大極殿の二重基壇

常に高く、壇正積基壇とすると、垂直方向の材である羽目石の構造耐力や採材の点で、問題が生じてくる。

この問題を解決する糸口が法隆寺金堂にある。そう、基壇を二重にするのである。基壇を二重にすることで、一段ごとの羽目石の長さは短くなり、さらに基壇の荘厳性が増す。こうして第一次大極殿の基壇は、高さ約三・四メートルの壇正積の二重基壇に復元された（図124）。

基壇の復元の次には柱位置の復元が必要である。ただし、第一次大極殿では礎石の据付穴や抜取穴など、柱位置を示す痕跡は見つかっておらず、次なる課題が立ちはだかった。

そこで柱配置をうかがう貴重な材料となったのが階段の痕跡である。古代建築では、階段の幅と柱間《はしらま》の幅をそろえる傾向があることは先にも述べたが、第一次大極殿の場合、背面および側面の階段の痕跡が柱配置のグリッドを推定する重要なポイントであった（図

67）。

これによって、柱の置かれる位置がある程度、想定できる。側面には階段が一つしかないが、各面梁行中央間（棟通《むなどお》り）で南北に折り返すと、柱位置のグリッドが復元できる。

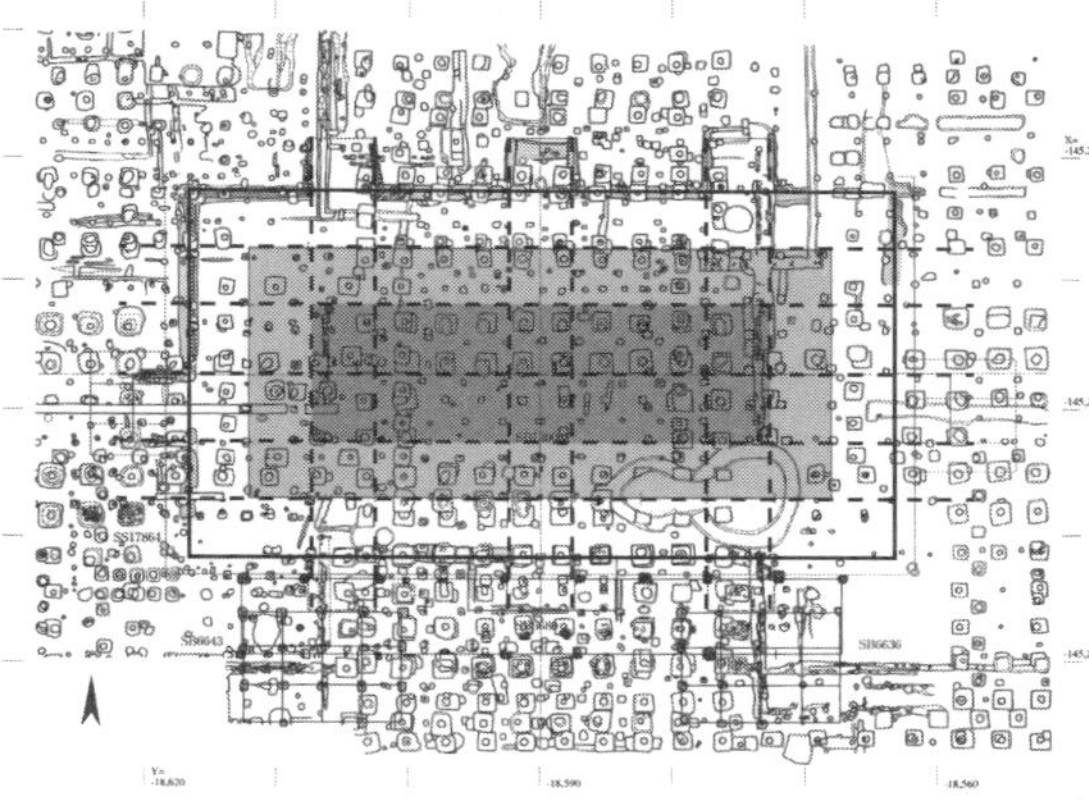

図125　第一次大極殿の遺構平面図と柱筋

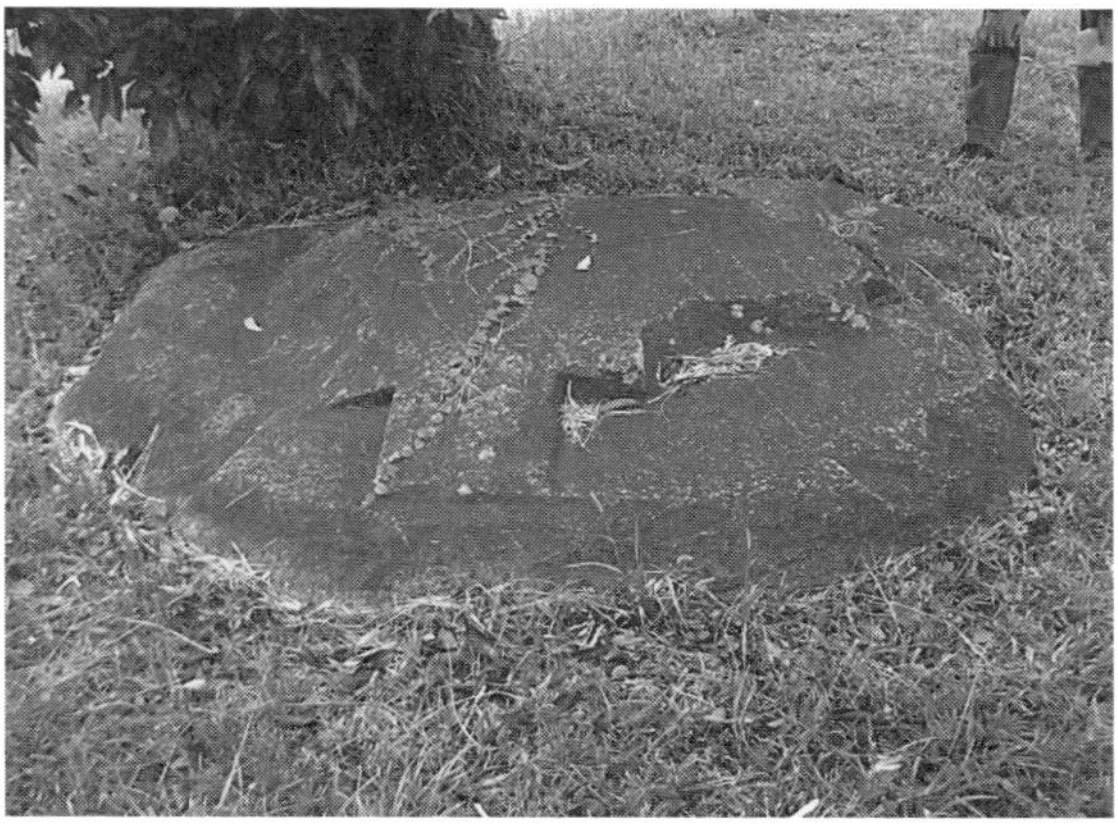

図126　山背国分寺金堂の礎石

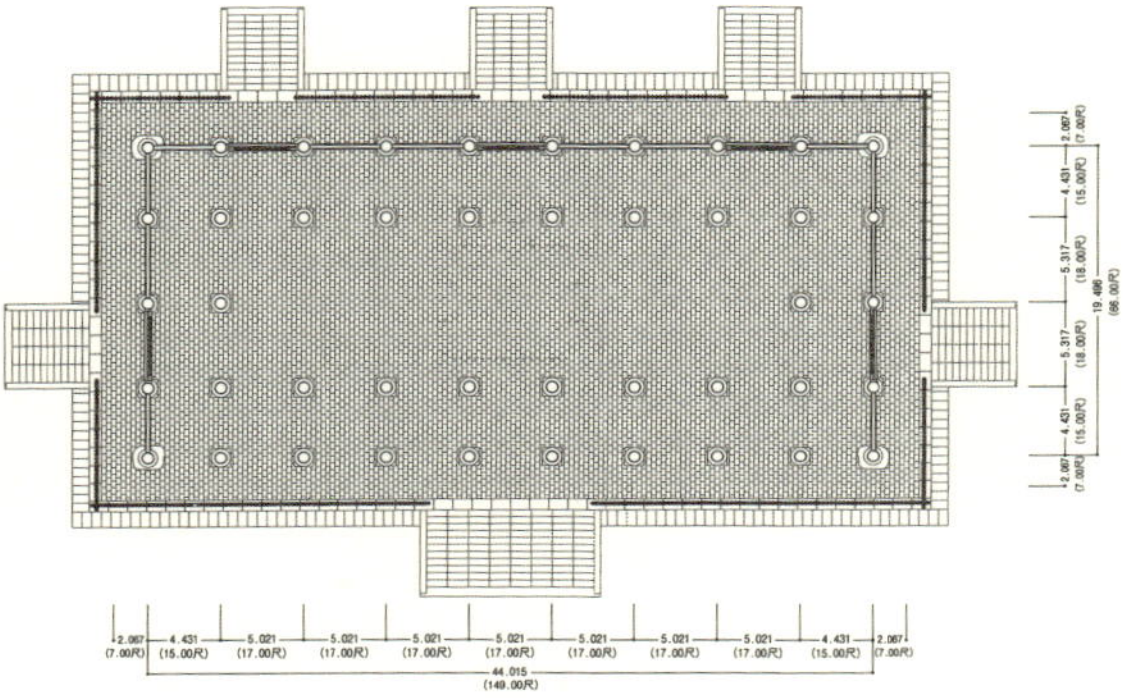

図127　第一次大極殿の復元平面図（奈良文化財研究所『平城宮第一次大極殿の復元に関する研究』２木部，2010年）

このグリッド線を配したのが図125である。さらに山背国国分寺金堂、すなわち恭仁宮大極殿の遺存する礎石（図126）やここでの発掘成果も有力な根拠となった。

　これらをもとに柱配置を復元すると、桁行七間、梁行二間の身舎《もや》の四面に廂《ひさし》が廻る平面となる。身舎の桁行柱間は約五・〇メートル（一七尺）等間、梁行柱間は約五・三メートル（一八尺）とし、廂の出を約四・四メートル（一五尺）と復元できるのである（図127）。全体では桁行九間四四・〇メートル（一四九尺）、梁行四間一九・五メートル（六六尺）の巨大建築である。これで、ようやく復元の基礎、もとい基礎の復元ができあがった。

　さて、ようやく木部の復元に話を移せるが、最初の問題は単層・重層についてである。奈良時代の建物はほとんどが単層であるため、通常、単層・重層の検討をする必要に迫られることはないが、大極殿となると、そう単純ではない。宮殿の中枢の最重要建物である大極殿は重層の可能性も十分にあるからである。現に奈良時代の第一級寺院の金堂を見ると、東大寺大仏殿・興福寺中金堂・薬師寺金堂・西大寺弥勒金堂・元興寺《がんごうじ》金堂は、文献資料や絵図から、いずれも屋根は二重と推定される。この点を踏まえると、宮殿の最重要建物の一つである第一次大極殿も重層と考えるほうが適切であろうと考えた。

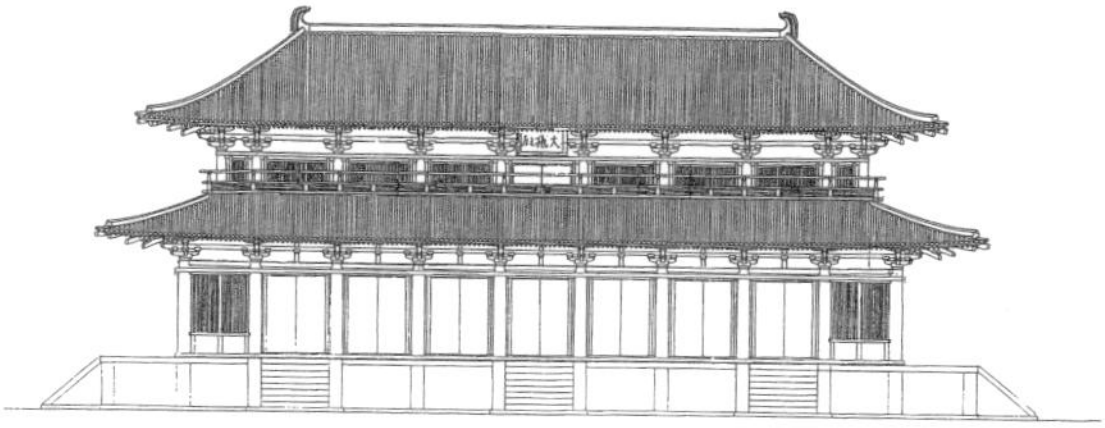

図128　復元考察過程における中国式の案（奈良文化財研究所『平城宮第一次大極殿の復元に関する研究』2 木部, 2010年）

次に屋根の形状を考えると、入母屋《いりもや》造《づくり》か寄棟《よせむね》造《づくり》（図11）のいずれかであろうが、飛鳥・奈良時代の現存建築のみからでは決め手を欠いた。確かに中国では寄棟造が最高級の屋根形式で、日本でも奈良時代の第一級金堂に用いられていた。興福寺中金堂・東大寺大仏殿などがその代表例である。また唐招提寺《とうしょうだいじ》では第一の主要建物である金堂を寄棟造、そしてその背後に位置する講堂を入母屋造としており、これもこの傾向を示している。そのため、中国式の寄棟造案も考えられた（図128）。しかし、ここで問題となるのは、第一次大極殿の建設時期である。第一次大極殿は奈良時代初頭の建設であり、ましてや藤原宮からの移築とすれば、七世紀後半の建築である。それゆえ、ただ奈良

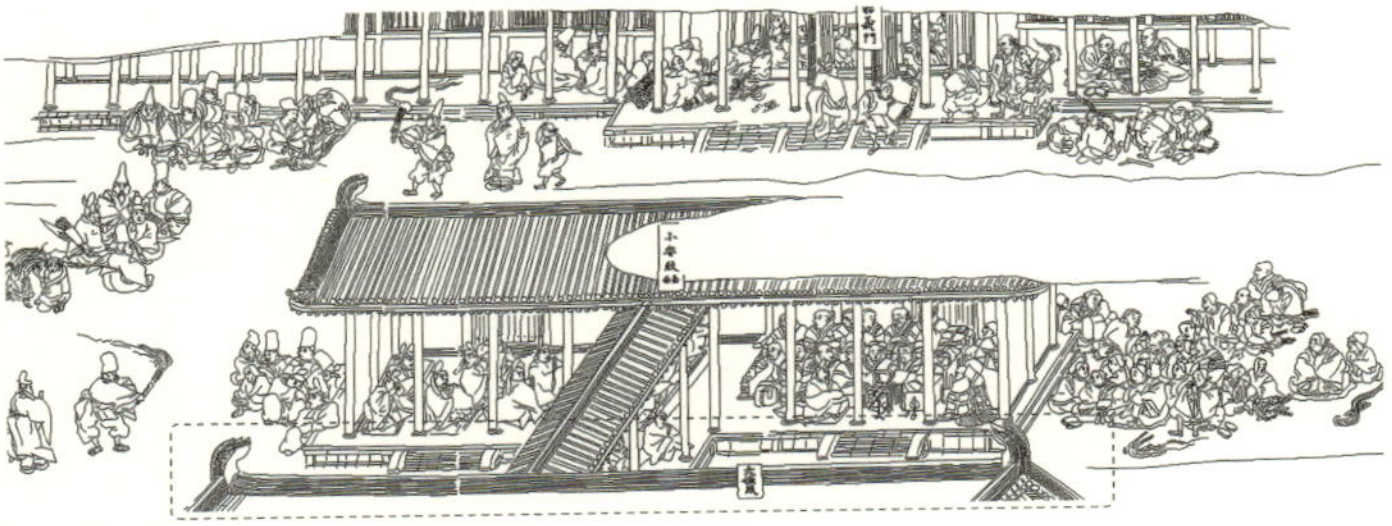

図129　『年中行事絵巻』に描かれた平安宮大極殿（屋根）

時代の建築様式を当てはめればよいというような単純なものではないのである。

この窮地に光明をもたらしたのが、やはり『年中行事絵巻』の描写で、平安宮大極殿の屋根の一部が描かれていたのである（図129）。よく見ると、大極殿の屋根の端には破風《はふ》の一部が描かれている。破風は寄棟造にはないため、ここから『年中行事絵巻』に描かれた平安宮大極殿の屋根は入母屋造と判断できる。もちろん、平安宮と平城宮の違いはあるが、これを一つの有力な根拠として、平城宮第一次大極殿の平成の復元では屋根を入母屋造としたのである。

さて、この『年中行事絵巻』であるが、柱間装置の復元においても活躍している。『年中行事絵巻』の描写をよく見ると、正面には柱間装置が全く入っていない（図123・130）。すなわち、正面は建具の入らない吹放しであったのである。また両脇の側面を見ると、正面一間目は壁、二間目は扉が描かれている。この側面の柱間装置の配置は発掘成果とも一致する。すなわち、階段のある柱間には通用のための扉が必要と考えられるから、やはり第一次大極殿においても、二間目に扉があったと推定できるのである。一方で、背面側は残念ながら描かれていないが、発掘調査で階段の遺構を確認しているため、この階段の位置には扉を設け、それ以外は壁と推定することができた。

では組物について見ていこう。組物の形式は図35のように、多くの種類があるが、手先の多い組物ほど、荘厳性に富んでおり、古代日本の建物では三手先《みてさき》が最高級とされる。奈良時代の三手先では、薬師寺東塔・海龍王寺《かいりゅうおうじ》五重小塔などの塔婆建築や唐招提寺金堂に限られる。一方で海龍王寺西金堂や法隆寺妻室《つまむろ》など、多くの建物では、手先の出ない組物を用いており、組物を用いないこともある。また建物の規模に対し、軒《のき》の出《で》が小さいと、建物全体のバランスが悪くなる。そのため、巨大建築の場合、外観のバランスをとるためにも、ある程度、軒の出が大きくなる。

そして、前に述べたように、軒先を基壇よりも外側に出さなくてはならない。第一次大極殿の場合、柱の位置から基壇の外側までの距離は四・六メートル（約一六尺）であるから、軒の出はこれ以上の長さとなる。この軒の出を支えるには、手先の出る組物、すなわち三手先とする必要がある。

大極殿は、いうまでもなく第一級の中心建物であるから、格式から見ても、組物は三手

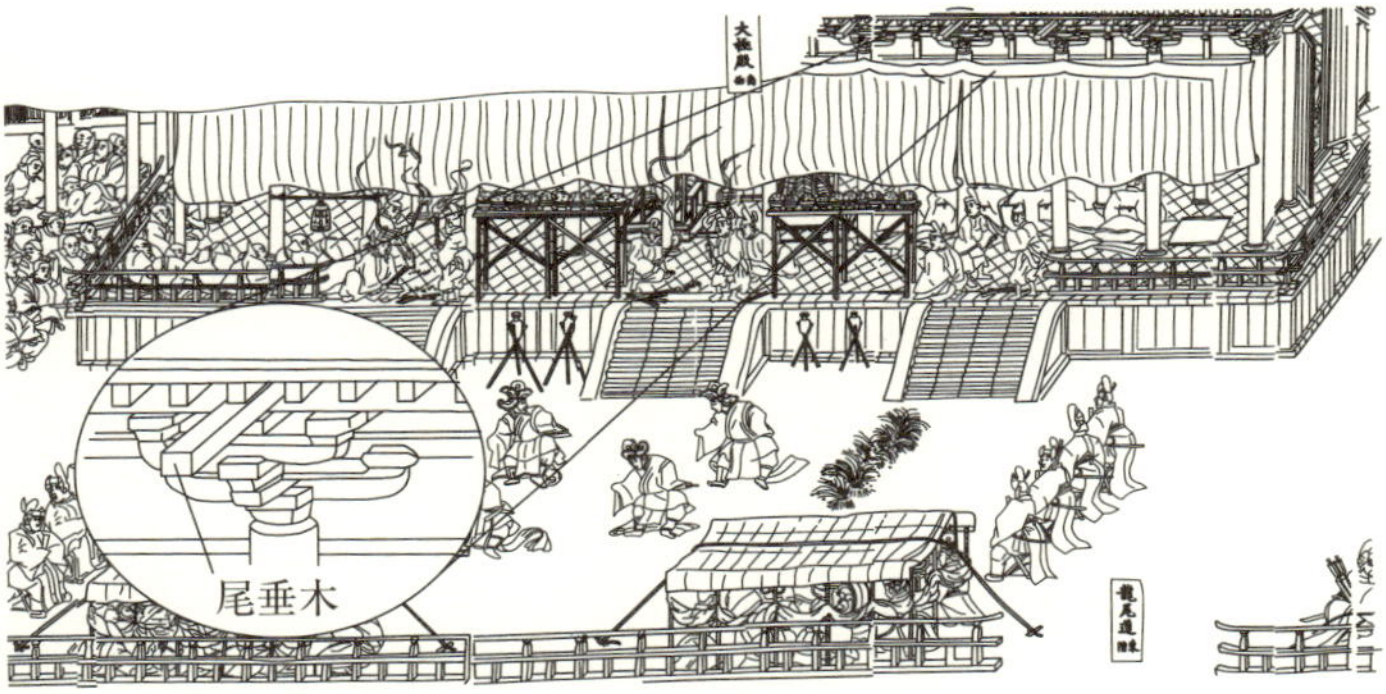

図130　『年中行事絵巻』に描かれた平安宮大極殿（組物）

先がふさわしいといえよう。

さて、再び『年中行事絵巻』の別の場面の描写であるが、実は組物もしっかりと描かれている（図130）。この大極殿の組物を見ると、尾垂木《おだるき》が見える。尾垂木は斜め方向に突き出した組物の部材の一部で、三手先などに用いられるもので、平安宮大極殿の組物も格式の高い三手先と考えられる。ここからも、第一次大極殿の三手先という想定は一定の妥当性がある。

さて屋根の葺材《ふきざい》であるが、瓦の出土は多く、瓦葺と考えるのが妥当であろう。さらに中国風の宮殿の中枢である大極殿は瓦葺と推定され、『年中行事絵巻』にもそう描かれている。この大極殿の復元では、瓦そのものにもこだわっている。第一次大極殿院から出土した遺物を忠実に再現し、通常の「いぶし銀」とは異なる黒色の瓦で葺いているのである。また大棟《おおむね》・降《くだり》棟《むね》・隅棟《すみむね》などの細部の納まりは法隆寺玉虫厨子《たまむしずし》（図

20）や中国・韓国の事例を参考とした。現地で注意して見てほしい。

このほかの屋根の上の飾りの検討の過程を見ていこう。奈良時代の第一級建築には大棟の両端に鴟尾《しび》を置くのが一般的で、唐招提寺金堂の奈良時代の瓦製の鴟尾が著名である（図131）。前出の『年中行事絵巻』の平安宮大極殿にもやはり金色に輝く鴟尾が描かれている（図129）。しかしながら、第一次大極殿やその周辺の第一次大極殿院、はたまた平城宮では鴟尾の出土が全くないのである。はて、恭仁宮へ移築したのだから、出土しないのも当たり前ではないか、と思われるかもしれないが、この移築先の恭仁宮でも出土していないのである。

図131　唐招提寺金堂の鴟尾（唐招提寺所蔵）

もちろん、第一次大極殿は奈良時代の第一級建築であるから、ここに鴟尾が置かれなかったとは考え難い。そこで考えうるのが、鴟尾の材料である。すなわち、遺物として残りやすい瓦製以外の材料であったのではなかろうか、という推定である。金属製品は再鋳造されて、リサイクルされることが多く、そのため、出土遺物として確認できないのではないかと考えたのである。こうして第一次大極殿の鴟尾は金銅製と推定するに至った。この推定は『年中行事絵巻』の金色の鴟尾とも合致する。

鴟尾のデザインを考えるにあたっては、奈良時代の鴟尾が伝世する唐招提寺金堂の鴟尾の形状（図131）や鳥坂寺《とさかでら》（奈良時代、図96）、難波宮出土品などを参考にした。もちろん、唐招提寺金堂と第一次大極殿院では建物の大きさが約一・六倍も違うので、そのままの大きさとすることはできない。そのため、屋根の大きさやバランスを考慮して、鴟尾の製作が行われたのである。

また奈良時代後半の「西大寺資財流記帳《さいだいじしざいるきちょう》」という西大寺の財産目録を見ると、弥勒金堂では、大棟の上に飾りが置かれ、荘厳性を高めていた。寺院よりも格の高い平城宮第一次大極殿においても、同様の飾りを置き、荘厳性を高めたと考えられ、そのモチーフは法隆寺夢殿の宝珠を参考とした。

さて、これまでの検討で、二重の壇正積基壇・桁行九間、梁行四間の四面廂・二重・入母屋造・正面吹放し・三手先の組物・黒色の瓦・金銅製の鴟尾と宝珠など、建築の大枠は定まった。

二重の屋根の建物で造るにあたっても、実はすんなりと構造が決まったのではない。この巨大建築を二重で建てるには大きな困難を伴ったのである。何せ奈良時代中期に東大寺大仏殿ができるまでは、第一次大極殿は日本最大級の建物であったのであるから、これも致し方ない。

奈良時代の重層の主要建物は現存しないため、当初、奈良時代の主要建築である唐招提寺金堂の構造を参考として、設計が進められた。もちろん、唐招提寺金堂は単層の建物で、第一次大極殿と比べると、規模は小さいが、現存する奈良時代建築の中では最大級の規模を誇る。そのため唐招提寺の構造を第一次大極殿の下層の構造として、この上に上層をのせることで、二重の建物としようとしたのである（図132）。しかし、この復元案を構造解析してみると、図133の左図のように、上層を支える梁が大きくたわんでしまう。もちろん、解析モデルは歪みの大きさなどを誇張しているため、実際の変形がこのように起こるわけではないが、唐招提寺金堂の構造では二重の建物を建てることはできないという厳しい現実が突き付けられた。もちろん、奈良時代の建物は現在のような、地震などを考慮した構造解析に基づいて、設計されたわけではないが、建築として成り立たないということでは、どうしようもなく、基本構造の設計から根本的な変更に迫られた。そこで、やはり古代の二重の建物である法隆寺金堂の構造を参考とすることとなった。

もちろん、法隆寺金堂は、第一次大極殿に比べて規模は小さく、時代も飛鳥時代の建物

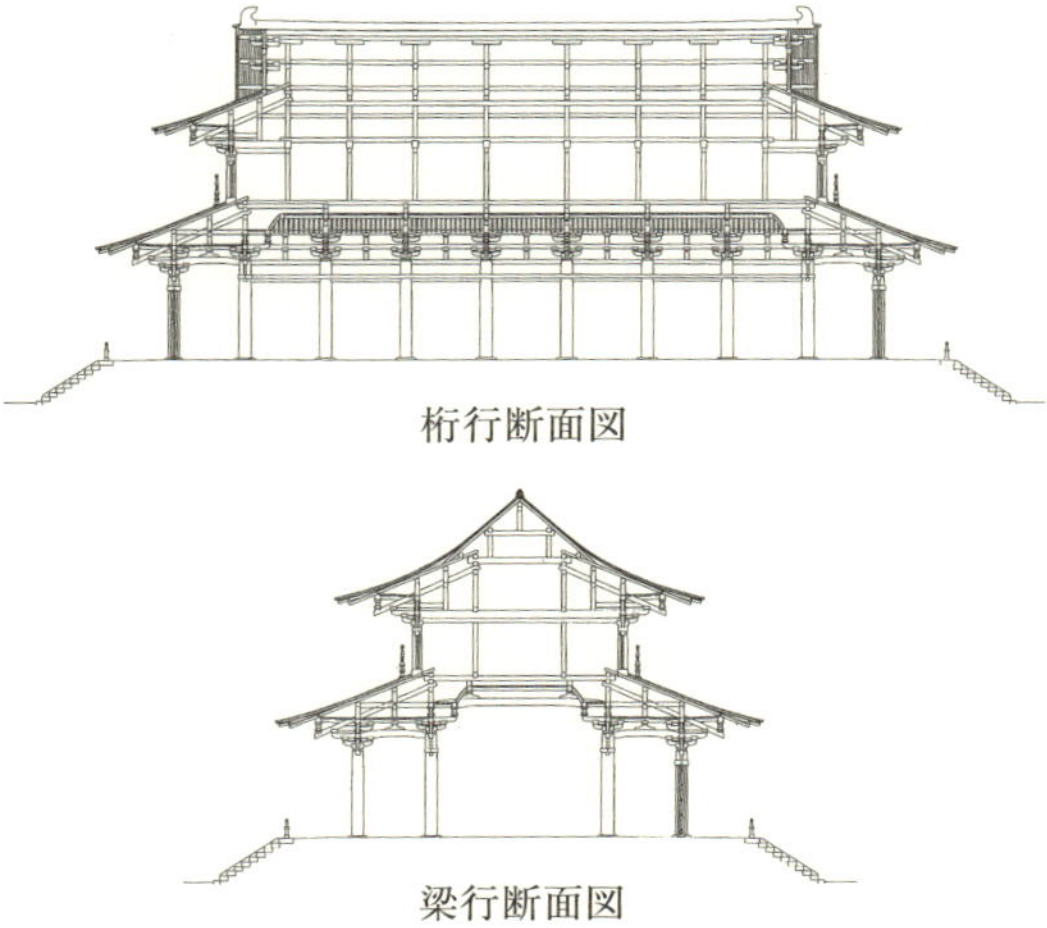

図132　唐招提寺金堂の構造をもとにした第一次大極殿復元案（奈良文化財研究所『平城宮第一次大極殿の復元に関する研究』２木部，2010年）

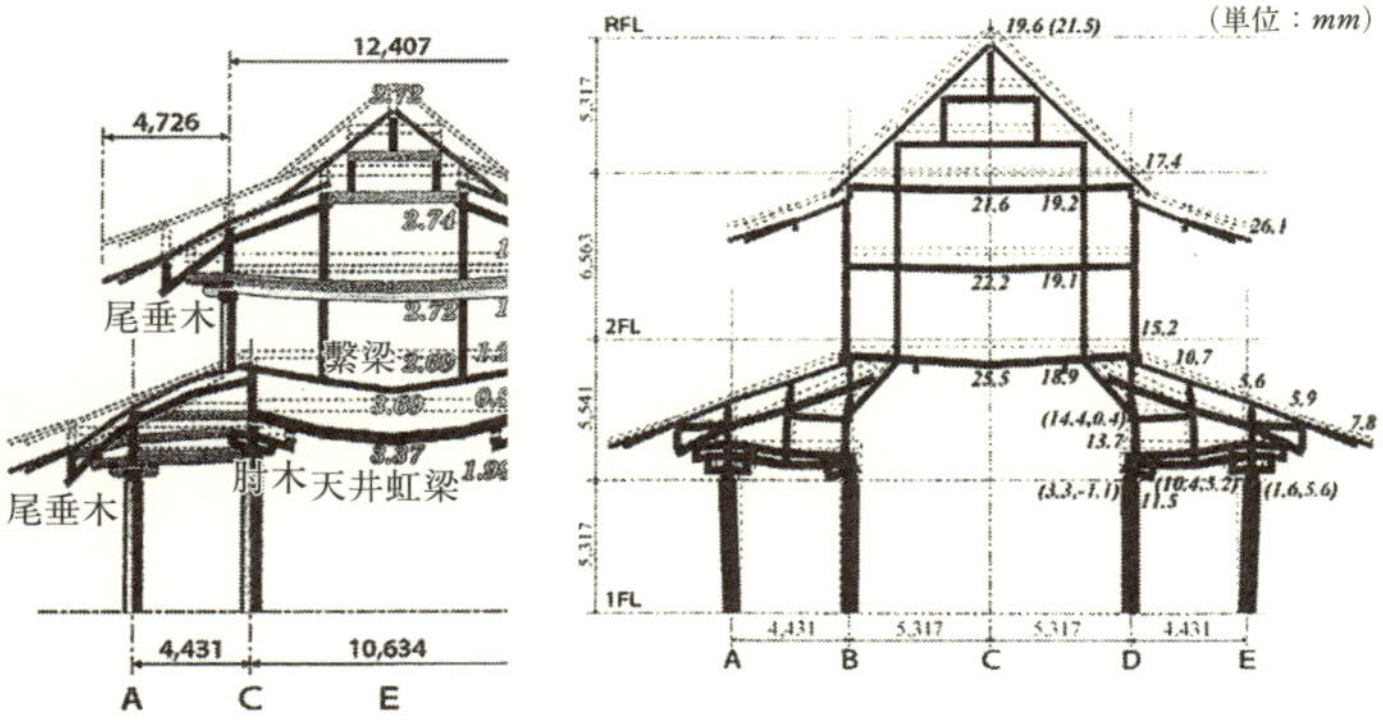

図133　第一次大極殿復元案の構造解析（左・唐招提寺型，右・法隆寺型，奈良文化財研究所『平城宮第一次大極殿の復元に関する研究』２木部，2010年）

であるが、「二重」という構造的な共通点に重点を置いたのである。改めて法隆寺金堂の構造を見てみると、非常に合理的な構造であった。上層の柱が下層の柱と柱のちょうど真ん中に位置しており、上層の荷重を効果的に下層の柱に伝えているのである（図134）。

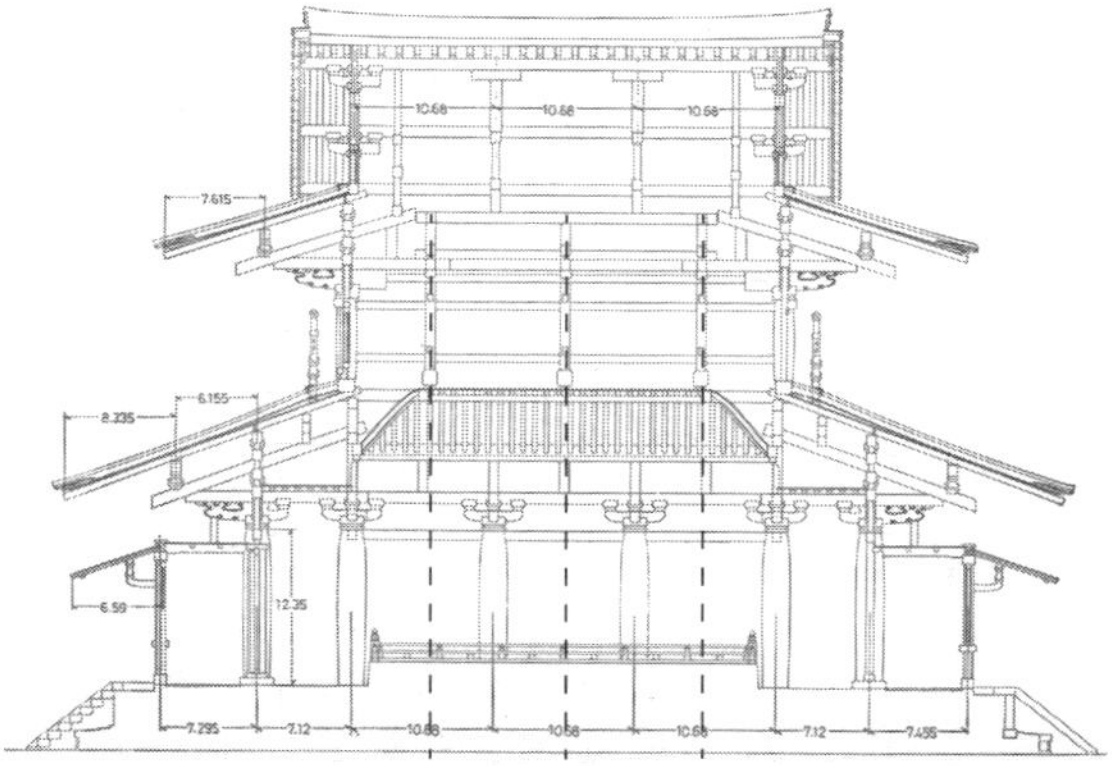

上層の柱は下層柱間の中間に位置する

図134　法隆寺金堂桁行断面図（法隆寺国宝保存委員会『国宝法隆寺金堂修理工事報告』1956年に加筆）

　こうした第一次大極殿の構造上の強度不足は一〇分の一模型の製作時点ではわからなかったことで、やはり実地に建てるための検討をしたことで、初めて判明したのである。建築学は机上の空論ではわからないことも多く、実務と表裏一体の学問であることを痛感する一つのよい事例である。

　このように、第一次大極殿では、発掘遺構・出土遺物・現存建築・文献資料・絵画資料など、さまざまな類例を参照しながら、多面的な検討を重ねて、ようやく復元にこぎつけたのである（図135・136）。

　なお二〇一六年現在、第一次大極殿の周囲、

図135　復元された第一次大極殿

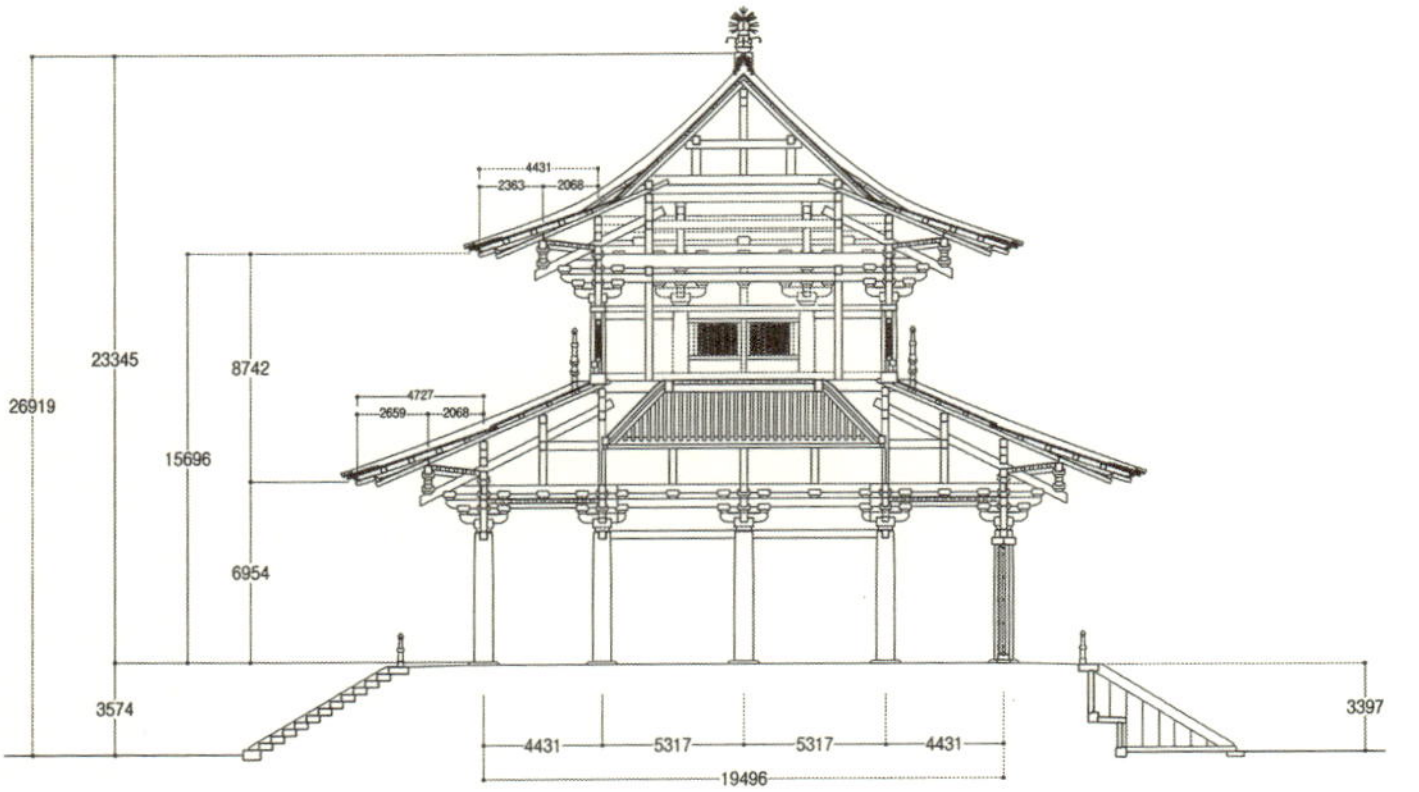

図136　第一次大極殿復元断面図（奈良文化財研究所『平城宮第一次大極殿の復元に関する研究』２木部，2010年）

第一次大極殿院の復元が国土交通省飛鳥公園事務所により進められている。いずれ遠くない将来、南門・楼閣（東西楼）などを兼ね備えた第一次大極殿院の壮観な姿が眼の前に現れ、古代宮殿の荘厳さを体感できよう。

図137　朱雀門の発掘状況（東から）

朱雀門

第一次大極殿が平城宮の心臓であるとすると、朱雀門は平城宮の顔である。文字通り、平城京のメインストリート朱雀大路の正面にあり、平城宮の南面中央に位置する正門である。朱雀門は常時、開いていたわけではなく、衛士《えじ》によって守られ、平城宮の正門として、荘厳な姿を誇示していた。

朱雀門は一九六四年度の発掘調査で初めて位置と規模が確認され、復元整備に向けて、一九八九年度には全面的な再発掘が行われた（図137）。これにより、桁行五間、梁行二間で、柱間は約五・〇メートル（一七尺）等間と判明した（図138・139）。基壇外装の痕跡は失われていたが、

図138　朱雀門の検出状況（人の立つ位置が柱位置）

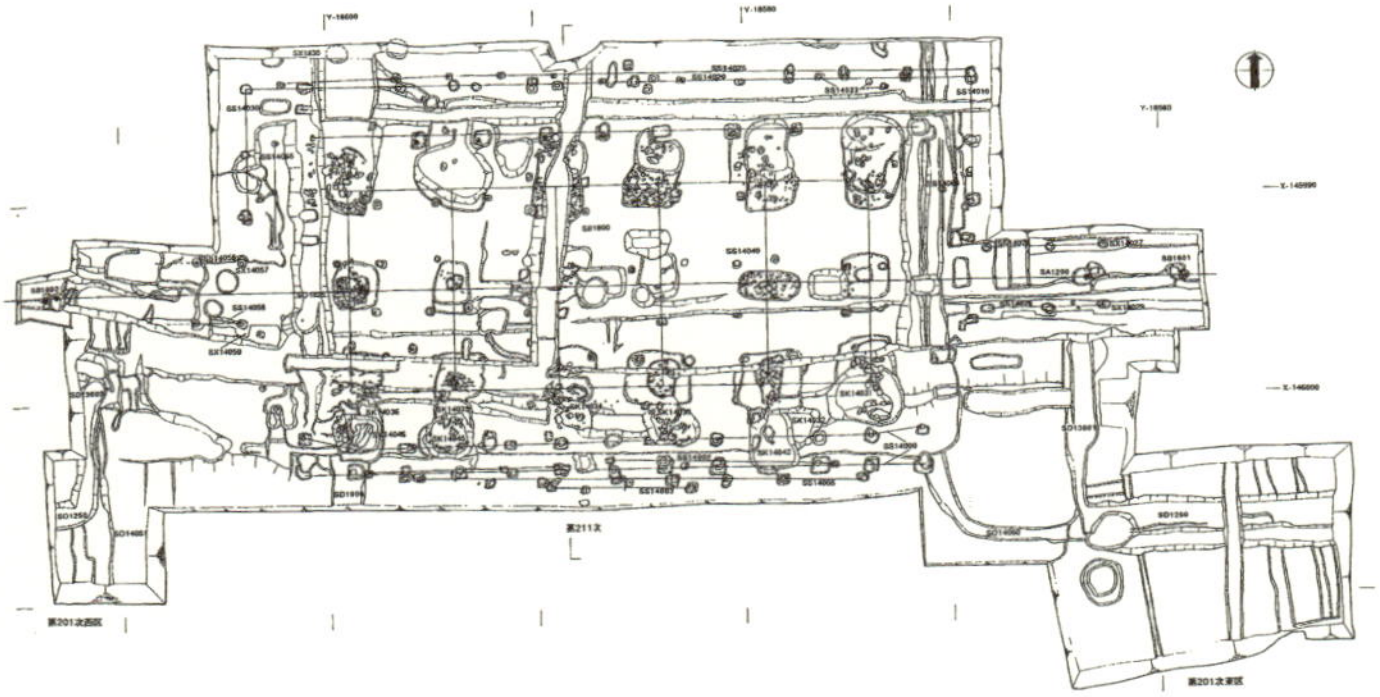

図139　朱雀門遺構平面図

基壇の版築《はんちく》が残っていた。また掘込地業《じぎょう》（総地業）が施されており、この掘込地業の範囲が推定柱位置から約一二尺、出た位置であり、これがほぼ基壇の大きさになると推定された。

出土した二メートル×一・三メートル×〇・六メートルもの大きさの礎石断片から、巨大な自然石の礎石が用いられたことが明らかになった（図140）。また瓦は藤原宮に葺かれたものが再利用されていたことがわかり、平城宮の顔である朱雀門でさえも新規に瓦を作る時間がなく、平城宮の造営が急ピッチであった様子がヒシヒシと伝わってくる。

図140　朱雀門の礎石断片（奈良文化財研究所所蔵）

さて、平城宮朱雀門の構造に関する直接的な資料はなく、発掘成果のみが頼りであった。まずは門が単層であるのか、重層であるのかという点が問題となった。この点の解決には、絵巻物が活用された。『伴大納言絵詞《ばんだいなごんえことば》』（図141）に平安宮朱雀門が二重門で描かれていたのである。これを参考に、平城宮朱雀門も二

図141　『伴大納言絵詞』に描かれた平安宮朱雀門

重門と想定した。実際に単層の門には分不相応の掘込地業、巨大な礎石といった朱雀門の発掘成果も二重門と考えると納得のいく手間の掛け方である。また二重門という形は平城宮の正面を飾るにふさわしい構えであろう。

二重門と大まかな構造は決まったものの古代の二重門は法隆寺中門しか現存していない。もちろん、この法隆寺中門の基本構造は、二重門としては参考になるが、法隆寺西院伽藍《がらん》の建築群は七世紀後半～八世紀初頭の建物であり、さらに規模も桁行柱間約一二メートル（四〇尺）で、朱雀門の桁行柱間二五メートル（八五尺）と比べると小さい。

組物の形式は朱雀門が二重門であることも鑑みて、最高級の格式である三手先が適当であると考えた。柱位置から、基壇端までの距離が一二尺であることからも、軒の出はこれよりも大きく、組物を三手先と推定

図142　東大寺転害門（左）と薬師寺東塔（右）

することには一定の妥当性がある。その形式は第一次大極殿と同じく、朱雀門の建築年代と近い天平二年（七三〇）に建てられた薬師寺東塔の様式を参考とした（図142右）。また部材の大きさや比例関係は、柱間規模の大きい東大寺転害門《てがいもん》を参考とした（図142左）。

細部の意匠を見ていこう。軒瓦のデザインには出土品という強い味方がいるが、それ以外には十分な出土品はなく、さまざまな類例を参考にする必要がある。

図143　四天王寺出土の風鐸（四天王寺所蔵）

図144　復元された朱雀門

風鐸《ふうたく》は四天王寺《してんのうじ》講堂出土のもの（図143）、尾垂木の木口金物は薬師寺出土のものを参考にし、鴟尾はやはり第一次大極殿と同じく、現存する唐招提寺金堂のものなどを参考に復元した。

　こうした復元検討の過程において、多くの出土品・現存建築の調査・研究を重ねることで、副次的に多くの研究成果も生み出された。その後も、模型や図面による検討を経て、一九九八年にようやく復元が完成した（図144）。朱雀門の最初の発掘調査から実に三四年もの歳月がかかったのである。

　なお、二〇〇九年には清水重敦より、朱雀門単層説というセンセーショナルな案が出された。これは主に以下の四点の特異性から、朱雀門の二重門による復元には再考の余地があるとするものである。

①基壇外装が失われていながら、礎石据付穴と根石《ねいし》が残る。
②地表面以下まで削平を受けていながら、基壇上の足場穴がよく残る。
③基壇外に通る推定解体時足場穴の位置が近い。
④周辺の土壌は極端に軟弱な粘土質である。

順に同氏の解釈を見ていこう。まず①については、高い基壇の場合、礎石の痕跡が失われても、基壇外装の痕跡が残るというのが通常で、朱雀門の傾向はこれと逆である。この場合は、低い基壇か、深い据付穴の可能性を考える必要がある。②については、復元朱雀門の基壇高五・六尺（約一・七メートル《メートル》）から考えると、足場穴の深さが二メートル《メートル》前後の深さとなる。足場穴の径は四〇センチ《センチ》程度であり、この小さい穴で二メートル《メートル》もの深さを掘るのは困難であろうという。③については、階段の想定位置とそれ以外で足場穴が同じ検出状況であることから、階段がこの足場穴より内側に収まる出の小さなものであったと推定している。つまり、想定される基壇は低いというのである（図145）。④については、地盤改良である堀込地業は朱雀門が重層であることによるのではなく、周囲の軟弱地盤に起因するものであるとする。

以上の点より、七五センチ《センチ》程度の低層の基壇を想定し、朱雀門の上部構造も、二重ではなく、単層の門であったという案を提示したのである（図146）。

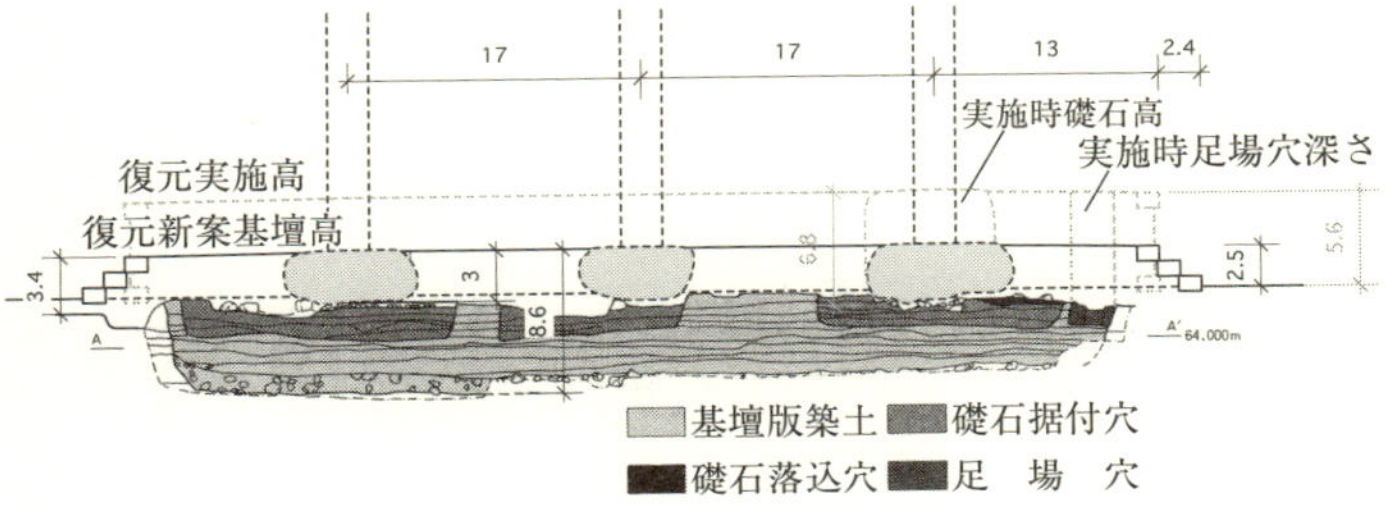

図145　朱雀門の復元実施基壇とその再検討（奈良文化財研究所編『官衙と門』2009年）

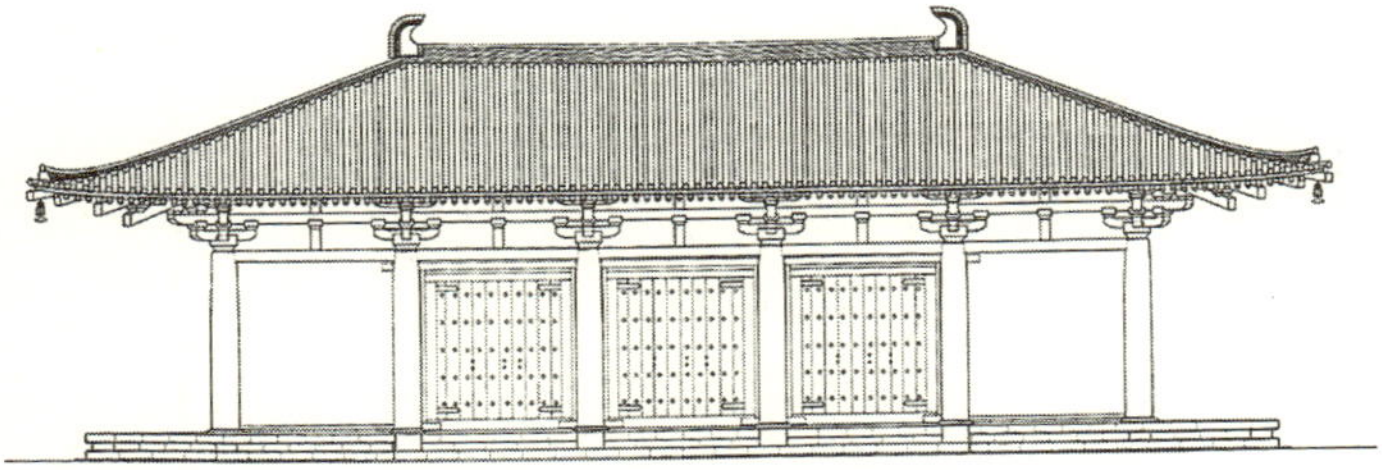

図146　朱雀門単層案（奈良文化財研究所編『官衙と門』2009年）

さて、実際に復元されている平城宮朱雀門とは大きく異なる、この単層案について、少々、専門的な話になるが、検証していこう。

まず①については、残欠ですら一㍍近い礎石であるから、本来の朱雀門の礎石はかなり大きく、その据付穴も深くなくてはならないだろう。たとえ、低層の基壇であったとしても、基壇外装が失われている以上、検出した礎石の抜取穴の底が、かつての地表面より深いという発掘成果による事実に変わりはない。すなわち、発掘調査で確認されている以上、地表面より深い位置まで、礎石の据付穴を掘る必要がある点は、基壇が高かろうが、低かろうが、同じなのである（図145）。また礎石の据付穴の土層の各層は、基壇の版築と同程度の厚さである。礎石の据付穴が深い点とともに考えると、礎石部分のみ、部分的に版築を強固に行う壺地業《つぼじぎょう》であったのではなかろうか。実際に根石の位置は据付穴の底よりもかなり高く、礎石を据えるには据付穴は深すぎるため、この可能性は十分にあろう。

図147　礎石設置のための三叉（想像図）

②は足場の柱穴とする小穴の性格である。もちろん、高所を作業するために足場を組む必要があるが、これ以外にも、造営作業に伴う小穴は多く必要である。その一つが重い礎石を据えるために用いる小穴である。礎石を据えるために、そのまわりに三叉《みつまた》を建てて、滑車を用いると考えられるが、この三叉を固定するため、礎石の周りに小穴が掘られるのである（図147）。実際に朱雀門の小穴は礎石の周りに集中している。むしろ、基壇が削平されており、建設や解体の作業用の足場の柱穴は失われている可能性だってある。

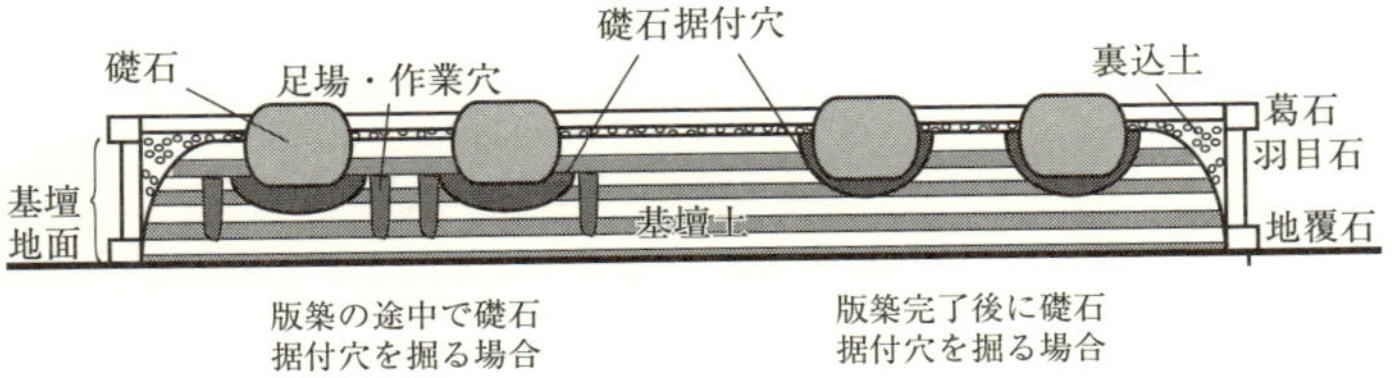

図148　版築の途中で置かれる礎石据付穴（模式図）

この痕跡の見え方や深さは礎石の据え方とも関係がある。基壇の上面まで版築を行って、そこから礎石を置くこともあるが、基壇の版築の途中で礎石を据えることもあるのである（図148）。薬師寺食《じき》堂《どう》などがその代表例である。この場合、礎石を据える時期が基壇の版築の途中であるため、三叉などの痕跡はかなり基壇の低い位置に残る。朱雀門の場合も、この方法を用いたのではないだろうか。そうであるとすると、必ずしも造営用の小穴は基壇上面から掘り込まれる必要はないのである。礎石据付穴に重なる小穴もあるが、これも礎石部分を壺地業した後に、礎石を据える際に掘られたものと考えれば、合点がいく。もちろん、朱雀門の発掘調査からは、こうした経緯に関する痕跡は確認できていないが、清水重敦が主張するような、足場の柱穴が基壇上面から掘られたということも考古学的には立証できておらず、この点については、議論は平行線である。

③については、基壇の端の位置に軒先があることを考慮すると、掘立柱の足場を組む際に、階段が邪魔になる。そのため、足場の柱穴を掘削するのに階段、少なくとも階段の外装は解体する必要があ

る。そのため、階段が朱雀門本体の木部よりも先行して解体されたとも考えられる。

④については、もちろん、地盤の軟弱さは掘込地業の一因であろう。朱雀門の両脇の宮《みや》垣《がき》の部分にも掘込地業があるから、これ自体は、否定するものではない。ただし、朱雀門の両脇につながる平城宮の南面大垣は高さ六《メー》《トル》もの築地塀で、非常に荷重の大きい建物で、朱雀門と同じく、入念な地盤改良が必要と考えられる建物である。それゆえ、やはり掘込地業による地盤改良は構造物の大きさ、すなわち重層のための地盤改良と考える方が自然であろう。

以上のように朱雀門単層案に対する疑問点をあげてみたが、本人も述べているように、「朱雀門についても、現在復元されているかたちと併置すべく、異なる案の可能性を模索し」たものであり、復元された平城宮朱雀門を「あくまでも有力な案をもとにした復元建物」として位置付け、別案を提案することが一つの目的であった。むしろ、こうした実際に復元された建物に対し、恐れずに批判的検討を加え、別案を提示することは、学問的な意義が大きい。本書の末尾で掲げている「復元学」には必要な基本的な理念であろう。

構造補強の違い

さて、復元建物を実際に建てるには現在の建築基準法など、さまざまな制約をクリアしなくてはならない。国宝・重要文化財などは、この要件から除外されるが、復元建物にはこれが大きなハードルとなる。そのため、当時の形を考えた「復元原案」と実際に建てられる「実施案」には大きな違いが出てくるのである。もちろん、第一次大極殿と朱雀門も例外ではなく、両者ともにさまざまな構造的な工夫がなされている。ここでは、その苦悩をお見せしよう。

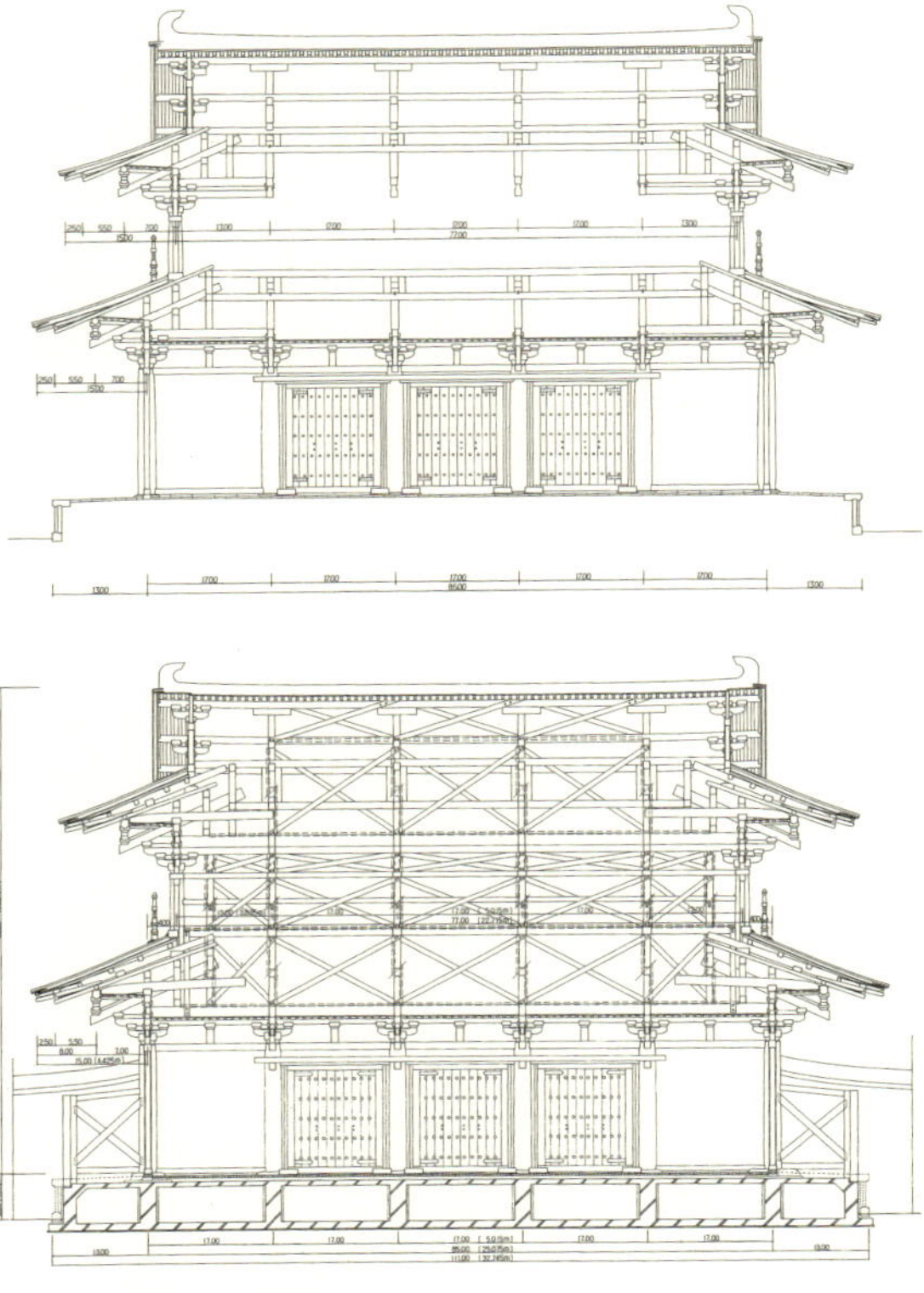

図149　朱雀門の復元原案（上）と実施案（下）桁行断面図（奈良文化財研究所『平城宮朱雀門の復原的研究』1994年）

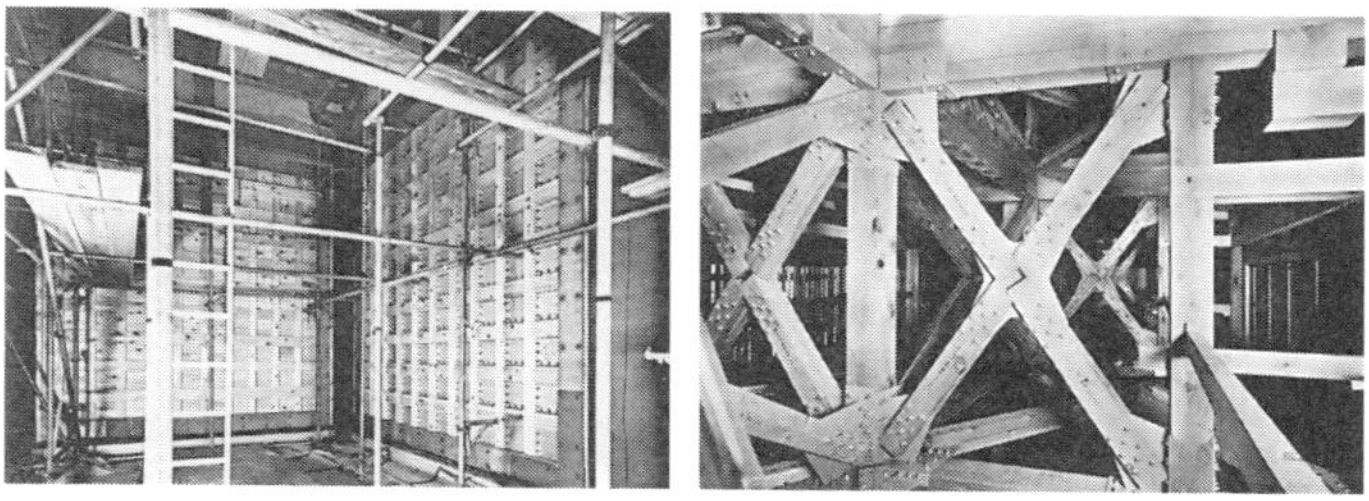

図150　壁の金属板補強（左）と小屋裏の筋違（右）（文化財建造物保存技術協会『平城宮朱雀門復原工事の記録』1999年）

まず、朱雀門を見ていこう。朱雀門の場合は、復元原案と実施案に大きな違いがある（図149）。それぞれの桁行断面図を見てもらえば、よくわかると思うが、復元原案が非常にシンプルな構造であるのに対し、実施案は小屋裏を中心に多くの補強材が入れられている。

中世以降には野小屋という技術が発達し、桔木《はねぎ》という部材が登場し、てこの原理を用いて、軒先を跳ね上げるようになるが、この桔木を小屋裏に差し込み、軒先の垂下を防止している。さらに小屋裏を中心にXの筋違《すじかい》という構造補強がたくさん入っている（図150右）。また初重の壁には内部に木枠を組み、そこに金属板をはめ込むことで構造耐力を向上させている（図150左）。

この朱雀門の復元では、もし、朱雀門が中世・近世・近代と破却されずに現代まで建ち続けた場合、どのような改修が加えられたのか、ということをコンセプトに構造補強が行われた。そのため大手術の痕が小屋裏に刻まれている。

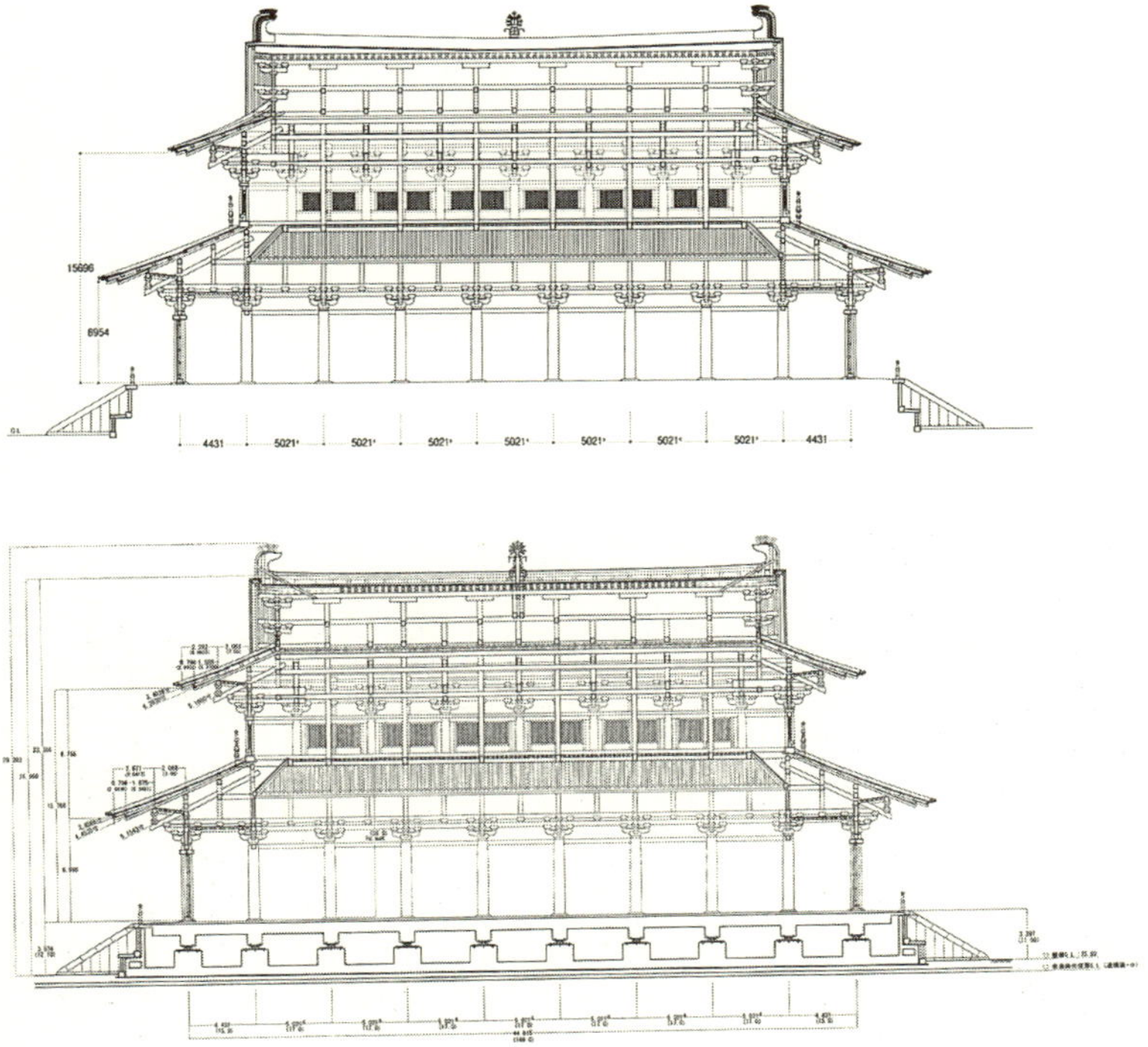

図151　第一次大極殿の復元原案（上・奈良文化財研究所『平城宮第一次大極殿の復元に関する研究』２木部，2010年）と実施案（下・文化庁『特別史跡平城宮跡第一次大極殿正殿復原工事の記録』2013年）桁行断面図

復元建物であるが、いわば建築メンテナンスの実験的な試作でもあったのである。

一方で、第一次大極殿の図面を見てみよう（図151）。朱雀門と比べると、実施案がかなりシンプルなのがおわかりいただけるであろう。第一次大極殿の場合は、現代の技術を用いることで、復元原案の奈良時代の形になるべく影響を出さないというコンセプトで構造補強が行われた。

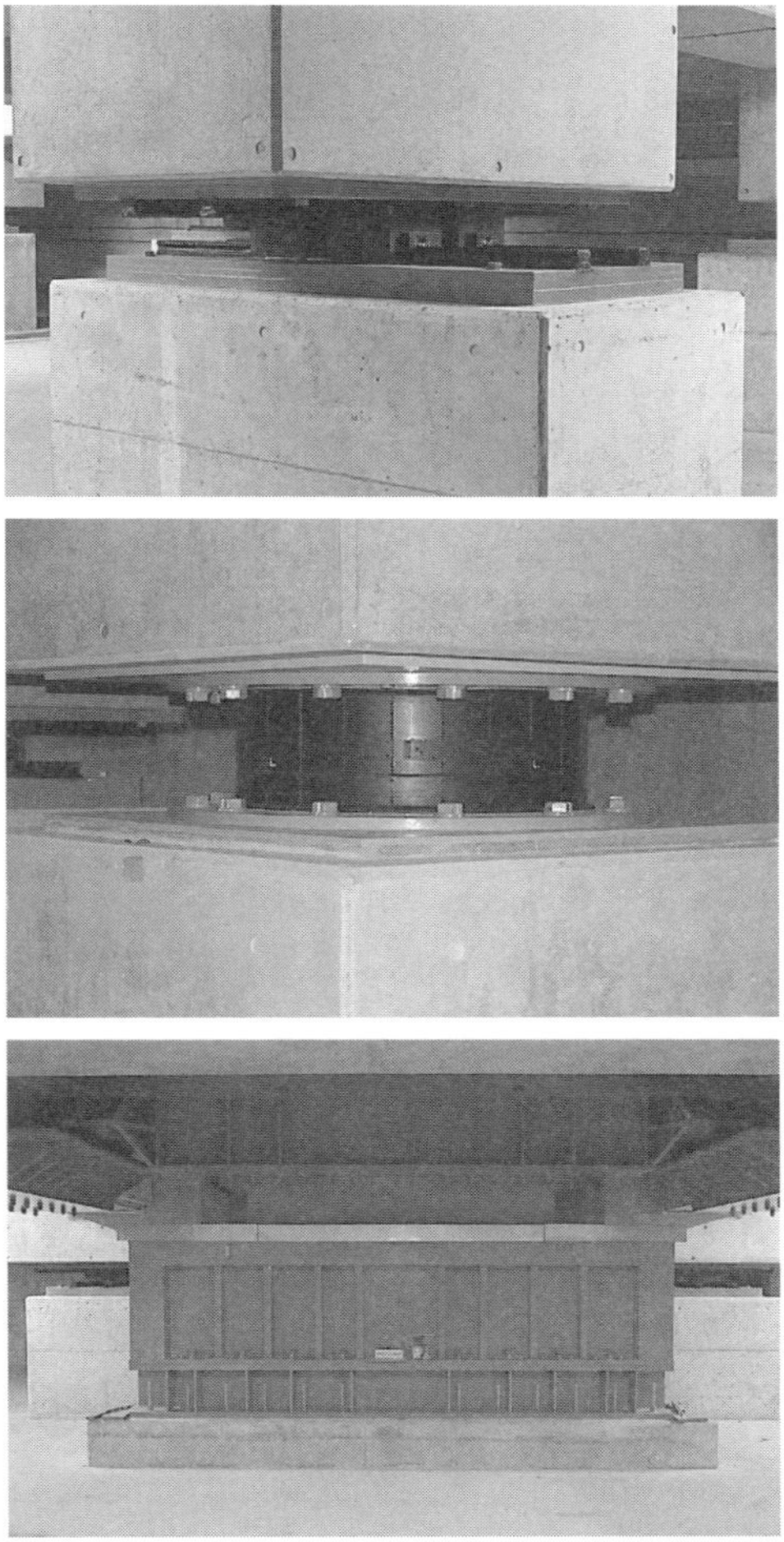

図152　積層ゴム（上）・粘性体ダンパー（中）・リニアスライダー（下）

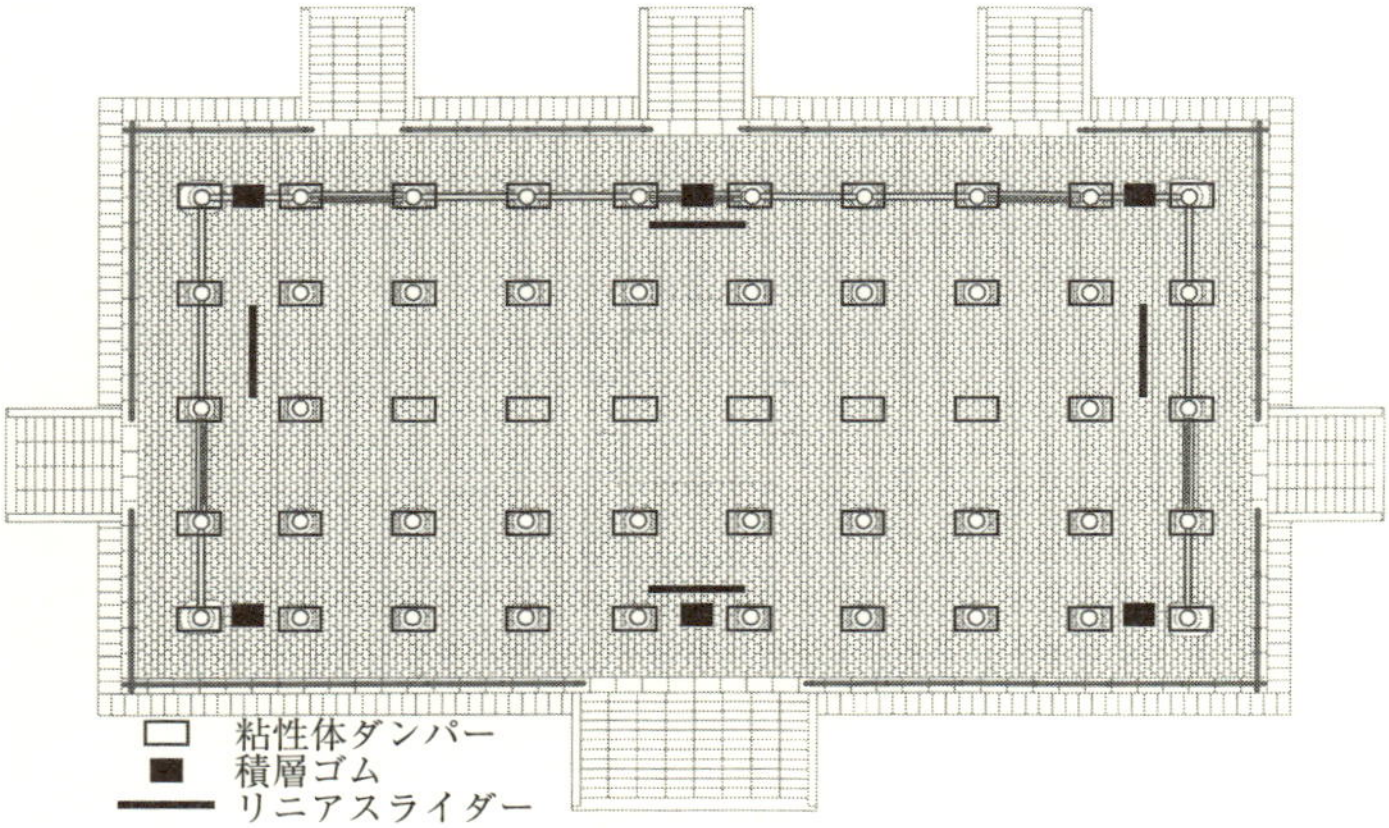

図153　第一次大極殿の免震装置の位置

ここで活躍したのが免震装置である（図152）。建物の基礎を地面と切り離して、地面と建物の基礎の間に装置を置き、地震の力が建物に直接伝わらないようにするためのものである。国立西洋美術館など、構造補強を加えにくい歴史的建造物の修理において、活用されている。第一次大極殿の場合、基壇が非常に高かったおかげで、免震装置をこの中に組み込むことができた。この免震装置は、次の三つの機能が組み合わさっている。一つは積層ゴムによって元の位置に戻ろうとする復元力である。地震が起こった際に、建物がズレたとしても元の位置に戻す役割を果たす。二つ目は粘性体ダンパーといわれるもので、シリンダー内のオイルの流れにより、振動エネルギーを吸収し、揺れを軽減する役割を担っている。おもに垂直方向に対する効果が大きい。三つ目はリニアスライダーと呼ばれるもので、ベアリングを内蔵したブロックをレール上で滑らすことで、水平全方位の免震を行う装置である。積層ゴムは各柱の直下に配置され、粘性体ダンパーは各辺中央の四ヵ所、リニアスライダーは四隅と桁行中央の六ヵ所に置かれている（図153）。以上の三つの免震装置が働いていることで、巨大な第一次大極殿の建物は復元原案に近い形で成り立っているのである。

このように、同じ平城宮の復元でも、第一次大極殿と朱雀門では全く異なる構造補強の理念で設計されている。この違いは、復元があくまで、一つの答えに縛られるものではなく、過去の建物を考え、実験的に行い、多様な方法を検証するということが重要であることを示している。パッと見にはわからない違いであろうが、こうした復元の方法や理念を知ることで、復元建物の見え方も変わってこよう。

寺院を復元する——四天王寺

四天王寺の歴史

四天王寺は大阪市の中心部にほど近い地にあり、その草創については『日本書紀』に記されている。これによると、用明天皇二年（五八七）の崇仏派の蘇我氏と廃仏派の物部氏の闘争の折、蘇我氏方に付いていた聖徳太子（厩戸皇子）は、四天王像を彫り、勝利の暁《あかつき》には、四天王を安置する寺を建立することを誓願した。その甲斐もあって、蘇我氏の勝利に終わった。これがきっかけとなり、推古天皇元年（五九三）に聖徳太子が摂津難波の荒陵《あらはか》で四天王寺を建立し、その財政基盤としては、物部氏の奴婢や土地が用いられたという。これが『日本書紀』に記される四天王寺の創建である。

その後、聖徳太子ゆかりの寺として、太子信仰の地として、また四天王寺西門が西方極楽浄土の入口であるという浄土信仰の地として、多くの信者を集めた。上皇や法皇の参詣のほか、最澄・空海・親鸞らの諸宗の開祖が参籠《さんろう》したという。金堂は天徳四年（九六〇）に罹災し、焼亡したと伝える。その後、正平十六年（一三六一）、永正七年（一五一〇）にも地震により倒壊したと伝えるが、そのたびに再建された。

一方で、大坂の中心地という立地から、四天王寺も戦国から江戸時代初頭の戦乱に巻き込まれることになる。天正四年（一五七六）には石山本願寺攻めの兵火を被り焼失し、豊臣秀吉によって再建される。再び慶長十九年（一六一四）の大坂冬の陣で焼失したが、徳川幕府の援助により再建された。

そして現在、目にすることのできる伽藍復元に至るきっかけとなった、近代以降の天災・人災の歴史が始まる。昭和九年（一九三四）九月二十一日の室戸《むろと》台風により、五重塔は倒壊し、金堂は傾斜して破損し、境内全域の建物の多くが被害を受けた。ほどなくして、昭和十一年には中門、昭和十五年には五重塔が再建されたが、これらの伽藍に決定的な打撃を与えたのが昭和二十年の大阪大空襲であった。この空襲により、境内の全域が灰燼《かいじん》に帰し、ほとんどの建物が失われた。なお、この空襲の災いを避け、焼け残った六時堂《ろくじどう》・本坊方丈《ほんぼうほうじょう》・五智光院《ごちこういん》などの一部の建物は現在、重要文化財に指定されている。

図154　四天王寺式伽藍配置（昭和24年，藤島亥治郎編『復興 四天王寺』四天王寺，1981年）
右下から順に中門・塔・金堂・講堂の基壇が並ぶ

戦災からの復興

戦後直後には、なかなか伽藍中枢部の復興には及ばず、英霊堂や北鐘堂・南鐘堂・聖霊院（太子殿）前殿など、周辺の堂舎が先行して再建された（図154）。

そして、ようやく昭和三十一年（一九五六）より、主要伽藍の復興が始まったが、ほどなくして、問題に直面した。地下に包含する遺跡との兼ね合いが課題になったのである。地下の遺構の様子を確認するべく、昭和三十一年七月より、計三ヵ年にわたる発掘調査が行われた。これにより、創建伽藍の様相も知られるようになったのである。

発掘調査の開始とほぼ時を同じくして伽藍主要部の再建にあたって、四天王寺復興奉賛会が設立され、伽藍の設計監理機関として、伽藍復興協議会が発足した。この協議会には、東京大学教授藤島亥治郎をはじめ、文化財保護委員会技官服部勝吉、京都大学教授村田治郎ら、そうそうたるメンバーが名を連ねた。実際の設計案を藤島亥治郎が作製し、協議会に諮ったようである。こうした苦難を乗り越え、中門・五重塔・金堂・講堂・廻廊といった伽藍中枢部の建物群が竣工したのである。

再建の基本構想

伽藍復興の方針決定にあたって、価値ある伝統保持を第一に置くこととし、その最たるものは四天王寺式伽藍配置であるとした。四天王寺式伽藍配置とは、飛鳥寺式・法隆寺式・薬師寺式などと並んで有名な古代寺院の伽藍配置の一つで、中門・五重塔・金堂・講堂が中軸線上に並び、これを回廊で取り囲む形式である（図49・154・155）。四天王寺式伽藍配置は大陸的な様相が強く、軍守里廃寺（百済）がその代表で、日本でも山田寺《やまだでら》に見られる。

さて、復元の方針を考えるにあたって、この創建の四天王寺式伽藍配置に価値を見出すのであれば、その上に建つ建物の様式もやはり伝統を踏んだものとする必要があろう、ということになった。こうした経緯を経て、伽藍主要部の意匠は創建時代に戻すべき、との結論に至った。

ともあれ、果たして創建の意匠とはいかなるものなのであろうかという課題に直面することになった。ご存知のように、現存最古の法隆寺金堂であっても、その建築年代は七世紀後半とされ、伽藍内の他の建物もこれ以降に再建されたものである。何せ、四天王寺の

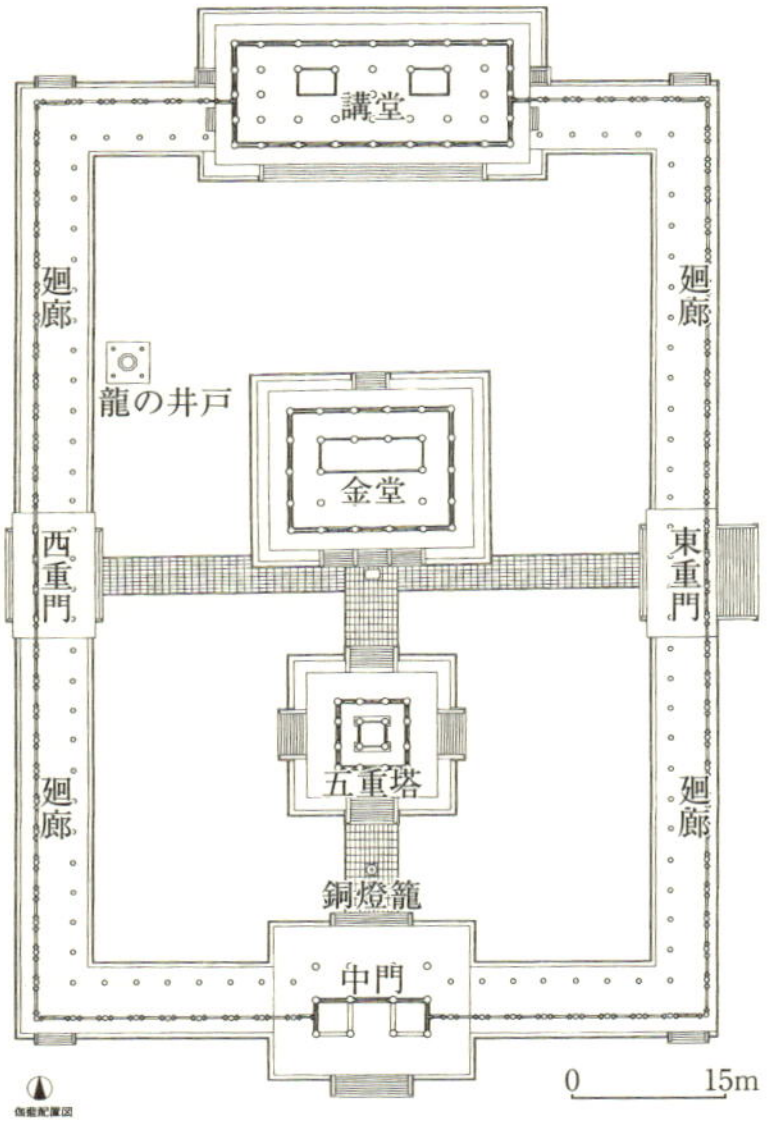

図155　四天王寺伽藍復原平面図（藤島亥治郎編『復興　四天王寺』四天王寺，1981年）

創建伽藍はこれよりも古いのである。それゆえ、四天王寺の建築や仏像も日本的なものではなく、大陸文化を表現したものであろうと考えたようである。

藤島亥治郎は「由緒の古さを示すことにしよう」とし、「できるかぎり復元的意図を持ちながら、中国六朝や朝鮮高句麗の例も参考にしつつ、法隆寺よりも古いことをねらった創作である。そして現代的な機能のためには内部もある程度創意を強めてもしかたない。そうわりきったのである」と記述している（『古寺再現』学生社、一九六七年、七二頁）。

このように、四天王寺の伽藍復興は創作であることを宣言し、復元ではないとしつつも、創建四天王寺の形を模索し、その様式を再現しようとする姿勢は、復元に通じる部分が少なからず、見え隠れする。

このように、四天王寺では、戦後、発掘調査を経て、多くの建物が復元され、伽藍全体が復興されたのであるが、すべての建物を紹介すると煩雑になるため、ここでは金堂に絞ってその経緯を述べたい。

上部構造の思案

金堂の上部構造を検討するにあたって、参考となる文献史料はほとんどなく、『大同縁起《だいどうえんぎ》』に「二重金堂一基」とあるくらいで、屋根が二重であったことが知られるのみである。

さて、二重の奈良時代以前の現存建築が法隆寺金堂・中門に限られることは、前にも述べたが、四天王寺はこれよりも古い寺院である。一方で、現在の法隆寺の西院伽藍の建物は日本化されているが、最古の金堂は大陸的な要素を見せており、それ以降の日本の古代建築とは様相を異にしている。まずは、ここに目を付けた。

この法隆寺金堂の大陸的な傾向はやはり参考になる。四天王寺の伽藍は再建された法隆寺伽藍よりも、約五〇年古く、その伽藍配置も大陸的である。その金堂の様式を「太く逞《たくま》し」い様式として、これをさかのぼれば四天王寺の様式はさらに「逞しく、かつ、素朴」であろうと推定した。ただし、こうした推定で思いどおりに再建できたわけではなかった。構造はもちろん木造を志したのであるが、四天王寺は都市部に位置するため、制約が大きく、残念ながら、鉄骨鉄筋コンクリートでの再建となった。

二重の建物とする基本構造は法隆寺金堂にならうとしても、四天王寺の創建年代を鑑みて、より古式を示す意匠が求められた。そのため、組物は法隆寺の雲斗《くもと》・雲肘木《くもひじき》、高欄《こうらん》は卍崩しの高欄、中備《なかぞなえ》は人の字の形をした束である人字栱《にんじきょう》として、細部意匠は努めて古式としている。

さて、問題となったのは屋根の形状である。法隆寺金堂は入母屋造であるが、これより古式となると難しい。そこで参考としたのは同じ七世紀に造られた玉虫厨子である。

この玉虫厨子の屋根形式である錣葺《しころぶき》は中心部の切妻造《きりづまづくり》の四周に庇が廻る形状で、非常に原始的である（図20）。そのため法隆寺金堂よりも古式を示す屋根として、ふさわしいと考えた。

一方で、屋根に関しては、四天王寺の発掘調査では建築史学上の大発見があった。扇《おうぎ》垂木《だるき》の発見である。ここで扇垂木について、簡単に説明しておきたい。通常、垂木は屋根の中央から端部まで、それぞれ平行に並べる。この方法を平行垂木という。これに対し、建物の中心から垂木を放射状に配する方法があり、これを扇垂木という（図156）。この扇垂木は中国や韓国の現存建築には数多く見られるが、日本建築史の通説では鎌倉時代に持ち込まれた新しい建築形式である禅宗様《ぜんしゅうよう》の特徴と見られていた。これが古代の四天王寺講堂から出土したのである。

詳しく見ていこう。図157が出土した垂木の実測図であるが、一見すると、垂木が平行に並んでいるように見えるかもしれない。注意深く見ていくと、垂木の先端が斜めに切られていて、楕円形になっているのに気付くだろうか。そう、これこそが扇垂木の証拠なのである。

これだけ聞くと何のことか、さっぱりわからないだろう。前提として、平行垂木・扇垂

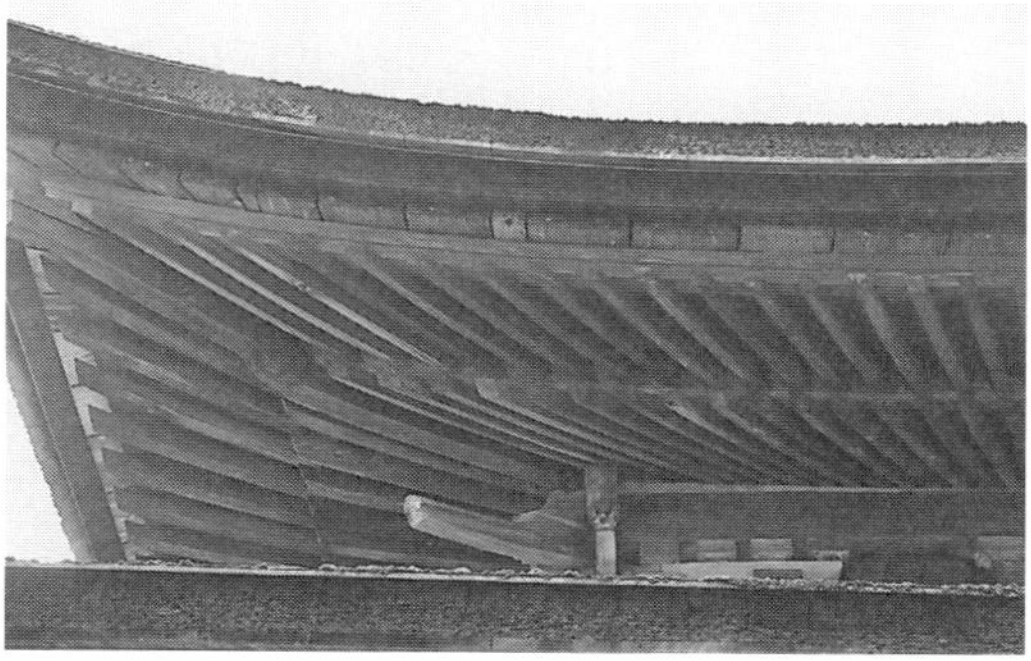

図156　扇垂木（功山寺仏殿，山口県・1327年）

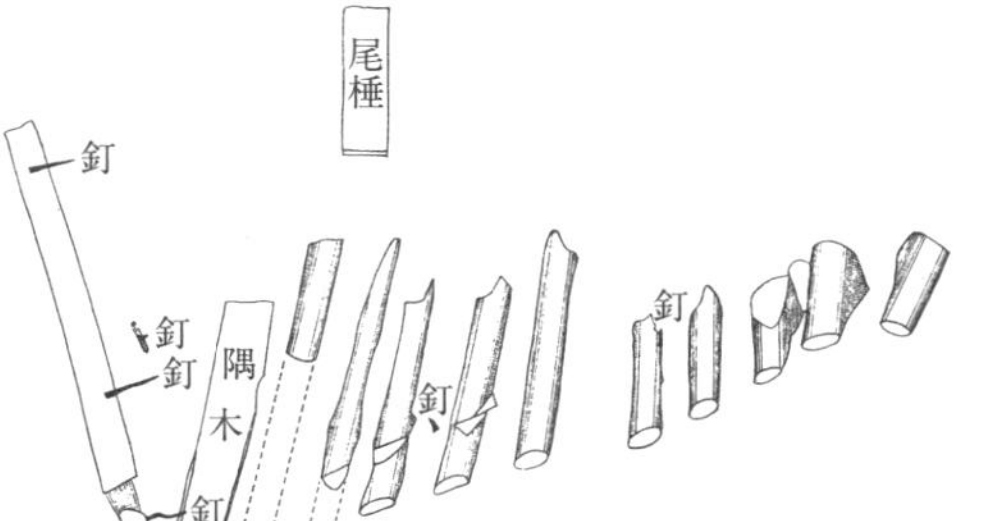

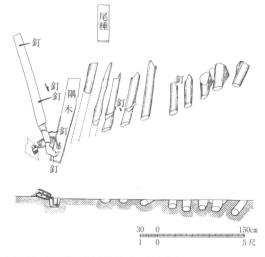

図157　四天王寺講堂出土の扇垂木（文化財保護委員会『埋蔵文化財発掘調査報告第6　四天王寺』1967年）

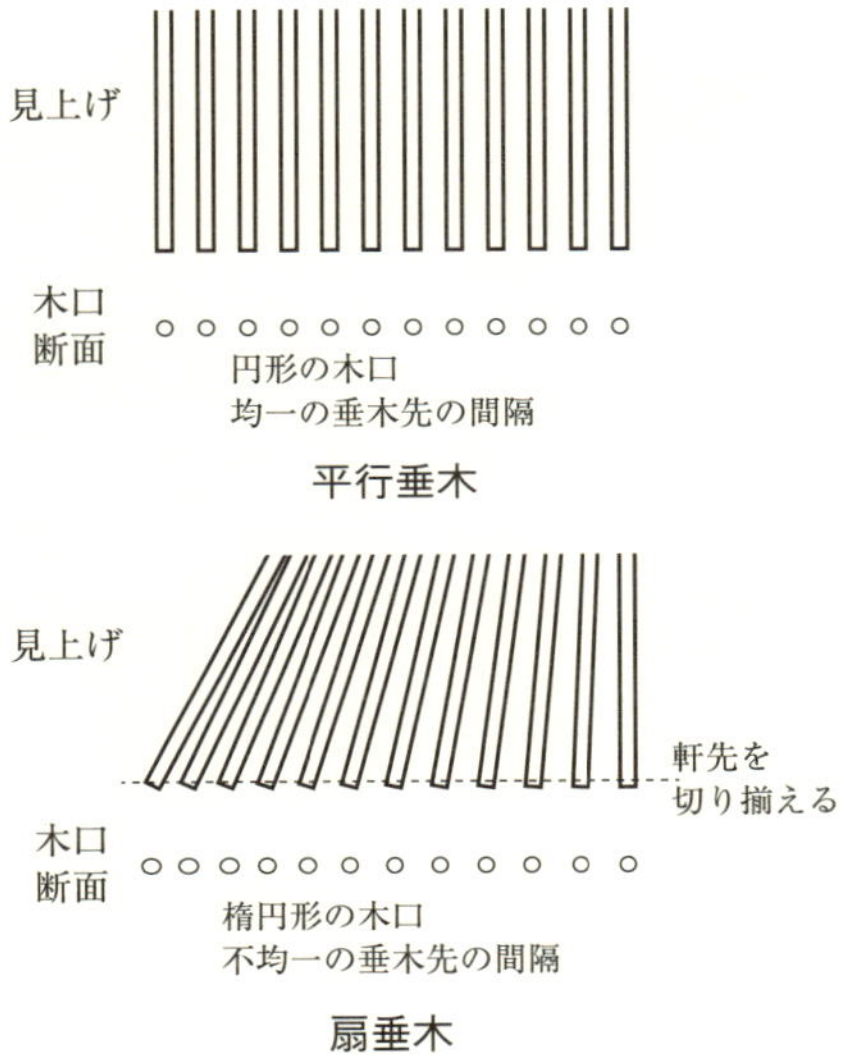

図158　扇垂木と木口の断面

木ともに、垂木の材料としての断面は円形である。そのため平行垂木の場合、垂木の端部は円形となる。これに対して、扇垂木の場合、垂木が放射状に配置されており、その先端を軒先に合わせて切断すると、その端部は楕円形となる（図158）。これが四天王寺の不思議な楕円形断面の垂木が生み出されたカラクリである。

　この古代の扇垂木の発見は、中世以降の技術と考えられていたものが、実はもっと古い時代に日本に持ち込まれていたこと、さらにはやはり歴史のいたずらで、偶然にも残ってきた現存建築は限られたものであることを我々に気付かせてくれたのである。

　同じく、屋根の上に乗る鴟尾をどうするかというのも、課題であったが、四天王寺では、幸運なことに、講堂から鴟尾の破片が出土した。薄手の素焼で、唐草《からくさ》文様のヘラ書きのあるもので、結局、破片を接合すると完全に一つの鴟尾が復元できたのである（図159）。この発見のおかげで、四天王寺の復元では、鴟尾については大きな問題とはならなかった。とはいえ、当初は復元の根拠として考えていたわけでなかったようであるのだが、結果的にはよい資料となった。

もちろん、当時、法隆寺玉虫厨子（七世紀後半）、法輪寺《ほうりんじ》（七世紀）、唐招提寺の鴟尾（八世紀後半）の存在が知られていたが、四天王寺の鴟尾はこれらの形状と大きく異なっていた。これらの鴟尾は上端が大きく折れ曲がっているのであるが（図20）、四天王寺のものは立ち上がっており、沓形というよりも、魚の尾の様相を強く示している。この力強

図159　四天王寺講堂出土の鴟尾（四天王寺所蔵）

図160　復元された四天王寺金堂

い鴟尾の形状を大陸直系の意匠に近いとして、四天王寺建築の大陸的な性質を示す貴重なものと位置付けられた。そして、藤島亥治郎の言葉を借りれば、「あまりに美しいので」この鴟尾の形を再建に用いたという。

つまり、発掘調査によって得られた直接的な資料であるから、復元の根拠としたのではなく、鴟尾の優美さにほだされて、その意匠を復元に用いたのである。もちろん、この四天王寺の復元自体が、伽藍復興であるから、その厳密性を問われることはないが、結果的には、復元の根拠を兼ね備える結果となったのである。

以上のように、四天王寺の復元では、同寺の歴史が七世紀前半にさかのぼることから、「法隆寺より古い形」が意識的に選択されたのである。戦後間もない時期の復元であるが、まさに復元のコンセプト、すなわち「前提条件」が明示され、設計されていたのである。

集落を復元する――登呂遺跡

集落の復元

さて、宮殿や大寺院に関しては、発掘による情報に加えて、文献資料や絵画資料など、参考になる資料が残っていることもある。また寺院に関しては、現存建築が残っているという強みがある。一方で、庶民の住宅はどうであろうか。ほとんど、情報がない。そこで、集落の復元を見てみたい。

とはいえ、奈良時代には、宮殿・寺院・官衙《かんが》など、復元する対象が多くあるため、集落は復元の中心とはいい難く、集落復元の主流は縄文時代・弥生時代である。何せ、現存する建物はないから、教科書などでも、復元された建物が取り上げられることが非常に多い。そこで、古代建築とはやや趣向が異なるが、弥生後期の集落である登呂《とろ》遺跡（静岡県）の復元を取り上げ、その経緯と理念を紹介したい。

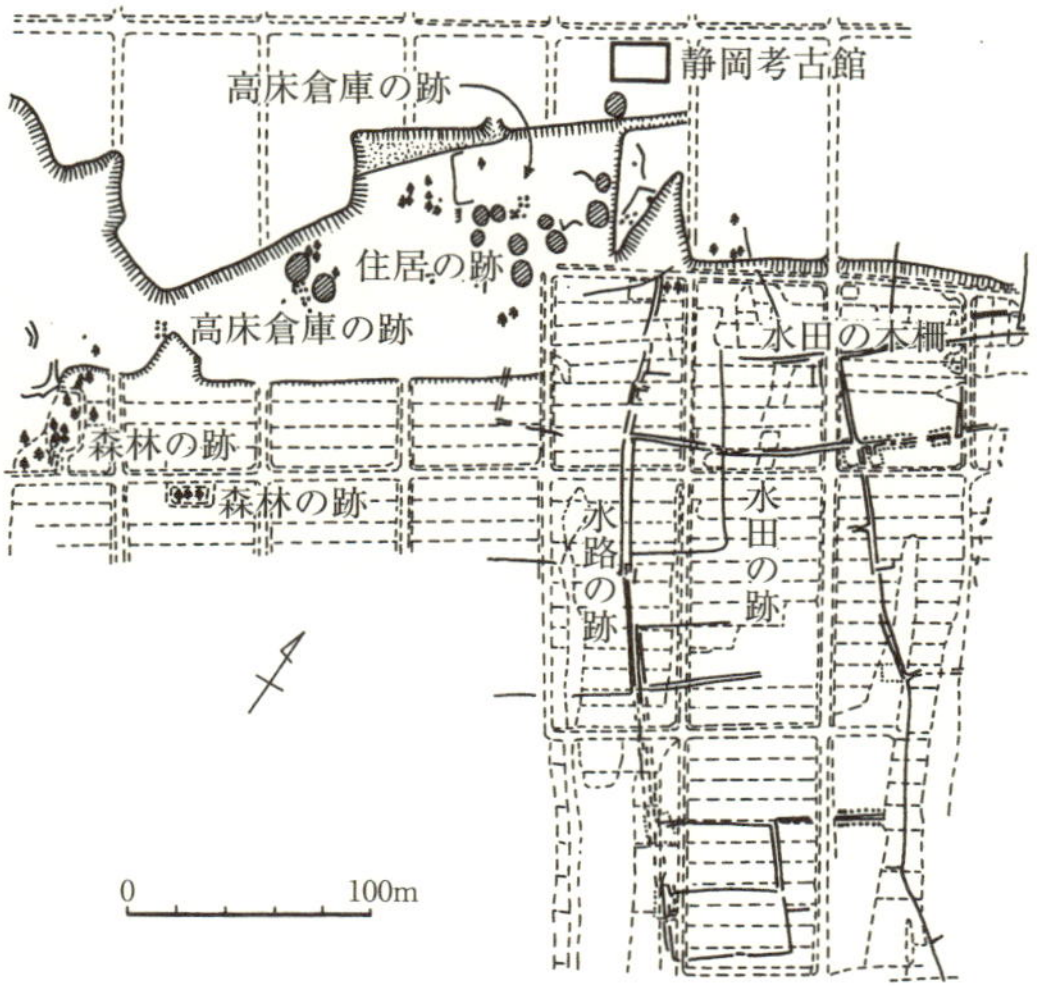

図161　登呂遺跡の概要（日本考古学協会編『登呂』毎日新聞社，1949年）

登呂遺跡の概要

登呂遺跡は静岡平野の中央南寄りに位置し、東に日本平《にほんだいら》や富士山、南は駿河湾が広がる平坦な地にある。登呂遺跡は弥生後期の農村集落で、北方に幅五〇メートルの川が流れ、その微高地に居住域が展開した。居住域のほか、周囲には水田・水路など、農耕関連の空間が広がっていた（図161）。登呂遺跡は大きく四つの時期からなり、最も繁栄していた時期には、住居五棟、倉庫三棟、祭殿一棟がまとまって、建っていたことが知られている。

実は登呂遺跡の発見は計画的な発掘に基づくものではなく、太平洋戦争のさなか、昭和十八年（一九四三）のことで、偶然の産物であった。発見は軍需工場の建設に伴うものであったのだが、この最初の発見は、いわゆる大学や帝室博物館（現国立博物館）などの学者の手によるものではない。工事中、遺物が出土し、工事をしていた鹿島組の小長井鋼太郎が収集していた。これを小学校（国民学校）教員であった安本博が目にしたのがきっかけであった。安本は遺跡の重要性を毎日新聞の記者であった森豊に知らせ、そして昭和十八年七月十一日付の毎日新聞で、登呂遺跡の発見が世に知られることとなった。このようにさまざまな人の手により、登呂遺跡は日の目を見ることになったのである。

時を置かず、文部省・帝室博物館などの識者が登呂遺跡を訪れ、同年中に学術調査に至った。ただし、時は戦時下。十分に発掘する環境は整っておらず、本格的な発掘調査は終戦を待たねばならなかった。昭和二十二年に発掘調査を再開し、昭和二十六年の竪穴建物の復元に至ったのである。

竪穴建物

さて遺跡から建物復元の取り組みを見ていこう。登呂遺跡の復元は、建築史家関野克の手による設計、伊藤要太郎の現場監督により、昭和二十六年に竣工した。戦後間もないこの時期には、平出《ひらいで》遺跡や尖石《とがりいし》石器時代遺跡（ともに長野県・縄文時代）など、日本各地で原始住居の復元が行われており、登呂遺跡はこれに先鞭をつけたものの一つである。

登呂遺跡の竪穴建物の特徴を見ていきたい。実は登呂遺跡、集落を形成しているのであるが、居住に適した地とはいえない。なぜなら、地下水位が高く、竪穴住居を造るために

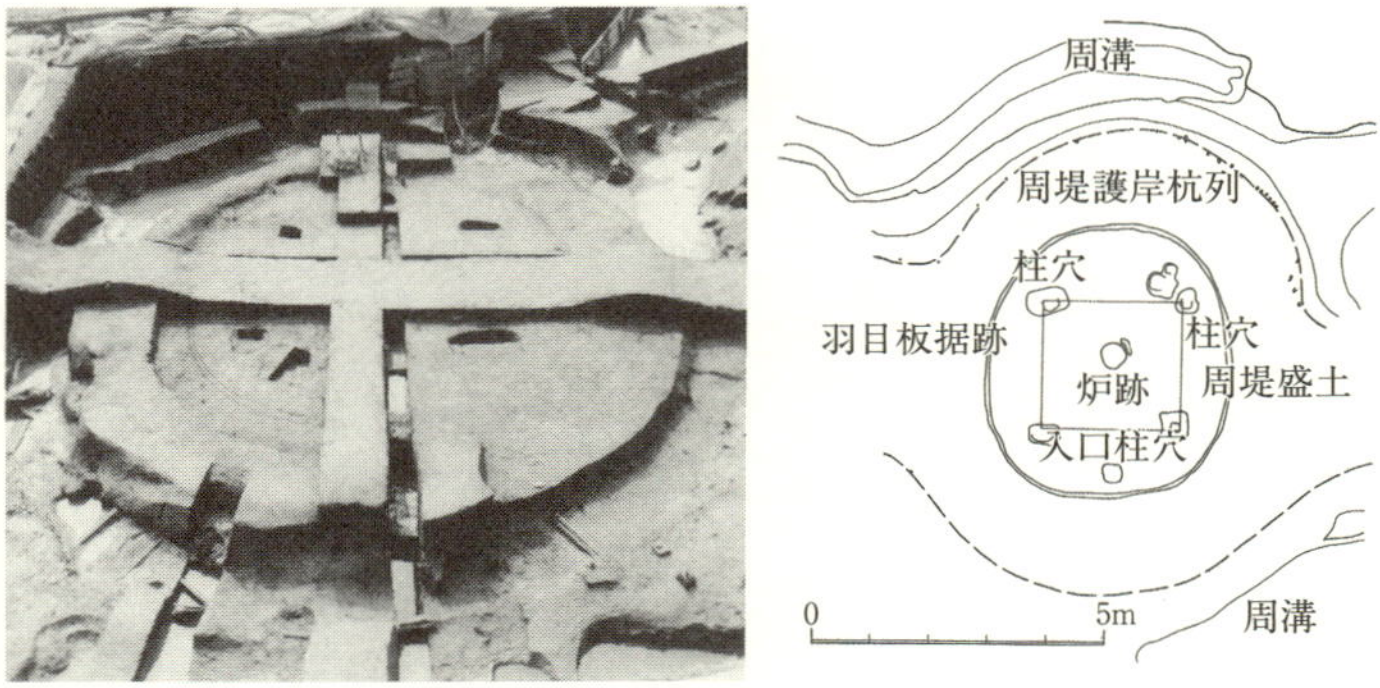

図162　竪穴建物の発掘状況と遺構平面図（静岡市教育委員会『特別史跡登呂遺跡』2010年）

地面を掘ると、水が湧いてしまうのである。そのため、地面に穴を掘るのではなく、周囲に盛土を行い、その内側に居住空間を設ける平地式住居として、住居内に水が入らないように工夫をしていた（図162）。床の周囲では、盛土を止めるために羽目板を並べ、外側は周溝を廻らせて、盛土との間には周堤を設けている。それぞれの住居で大きさは異なるが、最大のもので、羽目板の内部で約八メートル×七メートル、周堤部で一二メートル×一一メートルである。中には七回以上の建て替えがなされているものもあり、竪穴建物の更新の頻度が高かったことが知られる。

　羽目板の内側には四本の柱があり、中心には炉が置かれ、南側の入口には斜めに傾いた柱穴がある。この発掘遺構から上部を考えたのが東京大学建築学科で建築史の教鞭を取っていた関野克である。

関野克の苦悩

関野克は学生時代より住居に関する研究を重ねており、特に縄文時代の住居跡を取り上げていた。発掘遺構をもとに、床の地表面に対する位置から、竪穴、平地、高床住居に住居を形式分類し、原始住居の構造変遷を研究していた。まさに登呂遺跡の竪穴建物の復元にはうってつけの人物であったのである。

やはり、関野克も発掘遺構や出土遺物から、その特徴の整理を行い、発掘遺構を模式的に理解している（図163）。発掘遺構の特徴を見ると、最も外側に、木柵列を廻らせ、その内側に竪穴のための盛土である土坡《どは》を築く。この盛土は楕円形のドーナツ型である。そして盛土の内側には羽目板を垂直に立てて並べ、竪穴建物の内部空間を構成する。竪穴の内部中央に炉を置き、これを囲むように、礎板の上に四本の柱を立てる。以上が発掘遺構の情報の整理であるが、これをまとめると以下の四点となる。

1、平面が円に近い楕円形（同径の楕円形よりは面積が大であること）。
2、内部に柱が四本であること。
3、竪穴壁が垂直であること。
4、中央に炉跡があること。

また出土した建築部材から、木材加工についても述べており、手斧仕上げであったことや仕口《しぐち》も相当発達していたと判断している。これはまさに発掘調査成果に基づいた前提条

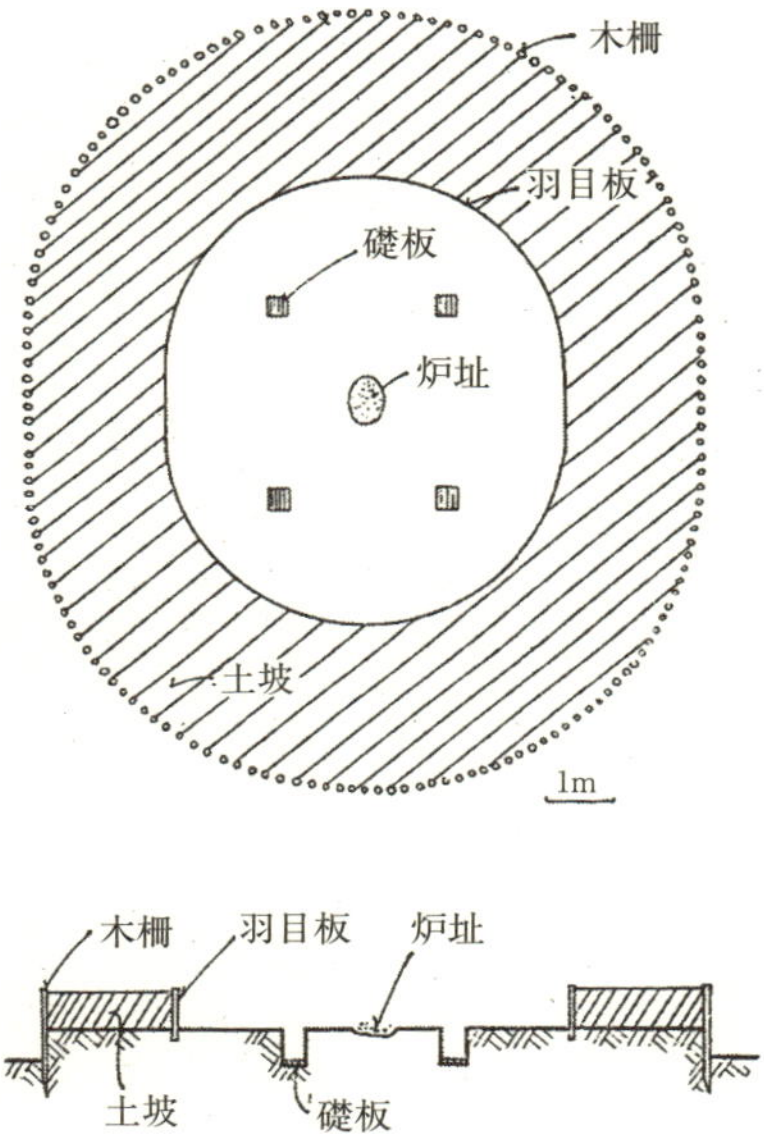

図163　竪穴建物の模式図（日本考古学協会編『登呂』東京堂出版，1978年）

件の整理であり、発掘遺構・出土遺物の残した痕跡を読み取る作業である。

次に復元設計の思考過程を見ていこう。関野克の復元考察の過程で面白いところは、設計理念を導き出そうとしたところである。復元建物を建てるだけであれば、そこまでは必要ないのであるが、関野克はこの復元設計の理念を想定することで、技術的な革新を発掘遺構に見出そうとした。柵や羽目板の輪郭と上部構造や平面に関係があるのではないかと考え、この輪郭は上部構造に規制されたと推定したのである。

もちろん、竪穴建物であっても、柱・梁・桁・垂木といった建物の基本構成は変わらないから、この大きさが平面に影響を与えるという考え方はいかにも建築学科出身の学者らしいものである。基本構造として、四本の柱で囲まれた部分では、柱の上に梁・桁を架け、梁の上に束を立て、棟木《むなぎ》を支える。この棟木と梁の間に垂木を架けて、切妻造と推定した。

下部は桁や梁から地面まで垂木を架けると想定した。こうすると、中心部が切妻造で、その四周に寄棟造の屋根の廻る錣葺状の屋根が完成する（図164）。

このとき、着目したのが垂木である。関野克はこの下部の垂木の長さを一定と考えたのである。垂木は建物の中でも数多く用いられる部材であるから、これに規格性があると考えるのも一理ある。垂木は放射状に架けられたと考えるが、完全な放射状にはならず、梁や桁の中央部では平行垂木となる。そのため、竪穴建物の平面が楕円形となっていると判断したのである。

図164　復元された竪穴建物（日本建築学会編『日本建築史図集』弥生時代住居跡３—３，彰国社，2008年〈伊藤要太郎提供〉）

上部構造のみではなく、造営の工程順序も推定している。すなわち、まず、土盛によって、竪穴の周囲に土堤を造り、その後、内部に柱・梁・桁といった軸部を構築する。そして下部の垂木を架けて、その屋根を葺き、最後に上部の屋根を葺くと推定したのである

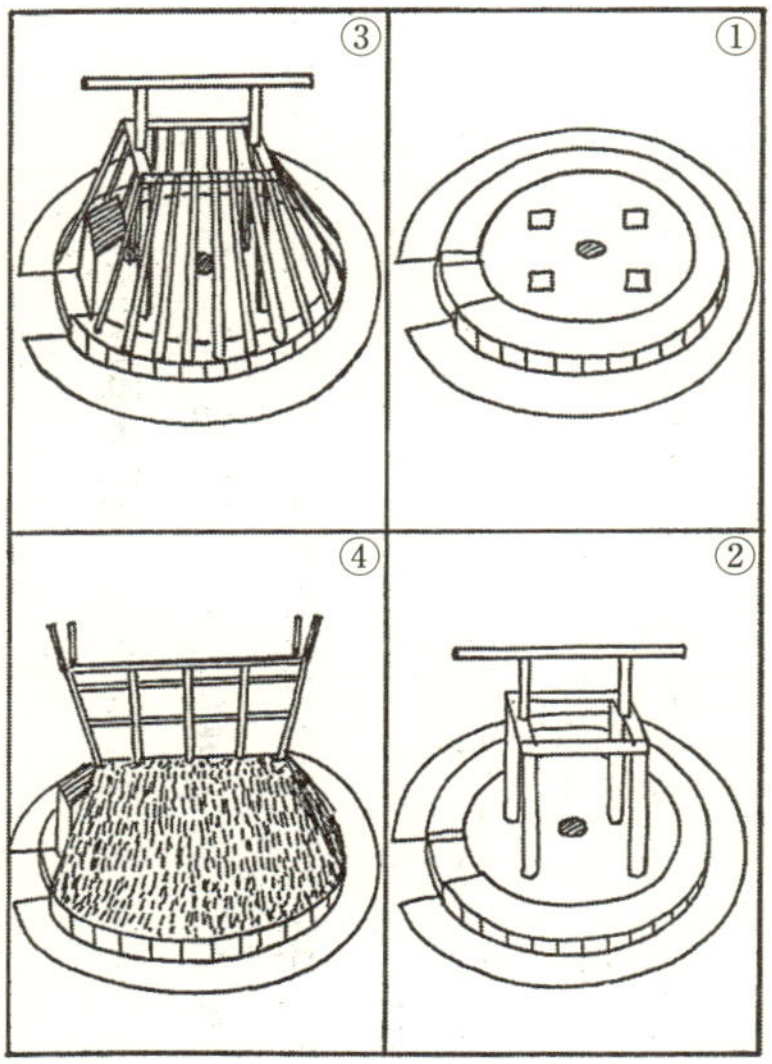

図165　造営工程の順序（森豊『登呂遺跡』ニューサイエンス社，1979年）

（図165）。まさに、建物の形だけでなく、その建設の順序まで考えた復元である。

さて、おおよその形はここで述べたが、その際に参考にしたものがある。これを紹介していきたい。この竪穴建物の復元では、もちろん現存する同時代の建築はないから、関野克はまず、家型埴輪・家屋文鏡を参考にした。この当時、すでに赤堀茶臼山《あかぼりちゃうすやま》古墳出土の家型埴輪（図115）は地方豪族の住宅の祖型として、知られており、もちろん、関野克もこれに言及している。

もう一つ、参考としたのは家屋文鏡（佐味田《さみた》宝塚《たからづか》古墳出土、奈良県）で、ここには四棟の建物の絵が描かれている（図166）。入母屋造伏屋建物（A棟）・切妻造高床倉庫（B棟）・入母屋造高床住居（C棟）・入母屋造平屋住居（D棟）が表現されており、いずれも草葺の屋根と推察される。A・C棟には蓋《きぬがさ》が描かれていることから、高貴な人物の建物であろう。もちろん、デフォルメされていることを考慮しなくてはならないが、現存建築がない

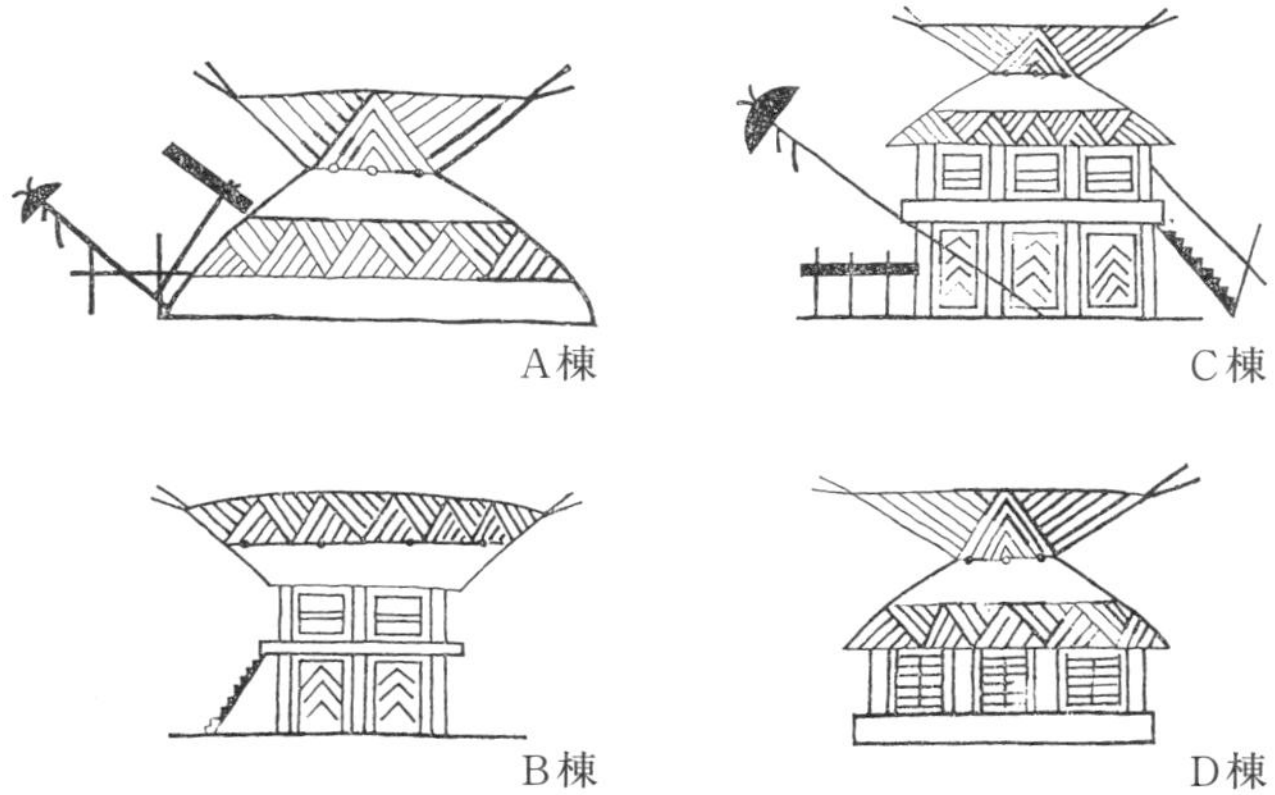

図166　家屋文鏡に描かれた建物（木村徳国『古代建築のイメージ』日本放送協会，1979年）

以上、これらの描写は形を知るうえで、貴重であり、ここからも情報を得ている。

ただし、関野克は、これらはいずれも平地系の住居、あるいは高床系の倉で、これらを農耕社会に相応の建物と評価し、登呂の竪穴建物とは趣を異にすると判断した。もちろん、登呂遺跡も水田を営んだ集落なのであるが、その竪穴建物の遺構の特徴は縄文時代以前の様相を強く見せており、やはり、両者には大きな差があると考えたのである。そこで、着目したのが、製鉄（たたら）の建物の技術である。

当時、いわゆる「天《てん》地《ち》根元《こんげん》宮造《みやづくり》」が日本建築の基礎とされていた。「天地根元宮造」とは、地面に掘った方形の竪穴の上に、切妻造の屋根を伏せたような小屋で、日本建築史

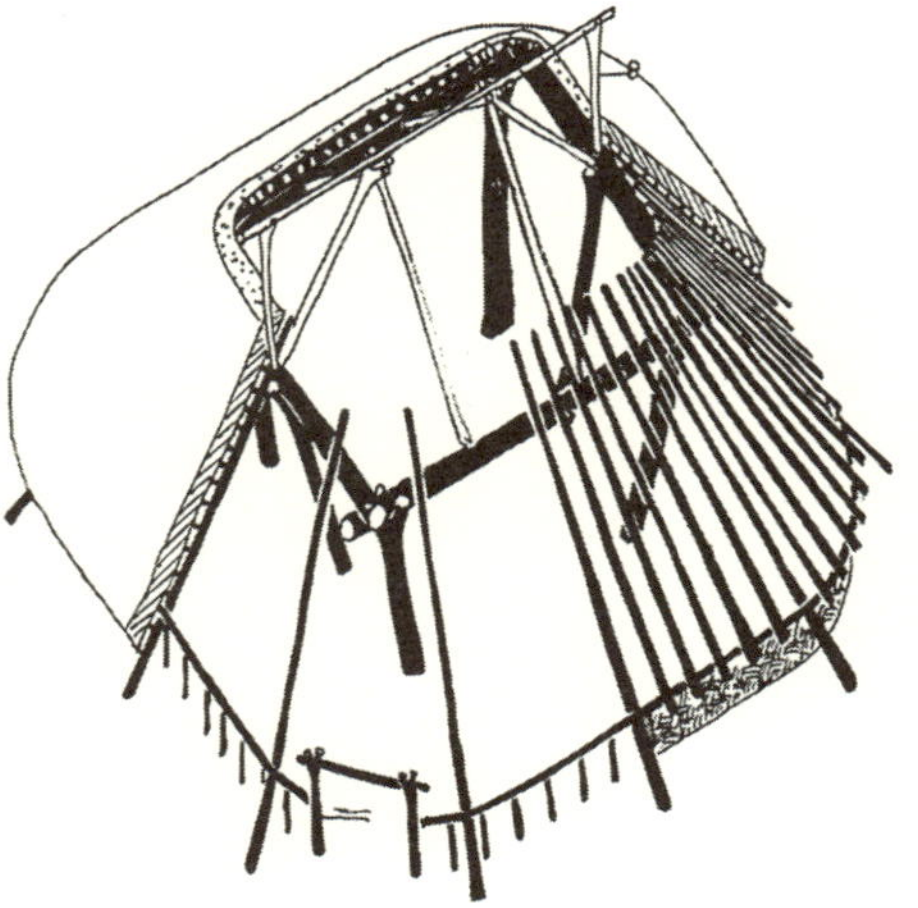

図167　鉄山秘書の高殿（日本建築学会編『日本建築史図集』弥生時代住居跡３—６，彰国社，2008年〈伊藤要太郎提供〉）

の父ともいうべき伊東忠太が提唱していた理論である。これに対し、関野克は別の資料を根拠として、真っ向から立ち向かっていった。むろん、当時、増加していた発掘成果が自説と符合するということも携えてである。

その史料として活躍したのが「鉄山《てつざん》秘書《ひしょ》」（天明四年〈一七八四〉）である。「鉄山秘書」は製鉄技術書で、これには中国地方の製鉄（たたら）の精錬小屋（高殿）の構造が記されていて、これを竪穴建物の復元の参考としたのである（図167）。近世の史料であるが、プリミティブな形状をしており、その平面は四本柱で隅丸方形、入口が隅にある点で、竪穴建物と特徴が一致する。さらに家屋文鏡のA棟と同様の屋根形状である。これらの点から、登呂遺跡の竪穴建物の上部構造の復元の成果が、「鉄山秘書」の高殿、あるいは家屋文鏡のA棟の屋根などとうまく整合したのである（図168）。

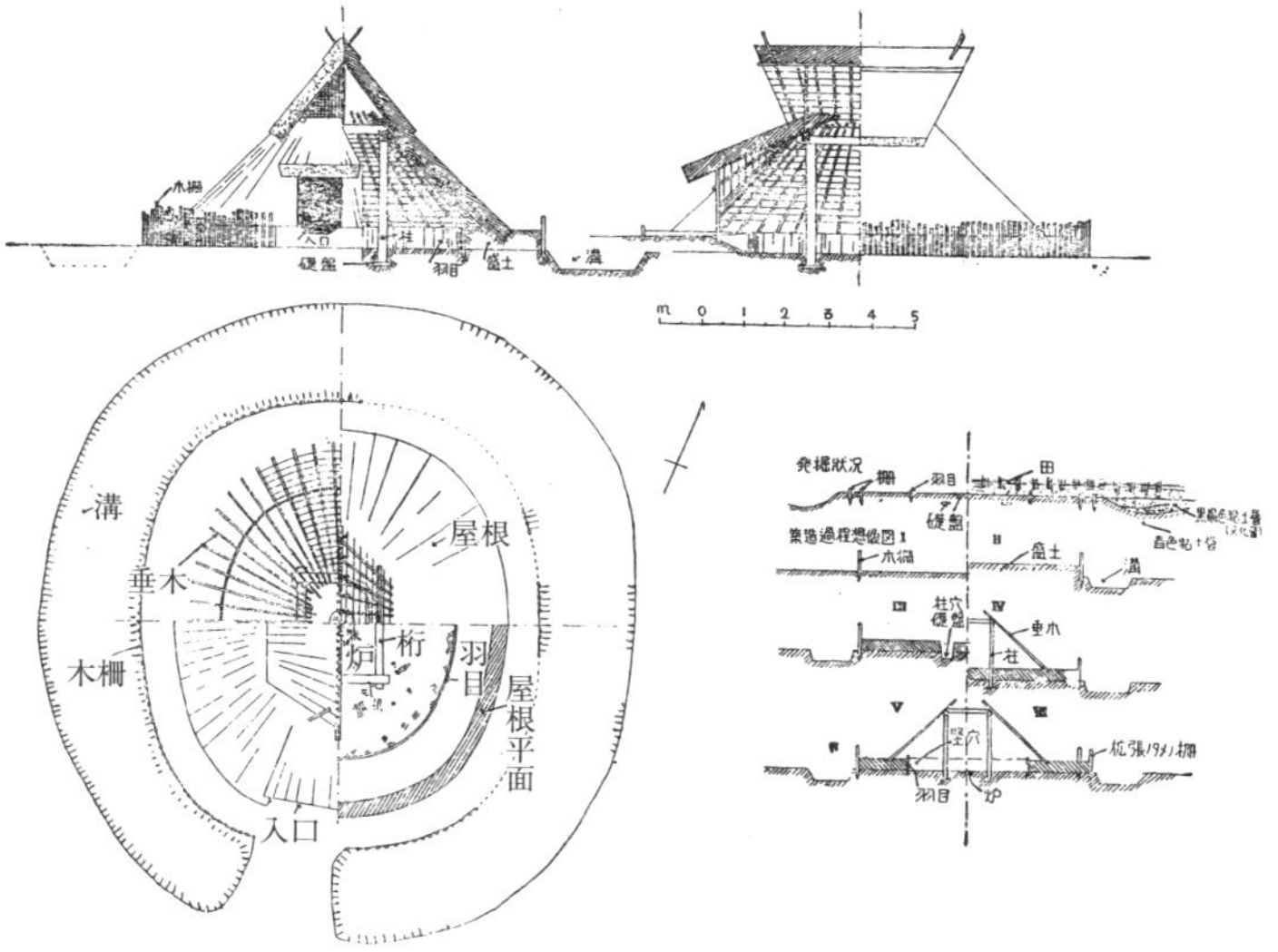

図168　関野克の「想像復原図」（日本考古学協会編『登呂』毎日新聞社, 1949年）

これらを参考としつつも、関野克は技術と建築様式が対応すると考え、石器による加工と鉄器による加工との間には、手工業的木工技術に大きな差があることを指摘したうえで、この技術を復元のコンセプトとした。それゆえ、関野克は当時の「技術」を重視し、竪穴建物の復元を行っていた。

幸いにして、登呂遺跡では出土部材があったから、木工技術のレベルがわかった。これを見ると、石器時代の技術レベルではなく、金属器による先進的なものであった。一方で、弥生の水田耕作の時代にあって、登呂の建物は竪穴建物という前時代の形式である、という疑問点もある。この両者の矛盾については、新しい技術を有していても、旧形式の建物を造ったと解釈したのである。

一口に「技術」といっても、加工技術だけではない。むしろ、重視したのは、架構形式である。架構は建築技術の肝であり、全体のデザインに大きく影響するから、これも一理ある。発掘遺構から上部構造を推察する際に、架構などの建物の大枠程度までが、ある程度の確度をもって復元できる部分と考えていたからであろう。これは彼自身が「想像復原」という言葉を使っていることからも読み取れる（図168）。

関野克のすごいところは、見えない部材と部材と組み合わせる仕口まで復元したことである。ここに彼の「技術」を核とした復元のコンセプトが表れているといえよう。まさに形だけではなく、技術の復元も行った試み、すなわち考古学の実地における実験でもあったのである。

関野克の反省

伊東忠太が晩年に平安神宮の建設について回想したように、関野克も反省という言葉で、自身の復元設計を振り返っている。

関野克の復元に対しては、早くから批判も多かったようで、例えば、縄文時代の家屋の復元に、家型埴輪や家屋文鏡など、古墳時代のものを参考にするのは、いかがなものか、という具合である。こうした背景もあって、早い時期から自身の言葉で反省や評価を述べている。竪穴建物に対して、「復原《ママ》というには厳密性を欠くが、想像とよぶには可能性が高い」と評している（関野克「登呂の住居址による原始住家の想像復原」『建築雑誌』七七四、一九五一年）。

この関野克の設計した竪穴建物であるが、発掘遺構の上にその姿を見ることはできない。平成十一〜十五年の再発掘調査を経て、再整備され、新たな復元建物が建てられた。もちろん、関野克の復元から五〇年の年月が経っており、研究成果の進展もあったため、再建時に新しく設計し直したのである。

とはいえ、関野克の復元建物自体を見ることはできる。なんと、「旧復元建物」として、登呂遺跡内の別の場所に移築し、残したのである。もちろん、これに対して、いろいろな意見もあろうが、復元の歴史を考えるうえで、関野克による登呂遺跡の復元案は重要であり、これを残したことは意義深い。また併設されている博物館内には旧復元倉庫の模型や設計図も展示されており、遺跡復元の先駆者たる登呂遺跡に相応しい、その歴史を示している。

ぜひ、現地に足を運んで、登呂遺跡の数奇な歴史を感じていただきたい。

復元建物の楽しみ方とこれから――エピローグ

復元建物の楽しみ方

本書を読み通して、みなさんも古建築の復元がどのように行われているか、少しはわかっていただけたであろうか。発掘成果、復元考察、復元案の完成、現代の法律への適用とさまざまな過程を経て、復元建物はできている。その過程に思いをはせながら、復元建物を見ることで、遺跡に対する理解や発掘遺構の捉え方も変わってこよう。

また復元建物を理解するには、現存建築、文献、絵画資料など、さまざまな知識が有用であることも述べたが、これらを見るために寺院、博物館などを訪れるといった楽しみも増えてこよう。特に現存建築を見に行き、復元建物と比べてみてほしい。

そして復元された建物があくまで、数多の案の中の一つに過ぎないということを頭の片

図169　広渡廃寺の復元模型

隅において、復元建物を見ると、また違った見え方も出てくるであろう。復元案の設計者の頭の中を想像しつつ、私ならこう考えるなど、想像に胸を膨らませるのも一興であろう。

ここまで、遺跡にそのまま建設する復元建物の話を中心に話をしてきた。

復元の方法

実物大で復元建物を建てることは、そのスケールを体感できるという点で、他を圧倒する手法である。平安神宮や首里城のように、それ自体が、名所となって、新たな価値を生み出すこともある。そして復元の過程で、実物大で建てるための検討をすることで、はじめて得られる学術的な成果もある。しかし、かつての遺跡や遺構の様子を表現する方法はほかにもある。

そう、模型・図面・スケッチなどによる復元である（図169）。模型・図面・スケッチなどの作成の際にも、ある程度、復元考察が行われる。もちろん、現地に建てる時に比べて、細部の検討は少ないにせよ、実地に建てるのと同じく、イメージを形にする作業は不可欠である。結果として、遺跡や発掘遺構のかつての姿が視覚化できるのに加え、その過程で、学術的な成果も得られる。

模型やスケッチにどの程度の大きさで建物が表現されているかにもよるが、組物・葺《ふき》材《ざい》・架構など、細部まで作りこまれているものも、少なくない。逆にいえば、こうしたところを見れば、建築史研究者がどの程度、関与しているか、わかってしまうのである。

現地に建てる以外にも、こうしたさまざまな復元の方法があり、いずれも発掘遺構と上部構造をつなぐ考察が背景にあるのである。そして実際の復元建物ほどではないにせよ、これらの方法も当時の雰囲気を知る有効なツールなのである。

複数の復元案

さて、これまでにも述べてきたように、復元は前提条件・考察過程により、異なる多様な復元案が考えられる。現地に建てられる場合、もちろん、この中から一つに絞り込んで建てざるをえない。そのため、現地を訪れた人はその姿がまさにかつて建っていたと受け取ってしまう可能性もある。何せ、複数の復元案があることすら、十分に知られていないのだから。

現地に建てる以上、これは致し方ないのであるが、別の方法で、これに対する画期的な

図170　出雲大社の三本束ねた柱根（出雲大社提供）

試みが行われた場所がある。そう、出雲大社である。出雲大社は現存しているのに、何をいうかと思われるかもしれないが、現在の社殿は古代に建てられた建物ではない。ご存知かもしれないが、神社には式年造替《しきねんぞうたい》という、一定の期間ごとに社殿を更新するしきたりがある。そのため、現在の出雲大社本殿（重要文化財）は延享元年（一七四四）に建てられたもので、それ以前の出雲大社の様子はにわかにはわからないのである。

契機は出雲大社境内の発掘で、三本の太い柱根が発見されたことに端を発する（図170）。径一・四メートルもの太い三本のスギ柱を束ねて、社殿の柱としたのである。一目見ただけで、巨大建築を彷彿とさせる力強さである。

こうした姿は「金輪御造営指図《かなわごぞうえいさしず》」（図171）に三本の柱を束ねた様子が描かれていたため、

その方法自体は知られてはいたが、他に実例もなく、果たして真実なのであるか、にわかに確証がなかったのである。

また江戸中期の本居宣長《もとおりのりなが》の随筆『玉勝間《たまかつま》』にも、中古の出雲大社本殿の大きさが一六丈（四八メートル）、上古は三二丈（九六メートル）と記されていた。平安時代中頃の『口遊《くちずさみ》』には、巨大建築を題材として、「雲太、和二、京三」とある。太、二、三は太郎・二郎・三郎のように順番を、雲は出雲大社、和は大和国の大仏殿、京は平安京の大極殿《だいごくでん》を示している。ここでは高さの順に出雲大社を一番にあげており、その大きさは随一であったのであろう。ただし、上古の出雲大社は、世界最大の木造建築である現在の東大寺大仏殿の二倍も大きく、中世のものでも、現大仏殿とほぼ同じ高さということで、これをにわかには信じることはできなかったのである。これが「金輪御造営指図」と一致する柱根が出土したことで、巨大建築の信ぴょう性が高まったのである。

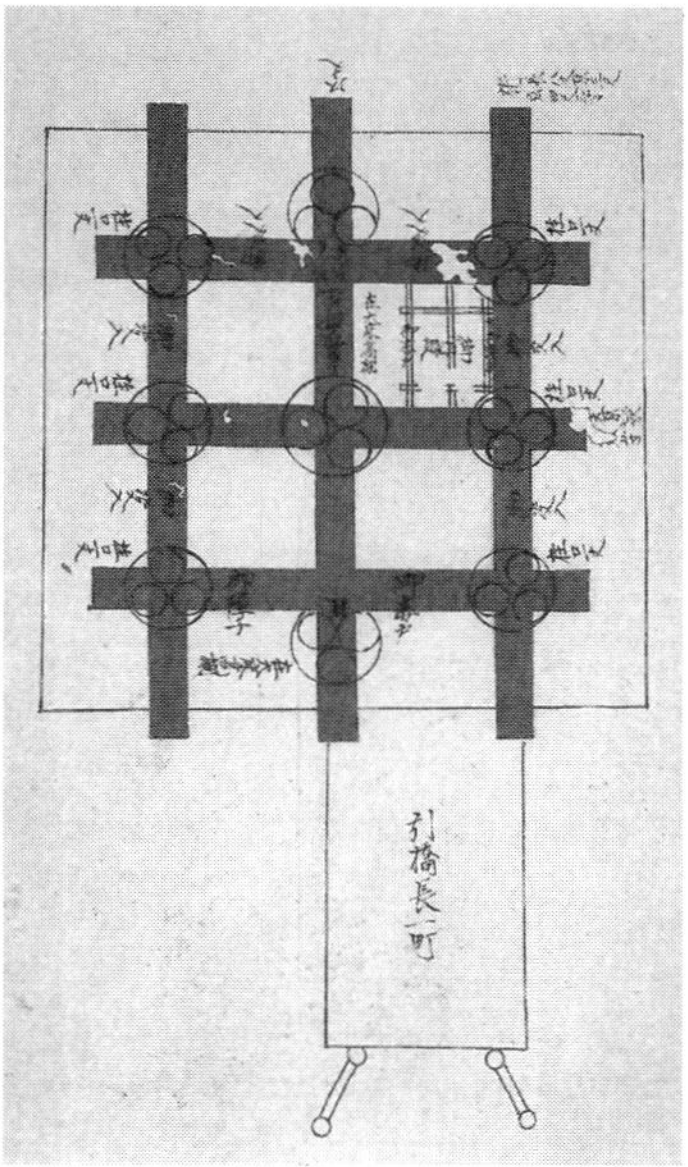

図171　「金輪御造営指図」（千家尊祐氏所蔵，出雲大社提供）

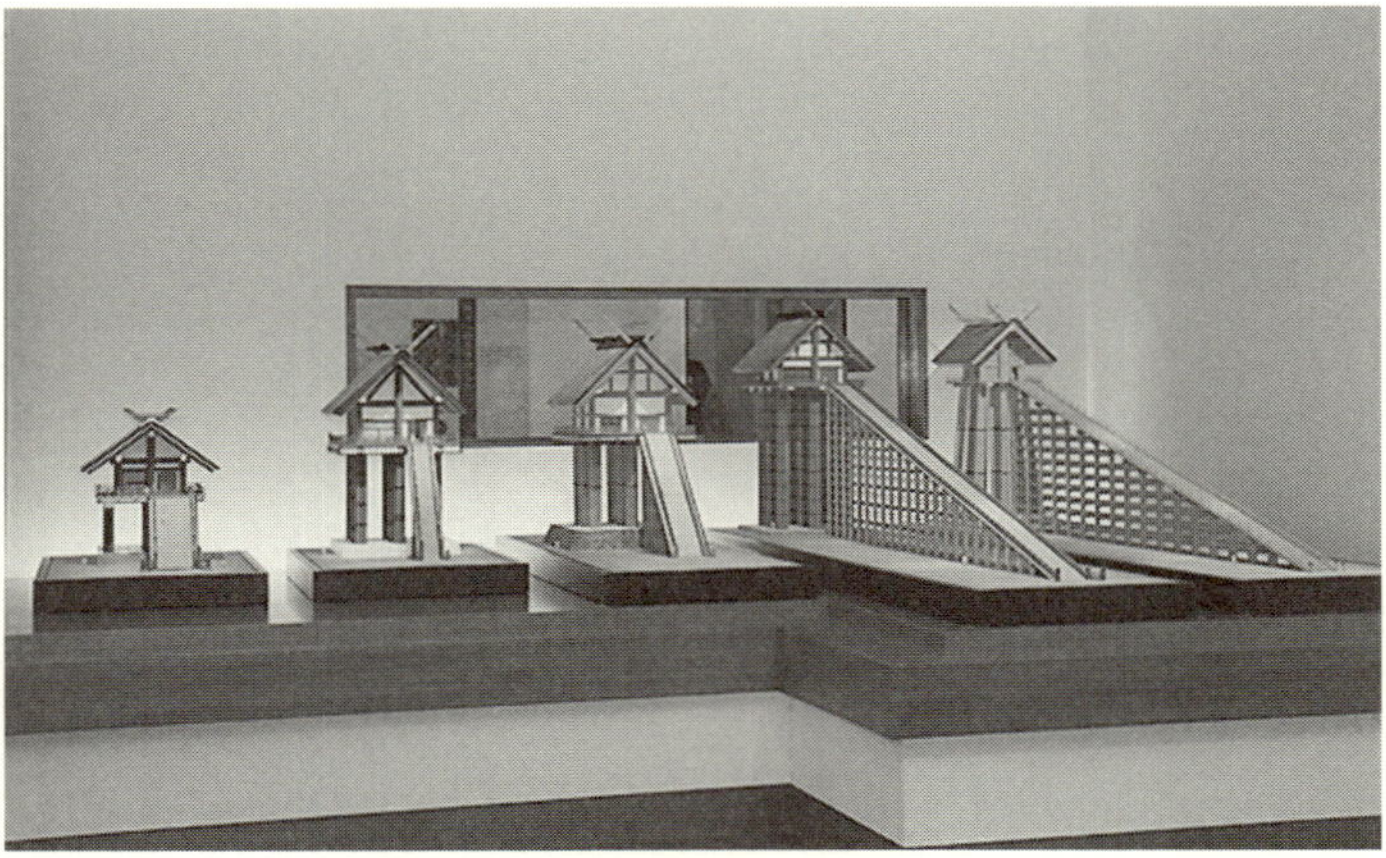

図172　５人の建築史家による出雲大社の復元案（島根県立古代出雲歴史博物館所蔵）

そこで、古代出雲歴史博物館では、五人の建築史家に依頼し、それぞれ、別個に復元案を作成することを試みた。企画者の思惑通りというか、面白いことに、提示された各案は大きく異なるものであった（図172）。もちろん、いずれの復元案が正しい、正しくないという話もあろうが、復元設計者により、多様な案が出てくることが改めて示されたのである。

同じく、平城宮第一次大極殿院（第一次大極殿を囲む一画）についても、さまざまな復元案が出されている。これらを比較してみればその違いがわかってこよう（図173）。南面の門は単層・重層の両案があり、両脇の楼閣も入母屋《いりもや》造《づくり》・切妻《きりづま》造《づくり》・寄棟《よせむね》造《づくり》とさまざまな案が出されている。

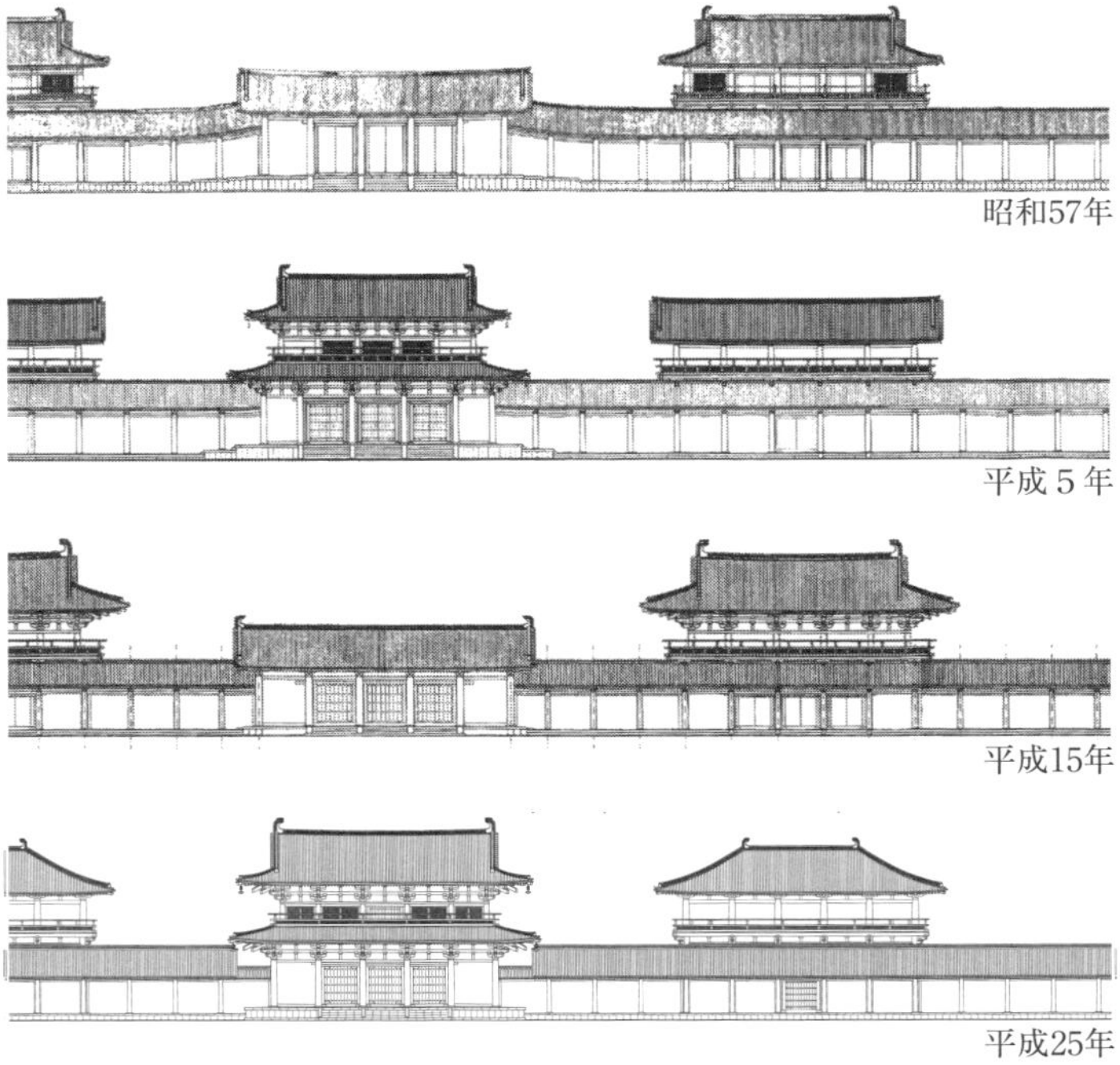

図173　平城宮第一次大極殿院の復元諸案

これは復元設計者の違いではなく、発掘による新成果の発見や研究の進展などの要素によるものである。昔の復元が正しくないなどの問題ではなく、後出しじゃんけんが有利なように、発掘調査や研究が進んで情報が得られれば、その分、考える前提条件が増えるため、有利な条件で復元することができるのである。この平城宮第一次大極殿院の復元の経緯について、詳しくお話ししたいところであるが、本書も終わりに近いことであるし、別の機会に譲りたい。なお、同様の複数の復元案で有名なのは三内丸山遺跡《さんないまるやま》（青森県）である。ここでは、三案の模型が作製され、そのうちの一案のみが現地に建てられている。

復元学の可能性

さて、復元建物を現地に建てる際に、さまざまな考察の過程を経ていること、そして副次的に多くの学術的な成果が得られていることは、前に述べたとおりである。そこで、復元の学問としての可能性を述べておきたい。復元学である。

各地の遺跡で復元建物が完成してきたが、これらを立ち止まり、振り返る作業は十分とはいえない。登呂遺跡での関野案に対する批判や葛藤などは珍しいのである。そこで、一定の批判的検討が可能となる素地ができた今、学問として復元学という新たな道が開けてきたのである。その対象は、もちろん、現代的な制約によって、構造補強などを施された復元実施案ではなく、当時の建造物を検討した復元原案を対象とするべきである。

復元学の課題として、復元手法の確立も社会的に求められるものであろう。やはり一般には復元過程を知る機会がほとんどないため、ブラックボックスのように思えてしまうのである。そのためには①復元過程の明示、②復元原案と実施案の区別、③復元整備における複数案の意義、④復元に対する批判的検討などが必要な項目としてあげられる。これらの課題の検討を経ることで、復元学の方法論としての確立の足がかりとなろう。

近年、復元への関与を避け、復元に関する考察という行為そのものに対して、批判的立場がとられ、復元と学問の距離が離れているようにも感じられる。しかし日本建築史学の開拓者である伊東忠太や南都古代建築史の礎を築いた大岡實らの言葉を借りれば、「自ら実地に日本の建築を計画し設計し、更に現実にそれを造り上げてみることが必要である」（岸田日出刀『建築学者伊東忠太』乾元社、一九四五年）。「かなりの想像を加えても立体的に復原して、具体的に眼に見える形にすることが、建築史の発展に必要」で、「次の研究者が修正を加えて進歩させていけばよい」とする（大岡實「鎌倉時代再建の東大寺」『南都七大寺の研究』中央公論美術出版、一九六六年）。といった考え方が日本建築史の研究の根底にあろう。

復元考察の過程における学術的な成果を鑑みても、復元原案の考察、そのものの学術的意義は大きく、正面から向き合う必要があろう。もちろん、その復元の表現としては、図面・CGなど、実地における実物大の建設以外の方法の模索は可能である。

そして学者たるもの、復元批判をするにも、単に重箱の隅をつついても、建設的ではなく、対案を示すことが最低限、必要であろう。将来につながる作業である。学術的な進歩により、新たな発見があれば、必要に応じて修正すればよい。それは学問の進歩であって、恥ずべきことではない。

　このように復元を敵視するのみではなく、建設事業と切り離し、学術的な考察の過程を評価することで、建築史学や周辺領域学問に対する貢献という新たな学術的価値を創出できるのではなかろうか。また緩やかで、多分野を受容できる学術的な定義を構築することで、学際的検討の俎上にあげることも可能であろう。

図174　WEST STOW の位置

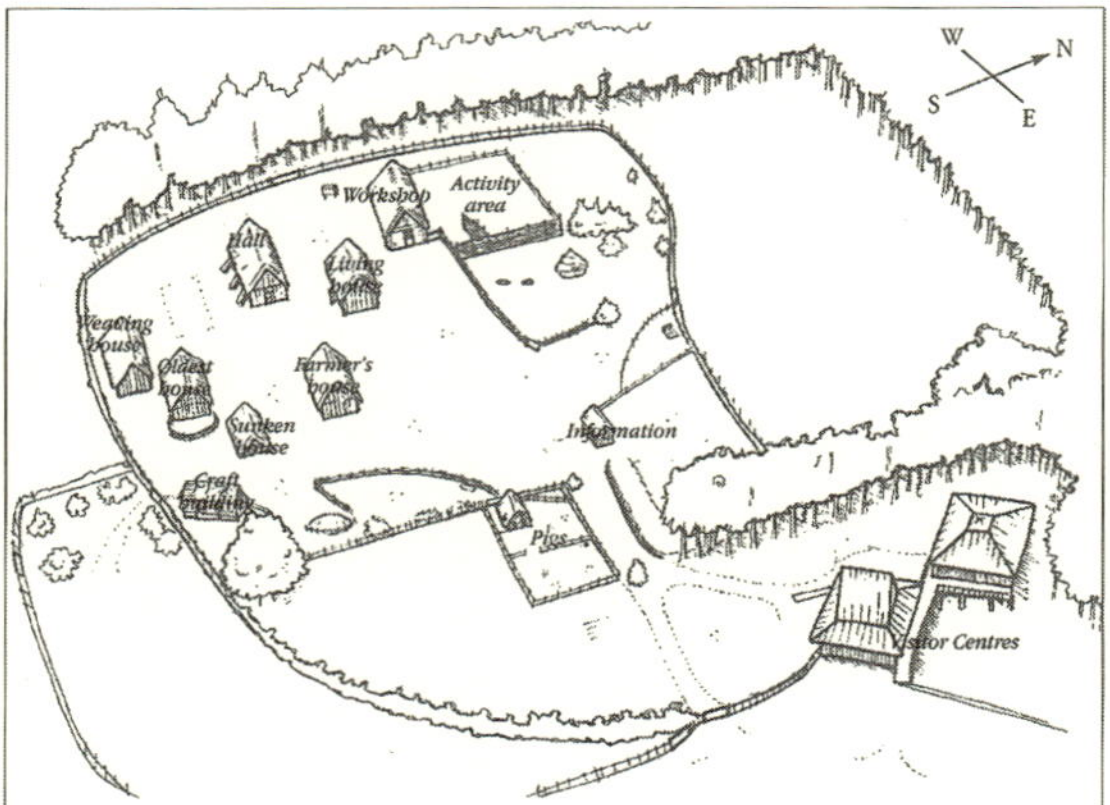

図175　WEST STOW の遺跡の概要（West Stow Country Park and Jarrold, *Understanding West Stow*, 2000）

こうした試みで面白いのが、イギリスの事例である。イギリスの西部にあるWEST STOW（図174）という集落における復元である。WEST STOWは五世紀頃のアングロサクソンの集落で、一九七〇年よりケンブリッジ大学が実験的に竪穴建物の復元を行

図176　多様な復元（上・発掘遺構に基づくWest Stow内最古の復元，下・現存する農家を参考にした復元）

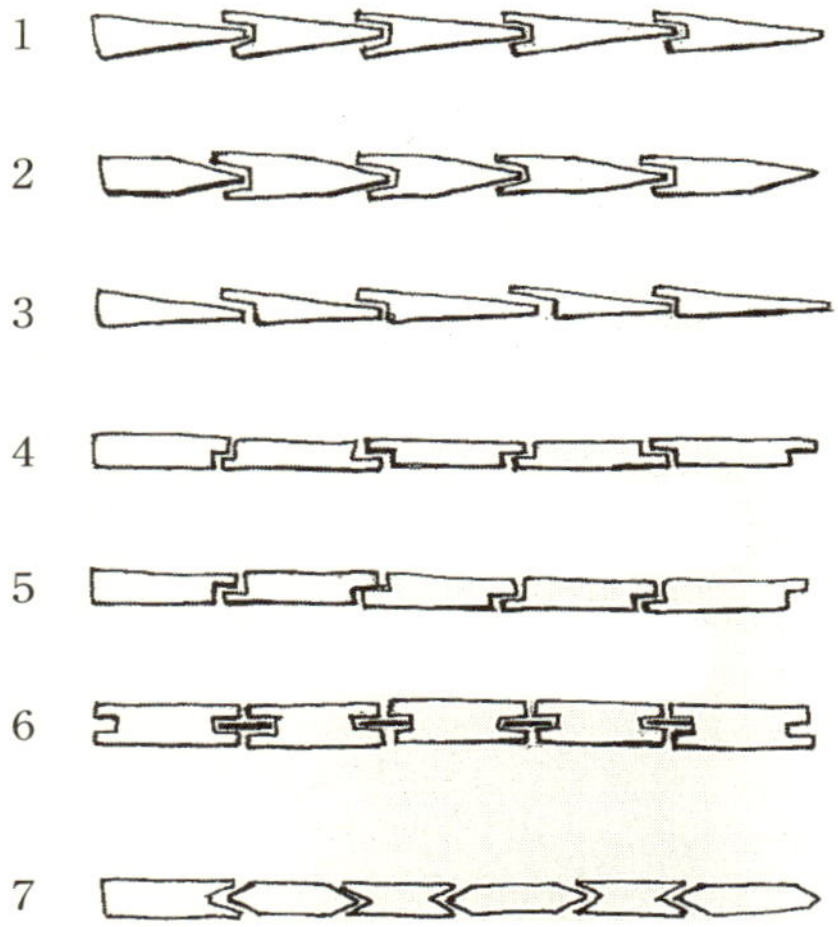

図177　板壁の多様な納め方（Stanley West, *West Stow Revisited*, 2001）

っている（図175）。この「実験的に」というのがみそで、復元された時期により、細かい構法を変えているのである。そのため、それぞれの復元の細部をよく見ていくと、それぞれ異なっている。

その復元の過程では、コンセプトを明示することで、それぞれの復元の前提条件や思考の過程を明らかにしている。例えば、ある復元では、建築構造と発掘遺構の関係性に主眼を置いて、あくまで発掘遺構の特徴に基づくものとして、考えていき（図176上）、また別の場所では、現在の農家を参照して、復元している（図176下）。一目見て、まったく異なる形であることがわかり、こうした違いが生まれた背景を聞けば、そのコンセプトも納得がいくであろう。

一方で細部の構法の検討を重ね、考古学的、建築学的な研究を深めている。その一例として、板壁の構法を見ると、図177の1～7のパターンで復元している。壁の板と板の間を隙間がないように納める方法を考えているのである。これはごくごく一例であるが、多様

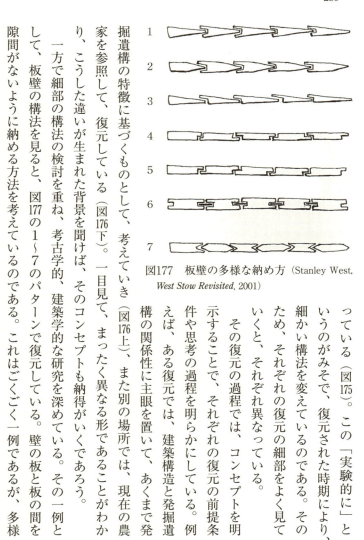

な復元案、あるいは技術を提示することは重要であり、先進的な試みでとても面白い。単に復元して建物を視覚化するだけではなく、多様な案を実地に建てる、まさに実験考古学の実験室として、遺跡を活用しているのである。

復元の将来

さて復元はもちろん、過去の建物を考察することであるが、その将来についても述べておきたい。実は、すぐそこまで、新しい未来は来ているのである。復元にCGを活用する方法、すなわち、VR・ARである。

VRはVirtual Realityの略で、仮想現実といわれるものである。ゴーグルなどをつけて、コンピューターによって作られた人工環境・仮想空間を体感するものである。VRの環境さえあれば、どこでも利用できる。これに対して、ARはAugmented Realityの略で、拡張現実といわれるものである。現実の一部を改変するもので、利用者の位置情報と対応することで、遺跡の現地でスマホやタブレットなどをかざすと、そこに、復元建物のCGが現れるといった利用が可能である。

特にARは遺跡の復元の将来を考えるうえで、有用であろう。例えば、安土・桃山時代に平安宮大極殿の地には聚楽第《じゅらくだい》、難波宮《なにわのみや》の上には大阪城が築かれている。そのため、両者とも、価値の高い遺跡・遺構ではあるが、同時に復元することはできず、選択に迫られる。もっと近接した時代でも、例えば、平城宮では奈良時代の前半と後半で、両方の遺構があ

図178　長岡宮におけるＡＲ復元（向日市教育委員会提供）

るが、やはり一方しか、現地に復元することはできない。ここで活躍するのがＡＲである。たとえ、現地にある時期の復元建物が建てられていたとしても、ＡＲを用いることで、別の時期の様子を体感することができるのである。また複数の復元案が提案されている場合なども、有効な方法であるかもしれない。

ＡＲの実例として、長岡宮の例を紹介したい（図178）。スマートフォンやタブレットを用いて、大極殿公園・朝堂院公園など、宮殿の主要な部分を映像に映し出し、在りし日の姿を体感するものである。遺跡の場所情報をもっているため、当時の場所に近づくと、建物が見えるという仕掛けである。

もちろん、実際に建てられた復元建物で実感できる経験は何ものにも代えがたいものであるが、ＡＲやＶＲはこれらを代替・補完するツールとして、期待できるのである。将来、遺跡でスマホやタブレットを持ち歩くのが、標準になるのかもしれない。

このように、技術の進歩によって、遺跡・遺構と復元建物をつなぐ方法は多様化しており、歴史の世界にも未来が広がっているのである。そして、その背景にある建築の知識、復元の考察過程にかける研究者や技術者の考えや想いにも想像をめぐらせて、復元建物に向き合ってみてはいかがであろう。

あとがき

近年、多くの遺跡で発掘調査が行われ、その成果をもとに、復元建物が建てられている。「発掘」や「遺跡」と聞くと、大多数の人は考古学を思い浮かべるであろう。しかし平城宮・薬師寺・三内丸山《さんないまるやま》遺跡・吉野ヶ里《よしのがり》遺跡など、さまざまな遺跡で目にする復元建物は「建築史学」の成果である。そして、その過程を一般の方々が知る機会はほとんどない。発掘調査とその理解という考古学的な視点だけではなく、その裏には建築史学による学術的な検討という苦労がある。この復元の過程に触れることで、遺跡への理解が深まるだけではなく、現存する古代建築の魅力を再発見することとなろう。こうした思いもあり、吉川弘文館から声をかけていただいた際に、この「復元」というテーマで書いてみようと思い立った。

ところで、復元建物を「建てる」ということは行われてきたが、その過程には本書中で述べたように、さまざまな分野の専門家の協力が必要である。個々の学問の枠を超えた学際的な知の共演で、「復元学」ともいうべきものといえよう。

筆者自身、一人の建築史研究者として、平城宮第一次大極殿院をはじめ、奈良時代の建物の姿を考える機会に恵まれた。発掘遺構から奈良時代の建物の形を考えるという学術的検討の部分に限られたものであったが、その過程で、考古・文献史・保存科学・美術史など、さまざまな分野の協力体制により、副次的な学術的成果が多く得られてきた。もちろん奈良時代の建物の形を学術的に検討したにすぎないため、現代の法律、その他の制約を受ける復元整備やその社会的意義に関しては、自身の範疇を超えたものである。しかしながら、復元整備に伴って現実に建てられる復元を単なる建設行為にとどめず、その過程で副次的に得られる学術的な成果を蓄積し、新たな学術分野「復元学」を構築することが必要なのではないか、という疑問を常々抱いていた。こうした必要性は各講演会などでも積極的に発信している。

こうした中で、幸いにも、この復元学の構築を主テーマとした二〇一四〜二〇一六年度の期間、日本学術振興会による科学研究費補助金（JSPS 科研費 26630288、研究代表者海野聡）の助成を受けることができた。また古代建築と発掘遺構の関連性に着目したテーマで助成を受けた科学研究費補助金（JSPS 科研費 26709044、研究代表者海野聡）とも関連が深い。本書はこれらの研究の小結とも位置付けられよう。特に冒頭の平安神宮に関する概略は加藤悠希氏（九州大学）・満田さおり氏（宮内庁）とともに行った調査・研究の成果の賜物である。また東京大学建築学科所蔵の伊東忠太史料の閲覧では、藤井恵介先生をはじめ、角田真弓氏・長谷川香氏らにご助力いただいた。そして復元に関する研究資料の収集では、宮畑勇希氏（奈良大学大学院生・当時）に協力してもらった。ここに記して、御礼申し上げる。また一般向けの書籍ということで、妻、みな子には多忙の中、最初の読者として、多くの意見を貰った。日頃の感謝に加えて、改めて謝意を表したい。

さて、そろそろ筆をおく頃合いであるが、最後に、復元、あるいは古建築をさらに詳しく知りたい方のために参考文献をあげておきたい。これら以外にも、数多くの論文・著作があるが、ここでは入手しやすいものに限った。興味を持っていただけたら幸いである。

二〇一六年十月

海　野　　聡

参考文献

青柳憲昌「関野克の登呂遺跡住居復原案の形成過程と「復元」の基本方針」『日本建築学会計画系論文集』六五四号、二〇一〇年
浅川滋男『建築考古学の実証と復元研究』同成社、二〇一三年
石井進監修『別冊歴史読本九四日本の歴史 立体復原』新人物往来社、一九九七年
海野 聡「復元学の構築とその定義に関する試論」『日本建築学会学術講演梗概集』二〇一五年
海野 聡（共編著）『比叡山けんちく探訪！』比叡山延暦寺、二〇一三年
大林組プロジェクトチーム『復元と構想—歴史から未来へ—』東京書籍、一九八六年
大林組プロジェクトチーム『古代出雲大社の復元—失われたかたちをもとめて—』学生社、一九八九年
大林組プロジェクトチーム『三内丸山遺跡の復元』学生社、一九九八年
大林組プロジェクトチーム『よみがえる古代大建設時代—巨大建造物を復元する—』東京書籍、二〇〇二年
鈴木博之『復元思想の社会史』建築資料研究社、二〇〇六年
坪井清足他『復元日本大観』一〜六、世界文化社、一九八八〜一九八九年
坪井清足他『復元するシリーズ』一〜七、学習研究社、二〇〇二年
奈良文化財研究所編『発掘遺構から読み解く古代建築』クバプロ、二〇一六年

西　和夫『図解古建築入門　日本建築はどう造られているか』彰国社、一九九〇年
藤島亥治郎『古寺再現』学生社、一九六七年
平安神宮百年史編纂委員会編『平安神宮百年史』平安神宮、一九九七年
宮本長二郎『日本の美術四二〇　原始・古代住居の復元』至文堂、二〇〇一年
宮本長二郎他「特集　古代建築の復元」『建築雑誌』一四二六号、一九九八年
山岸常人「文化財『復原』無用論―歴史学研究の観点から―」『建築史学』二三号、一九九四年

著者紹介

一九八三年、千葉県に生まれる
二〇〇六年、東京大学工学部建築学科卒業
二〇〇九年、東京大学大学院工学系研究科建築学専攻博士課程中退
現在、東京大学大学院工学系研究科准教授、博士（工学）

主要著書
『建物が語る日本の歴史』（吉川弘文館、二〇一八年）
『奈良で学ぶ　寺院建築入門』（集英社、二〇二二年）
『森と木と建築の日本史』（岩波書店、二〇二二年）
『日本建築史講義―木造建築がひもとく技術と社会―』（学芸出版社、二〇二二年）
『古建築を受け継ぐ―メンテナンスからみる日本建築史―』（岩波書店、二〇二四年）

歴史文化ライブラリー
444

古建築を復元する
過去と現在の架け橋

二〇一七年（平成二十九）三月一日　第一刷発行
二〇二五年（令和　七　）四月一日　第三刷発行

著　者　海《うん》野《の》　聡《さとし》
発行者　吉川道郎
発行所　株式会社　吉川弘文館
東京都文京区本郷七丁目二番八号
郵便番号一一三―〇〇三三
電話〇三―三八一三―九一五一〈代表〉
振替口座〇〇一〇〇―五―二四四
https://www.yoshikawa-k.co.jp/
印刷＝株式会社　平文社
製本＝ナショナル製本協同組合
装幀＝清水良洋・柴崎精治

ISBN978-4-642-05844-5

歴史文化ライブラリー

1996. 10

刊行のことば

現今の日本および国際社会は、さまざまな面で大変動の時代を迎えておりますが、近づきつつある二十一世紀は人類史の到達点として、物質的な繁栄のみならず文化や自然・社会環境を謳歌できる平和な社会でなければなりません。しかしながら高度成長・技術革新にともなう急激な変貌は「自己本位な刹那主義」の風潮を生みだし、先人が築いてきた歴史や文化に学ぶ余裕もなく、いまだ明るい人類の将来が展望できていないようにも見えます。このような状況を踏まえ、よりよい二十一世紀社会を築くために、人類誕生から現在に至る「人類の遺産・教訓」としてのあらゆる分野の歴史と文化を「歴史文化ライブラリー」として刊行することといたしました。

小社は、安政四年（一八五七）の創業以来、一貫して歴史学を中心とした専門出版社として書籍を刊行しつづけてまいりました。その経験を生かし、学問成果にもとづいた本叢書を刊行し社会的要請に応えて行きたいと考えております。

現代は、マスメディアが発達した高度情報化社会といわれますが、私どもはあくまでも活字を主体とした出版こそ、ものの本質を考える基礎と信じ、本叢書をとおして社会に訴えてまいりたいと思います。これから生まれでる一冊一冊が、それぞれの読者を知的冒険の旅へと誘い、希望に満ちた人類の未来を構築する糧となれば幸いです。

吉川弘文館

歴史文化ライブラリー

文化史・誌

山寺立石寺 霊場の歴史と信仰――山口博之
神になった武士 平将門から西郷隆盛まで――高野信治
跋扈する怨霊 祟りと鎮魂の日本史――山田雄司
将門伝説の歴史――樋口州男
殺生と往生のあいだ 中世仏教と民衆生活――苅米一志
浦島太郎の日本史――三舟隆之
おみくじの歴史 神仏のお告げはなぜ詩歌なのか――平野多恵
〈ものまね〉の歴史 仏教・笑い・芸能――石井公成
スポーツの日本史 遊戯・芸能・武術――谷釜尋徳
戒名のはなし――藤井正雄
墓と葬送のゆくえ――森 謙二
運 慶 その人と芸術――副島弘道
ほとけを造った人びと 止利仏師から運慶・快慶まで――根立研介
祇園祭 祝祭の京都――川嶋將生
洛中洛外図屏風 つくられた〈京都〉を読み解く――小島道裕
化粧の日本史 美意識の移りかわり――山村博美
日本ファッションの一五〇〇年 明治から現代まで――平芳裕子
乱舞の中世 白拍子・乱拍子・猿楽――沖本幸子
神社の本殿 建築にみる神の空間――三浦正幸
古建築を復元する 過去と現在の架け橋――海野 聡
生きつづける民家 保存と再生の建築史――中村琢巳
大工道具の文明史 日本・中国・ヨーロッパの建築技術――渡邉 晶
苗字と名前の歴史――坂田 聡
日本人の姓・苗字・名前 人名に刻まれた歴史――大藤 修
アイヌ語地名の歴史――児島恭子
日本料理の歴史――熊倉功夫
日本の味 醤油の歴史――林 玲子・天野雅敏 編
中世の喫茶文化 儀礼の茶から「茶の湯」へ――橋本素子
香道の文化史――本間洋子
話し言葉の日本史――野村剛史
ガラスの来た道 古代ユーラシアをつなぐ輝き――小寺智津子
鋳物と職人の文化史 小倉鋳物師と琉球の鐘――松井和幸・新郷英弘
たたら製鉄の歴史――角田徳幸
金属が語る日本史 銭貨・日本刀・鉄炮――齋藤 努
名物刀剣 武器・美・権威――酒井元樹
賃金の日本史 仕事と暮らしの一五〇〇年――高島正憲
書物と権力 中世文化の政治学――前田雅之
気候適応の日本史 人新世をのりこえる視点――中塚 武
災害復興の日本史――安田政彦

歴史文化ライブラリー

民俗学・人類学

- 古代ゲノムから見たサピエンス史—太田博樹
- 日本人の誕生 人類はるかなる旅—埴原和郎
- 倭人への道 人骨の謎を追って—中橋孝博
- 役行者と修験道の歴史—宮家 準
- 幽霊 近世都市が生み出した化物—髙岡弘幸
- 妖怪を名づける 鬼魅の名は—香川雅信
- 遠野物語と柳田國男 日本人のルーツをさぐる—新谷尚紀

世界史

- ドナウの考古学 ネアンデルタール・ケルト・ローマ—小野 昭
- 神々と人間のエジプト神話 魔法・冒険・復讐の物語—大城道則
- 文房具の考古学 東アジアの文字文化史—山本孝文
- 中国古代の貨幣 お金をめぐる人びとと暮らし—柿沼陽平
- 中国の信仰世界と道教 神・仏・仙人—二階堂善弘
- 渤海国とは何か—古畑 徹
- アジアのなかの琉球王国—高良倉吉
- 琉球国の滅亡とハワイ移民—鳥越皓之
- イングランド王国前史 アングロサクソン七王国物語—桜井俊彰
- ヒトラーのニュルンベルク 第三帝国の光と闇—芝 健介
- 帝国主義とパンデミック 医療と経済の東南アジア史—千葉芳広
- 人権の思想史—浜林正夫

考古学

- タネをまく縄文人 最新科学が覆す農耕の起源—小畑弘己
- イヌと縄文人 狩猟の相棒、神へのイケニエ—小宮 孟
- 顔の考古学 異形の精神史—設楽博己
- 〈新〉弥生時代 五〇〇年早かった水田稲作—藤尾慎一郎
- 弥生人はどこから来たのか 最新科学が解明する先史日本—藤尾慎一郎
- 文明に抗した弥生の人びと—寺前直人
- 青銅器が変えた弥生社会 東北アジアの交易ネットワーク—中村大介
- 樹木と暮らす古代人 木製品が語る弥生・古墳時代—樋上 昇
- アクセサリーの考古学 倭と古代朝鮮の交渉史—高田貫太
- 古 墳—土生田純之
- 前方後円墳—下垣仁志
- 古墳を築く—一瀬和夫
- 東国から読み解く古墳時代—若狭 徹
- 東京の古墳を探る—松崎元樹
- 埋葬からみた古墳時代 女性・親族・王権—清家 章
- 鏡の古墳時代—下垣仁志
- 神と死者の考古学 古代のまつりと信仰—笹生 衛
- 土木技術の古代史—青木 敬

歴史文化ライブラリー

大極殿の誕生 古代天皇の象徴に迫る——重見 泰
国分寺の誕生 古代日本の国家プロジェクト——須田 勉
東大寺の考古学 よみがえる天平の大伽藍——鶴見泰寿
海底に眠る蒙古襲来 水中考古学の挑戦——池田榮史
よみがえる東北の城 考古学からみた中世城館——飯村 均
中世かわらけ物語 もっとも身近な日用品の考古学——中井淳史
ものがたる近世琉球 喫煙・園芸・豚飼育の考古学——石井龍太

古代史

邪馬台国の滅亡 大和王権の征服戦争——若井敏明
日本語の誕生 古代の文字と表記——沖森卓也
日本国号の歴史——小林敏男
日本神話を語ろう イザナキ・イザナミの物語——中村修也
六国史以前 日本書紀への道のり——関根 淳
東アジアの日本書紀 歴史書の誕生——遠藤慶太
〈聖徳太子〉の誕生——大山誠一
倭国と渡来人 交錯する「内」と「外」——田中史生
大和の豪族と渡来人 葛城・蘇我氏と大伴・物部氏——加藤謙吉
物部氏 古代氏族の起源と盛衰——篠川 賢
東アジアからみた「大化改新」——仁藤敦史
よみがえる古代山城 国際戦争と防衛ライン——向井一雄
よみがえる古代の港 古地形を復元する——石村 智
古代氏族の系図を読み解く——鈴木正信
古代豪族と武士の誕生——森 公章
飛鳥の宮と藤原京 よみがえる古代王宮——林部 均
出雲国誕生——大橋泰夫
古代出雲——前田晴人
古代の皇位継承 天武系皇統は実在したか——遠山美都男
壬申の乱を読み解く——早川万年
苦悩の覇者 天武天皇 専制君主と下級官僚——虎尾達哉
戸籍が語る古代の家族——今津勝紀
古代の人・ひと・ヒト 名前と身体から歴史を探る——三宅和朗
疫病の古代史 天災、人災、そして——本庄総子
万葉集と古代史——直木孝次郎
郡司と天皇 地方豪族と古代国家——磐下 徹
地方官人たちの古代史 律令国家を支えた人びと——中村順昭
采女 なぞの古代女性 地方からやってきた女官たち——伊集院葉子
古代の都はどうつくられたか 中国・日本・朝鮮・渤海——吉田 歓
平城京に暮らす 天平びとの泣き笑い——馬場 基
平城京の住宅事情 貴族はどこに住んだのか——近江俊秀
すべての道は平城京へ 古代国家の〈支配の道〉——市 大樹